SHIYONG LIYI

教育部商业职业教育教学指导委员会
全国商业高等职业教育研究会
共同推荐

实用礼仪

——高职高专礼仪课程教材

何浩然 主编

合肥工业大学出版社

内容提要

你会化妆吗？你知道服装穿着的TPO原则吗？你掌握日常会客、通话、探访、赠物时的礼节吗？你想让你的姿态优雅吗？你想让你的语言有魅力吗？在商务活动中的开业、剪彩、签约等仪式上应该注意什么？在涉外活动中，如何挂国旗、如何处理礼宾排序、如何宴请宾客？你了解社交中的禁忌吗……请翻开本书。

本书不仅是高等学校和有关职业培训学校的礼仪课教材，也是旅游服务人员、涉外工作人员、公关营销人员、管理人员的参考用书以及家庭中有关礼仪知识的备查工具书。

图书在版编目(CIP)数据

实用礼仪/何浩然主编.—合肥:合肥工业大学出版社,2004.8

ISBN 978-7-81093-131-1

Ⅰ.实… Ⅱ.何… Ⅲ.礼仪—高等学材:技术学校—教材 Ⅳ.K891.261

中国版本图书馆CIP数据核字(2004)第088787号

实用礼仪

何浩然 主编　　责任编辑 汤礼广

出版	合肥工业大学出版社	开本	710毫米×1000毫米 1/16
地址	合肥市屯溪路193号	印张	15.75
邮编	230009	字数	220千字
电话	总编室:0551-2903038	发行	全国新华书店
	发行部:0551-2903198	印刷	中国科学技术大学印刷厂
版次	2004年8月第1版	网址	www.hfutpress.com.cn
	2011年7月第6次印刷	E-mail	press@hfutpress.com.cn

ISBN 978-7-81093-131-1　　定价:30.00元

前　　言

礼仪,作为公共关系活动中的一项重要内容,在现代社会中日益受到人们广泛的重视。以合适的礼节待人接物,不仅反映出一个人的道德修养水平,也反映出一个国家、一个民族整体的精神文明程度。我国人民在社会交往中历来讲究文明礼貌,注重待人接物的礼节,这不仅使得中华各族人民能够长期和睦相处,也在世界上为我国赢得了“礼仪之邦”的美誉。在改革开放不断深入的今天,为了使人们,尤其是使广大的青少年更好地继承这一宝贵财富和正确地光大这一优良传统,促进我国社会主义精神文明建设,满足高等学校礼仪课程的教学需要,我们特编写此书。

本书吸收了当今高等学校礼仪课程的优秀教学经验和礼仪实践的最新成果,内容注重实用,形式活泼新颖。在体例上,分为“学习目标”(含“知识目标”、“能力目标”、“素质目标”)、“学习环境”、“学习内容”、“本章小结”、“实训内容”、“本章练习”等,这样安排的目的是为了便于教师教学,又便于学生学习。

本着对课程改革和探索的精神以及着重培养学生实践能力,因此,对本课程的学时分配,我们建议如下:

序号	教学内容	课时分配		
		讲授	实训	小计
1	礼仪概述	4	2	6
2	仪表仪态礼仪	6	6	12
3	日常交往礼仪	6	8	14
4	语言表达礼仪	6	6	12
5	会务仪式礼仪	6	4	10
6	涉外活动礼仪	4	4	8
7	中外习俗礼仪	2	4	6
合计		34	34	68

参加本书编写的人员是(以章次顺序排列):何浩然(第一章、第六章)、刘宝(第二章)、黄亮(第三章)、姚礼萍(第四章)、徐翔(第五章)、齐莉莉(第七章)。杨玉龙、赵海东同志为本书的出版做了大量的技术性工作。全书由原全国商业高等职业教育研究会副会长、方光罗先生主审。在编写本书过程中,我们还参阅了有关礼仪方面的大量书籍和同行专家们的研究成果,借此谨向各位原著作者深表敬意。同时对参与审读并提出宝贵意见的教育部商业职业教育教学指导委员会、全国商业高等职业教育研究会的有关专家和领导以及对编写工作给予大力支持的安徽商贸职业技术学院的有关领导表示衷心的感谢。

课程改革和探索的结果肯定会存在着不尽人意的地方,加之我们水平有限、时间仓促,书中疏漏之处在所难免,敬请专家和读者不吝赐教。

编　者

目 录 MULU

第一章

礼仪概述

本章导学

学习目标

知识目标

(1) 掌握礼仪的概念和实质；

(2) 了解礼仪的起源和发展过程；

(3) 明确礼仪的特点和原则。

能力目标

(1) 能够深刻地理解礼仪的实质，并在实践中体现运用；

(2) 充分认识到学习礼仪的意义，主动树立习礼意识。

素质目标

(1) 提高思想品德素质，自觉投身社会主义精神文明建设；

(2) 懂得现代礼仪知识是人们社会交往的基本要求；

(3) 除陋习，树新风，相互尊重，做有文化、有教养、高素质的新一代大学生。

学习环境

多媒体教室，多功能演示厅。

第一节　礼仪的概念和实质

中国是世界文明发源地之一。中华民族源远流长的历史，形成了灿烂而又博大精深的文化，其中，中华礼仪是我们最丰富的文化遗产和宝贵的精神财富之一。礼仪，从某种意义上讲，是我国古代文化的基石，中国古代文化实则礼仪文化。中国有“礼仪之大，故称夏”，有“服章之美，故称华”之说。我们中华民族正是以这种丰富独特的礼仪文化获得了“礼仪之邦”的美誉。

当今社会已进入了科技高速发展的新时代，人际交往日益频繁，礼仪在现代生活中更显其重要性，它不仅体现了人们的思想、修养和情操，而且是人们走向社会的“名片”、塑造形象的手段、广交朋友的法宝和事业成功的桥梁。因此学礼、知礼、用礼，不仅是每个具有现代意识的人的主观意愿，也是现代整个人类共同生活的客观需要。

一、什么叫礼仪

孔子说：“不学礼，无以应；不知礼，无以立。”荀子说：“人无礼则不生，事无礼则不成，国无礼则不宁。”颜元也说过：“国尚礼则国昌，家有礼则家大；身有礼则身修，心有礼则心泰。”这些前贤先哲的话表明了注重礼仪修养的重要意义。我们无论是为身为心，抑或是为家为国，都离不开对礼仪的学习和运用。正确理解礼仪的概念，是我们学习这门课程时首先必须搞清楚的问题。

在我国，礼和仪有时是分开使用、各有其意的。“礼”在《辞海》里就主要有三种含义：①本意是敬神，引申为对别人表示敬意；

②指为表达敬意或为表示隆重而举行的仪式；③一种规范，泛指奴隶社会或封建社会贵族等级制的社会规范和道德规范。“仪”的本义是指有一定法度的事物。在《辞海》上，“仪”有礼节、仪式、法度、法则、容貌、举止等含义。当然，关于礼仪还有一些其他提法，如：礼仪是社会生活的润滑剂，礼仪是获得自尊的明智途径，礼仪是一封通向四方的自荐书，礼仪是古老文明的理性之光等。在日本，礼仪的含义是以诚相见，以心贴心。

礼仪概念所含的内容相当宽广。作为定义，现在国内学者一般认为，礼仪是指人们在社会交往中所形成的相互表示敬意和友好的行为规范与准则，体现为礼貌、礼节、仪表、仪式等具体形式。礼貌是指人们在社交活动中互致问候、相互亲和、慰问祝愿等俗成的形式；仪表是指个人的外表，包括相貌、容颜、身姿、体态、着装、服饰等状况；仪式是指在一定场合、按规定程序进行的规范化的活动，一般都较正式和庄重。

总之，礼仪是人们在社会交往中，彼此用以规范行为、沟通思想、交流情感、互尊互敬和促进了解的形式，是约定俗成的准则，是一个民族道德修养、文明程度的外在表现。

二、礼仪的实质

我们已经知道，礼仪是一个涉及面十分广泛的概念。这不仅指其涉及的领域广阔，而且也包含丰富具体的表现形式。从古代到今天，从国内到国外，礼仪都在广泛地发生着作用，并随着历史的发展，时代的前进，也不断地在变化着内容和形式。但是，万变不离其宗，礼仪有其相对稳定的内涵和基本的要求，这就是礼仪的实质。

礼仪的实质，是对别人表示尊敬。孟子曾说：“尊敬之心，礼也”。《辞海》也认为，礼，本谓敬神，引为敬人。由此衍生出的礼貌、礼节、仪表、仪式无不围绕一个“敬”字并逐步具体化、规范化。汉字的繁写体“禮”就是用“豊”（祭祀用品）来“示”敬的。

而把礼仪作为一种治国方略，形成一种法定的制度，乃是要求人们去敬神、敬国、敬统治者。所以《礼记·曲礼》开宗明义的第一句话就强调“毋不敬”。

礼仪的这一本质特征告诉我们，不能只是在表现形式上做到礼尚往来，而且要在深刻理解这一核心要求的基础上，注重自己的道德修养。什么是道德呢？道德是一定社会用来调整人与人之间以及个人与社会之间关系的行为规范的总和，是一种依靠社会舆论、人们的信念、习惯、传统和教育等起作用的精神力量。在人类的社会交往中，存在着十分复杂、方方面面的各种关系。人只要生存着，就必然要处于各种各样的社会关系中，每个人的行为都必然对其所处的关系产生一定的影响。为了维护社会关系和社会秩序的稳定和发展，就需要对彼此的关系进行调整。通过实践检验，把有利于社会发展和人类进步的行为视为“应该的”，并以此来要求和约束该时代的人们。经大家公认，相对固定的准则，就是道德规范。反其道而行之，则是不道德的。

礼仪小浪花1－1　有道德、讲礼仪是大家共同的事

有的孩子在看了本报“寻找孩子的道德细节”的漫画《小果冻今天懂事了》后说，他们从漫画中学到了很多文明礼仪，同时，他们也会把这些礼仪当作一面镜子，用来对照大人们的言行。成年人希望未成年人讲文明、讲礼仪，未成年人同样希望成年人能够做到，这是一个互相教育、互相感染的过程，也是一个共同参与、共同提高的过程。对孩子而言，这个过程意味着更多的快乐和更健康的成长，对成年人而言，则意味着更艰巨的挑战和更沉重的责任。

（资料来源：《北京青年报》（2004年6月1日））

尊重别人是道德修养的重要内容。尊重别人，体现了人类彼此相处、相互交往、建立社会、推动历史的必然要求，是人区别于动物的重要特征之一，所以是“应该的”。尊敬别人应该成为我们发自内心的道德准则。有了这种修养，人才会有正确的行为，因而才会自觉地贯彻礼仪规范。没有这样的思想认识，没有这样的道德修养，即使装出一副十分有礼的样子，也仍然是无礼的，事实上，也不可能长久摆样子表演下去，因为这违背了礼仪的本质要求。

虽说道德修养是礼仪表现的基础和本质，但本质的外化既有真相，又有假象。生活中常有些人，由于不懂得如何恰当地表示真诚的尊敬之意，往往事与愿违，造成失礼甚至无礼的结果，导致别人的误会、反感，影响交往的正常进行和目标的顺利实现。因此，注重了礼仪本质的道德修养，还要注意礼仪规范的养成。

可见，决定一个人礼仪素质的不外乎两点：一是他的道德修养，二是他的礼仪知识。两者相比，前者更为根本。所以要想真正懂得礼仪，必须抓住礼仪的实质，在加强自身道德修养上下功夫，在礼仪表现上多实践。

三、礼仪的形成和演变

礼仪是人类社会生活的产物。清末的黄遵宪说过："礼也者，非从天降，非从地生，同人情而为之者也。"礼仪是人们在长期的社会生活中逐渐形成和积累起来的某些习惯，它在人类生存和繁衍中产生，随着人类交往的发展而演变，天长日久，约定俗成。

我国古代最初的礼仪表现为人对神的依赖和敬畏，所以主要表现在祭祀活动中。汉代许慎说："礼，履也，所以事神致福也。"开始时的祭祀活动，没有形成一套程序、规范和制度，更没有广泛地出现在社交活动中。只是到了原始社会末期，随着私有制的出现，礼仪才逐渐成了为统治阶级服务的工具。如果从礼仪的对象上看，此时礼仪已从对神的尊敬转向了对人际关系（阶级关系）的规范，应当说这是历史的进步。但它扼杀了个性自由，在中国人的心理上，积淀了循规蹈矩、逆来顺受的消极思想。礼仪发展到西周王朝，已经相当完备了，号称"周礼三千"。有人考证，已知现存最早的有关礼仪制度的著作是"周礼"，它成为以后历代礼仪制度的渊源。几乎与此同期，古印度、古希腊、古巴比伦等地也都大体形成了自己的礼仪伦理体系。

礼在中国古代是作为一种政治制度而存在的。以礼治天下是中国历代封建统治者的传统。大量繁琐的礼仪，时时处处在提醒着人们，不要忘了自己的等级和身份，不得犯上作乱。

礼仪一旦成为人们行为的规范，为一定社会制度认可，并被人们共同遵守之后，便有了相对稳定性，成为维护该社会统治秩序的工具。但社会的变迁，也必然使旧礼制“礼崩乐坏”，新的礼仪要求和规范又随新生产方式和生活方式的出现而孕育、萌生。“克己复礼”是不可能的，但传统礼仪中合理的成分和优秀的因素，会在新时期被赋予新的意义而得到流传，继续发挥其积极作用。礼仪的形成和演变过程，就是这种连续性和间断性、阶段性和持久性的统一。

五四运动从根本上清算了已经落后于时代的旧礼法，但尊敬师长、重视友情、自强守信、奋发进取等传统美德及与之相应的礼仪规范却在新的条件下得到了发展。

社会生产方式是一个社会的基础，礼仪与道德范畴相联系，是建立在特定基础之上的上层建筑的一部分。“仓廪实，而后知礼节”，讲礼重仪只是在生活丰裕的太平盛世才是可能的，战火连年，哀鸿遍野，自然谈不上要求人们“温、良、恭、俭、让”。这不仅为礼仪之邦的我国历史所证明，也为世界其他各国的社会发展所证明。礼仪必然随着社会经济基础的变化而变化。同是见面致礼，就有作揖、跪拜、鞠躬、握手、拥抱等不同的时代痕迹和地域差别。随着改革开放的逐步深入，新的道德观念和礼仪习惯也必然会不断产生，这是时代要求。

礼仪小浪花1－2 ***中国——礼仪之邦***——传说明代初期，菲律宾有一位国王来中国朝拜，因病在中国逝世，但他临终前却要求死后葬在中国，就因为中国是个“礼仪之邦”。公元13世纪初期，意大利旅行家马可·波罗曾盛赞中国是“东方的天堂”。在他的游记发表后，人们开始了解东方，了解中国。在欧洲人眼中，中国既是个物产丰富的国度，更是个文明昌盛、可望而不可即的仙境，是他们心目中的天堂。

的确，当世界上许多民族还没有形成的时候，我们的祖先就创造了无与匹敌的文明。中国曾被外国人称为君子之国、文明典范而受敬仰。今天，大凡到过日本或跟日本人有过接触的人，肯定见过日本人频频鞠躬的礼节，听过“欢迎光临”“请多关照”等礼貌用语。日本人称这种礼节和礼貌为“唐风”，也就是说这个礼节是沿袭1200多年前我国唐朝的礼制的。

（资料来源：刘小清．现代营销礼仪．第1版．大连：东北财经大学出版社，2002）

第二节　礼仪的特点和原则

礼仪是一种随着历史的发展而约定俗成的交往规范，但它和其他的社会规范相比，又有着自己的特点和原则。一般认为，礼仪有普遍性、共同性、继承性和差异性的特点，应遵循统一原则、适度原则和自律原则。

一、礼仪的特点

1．普遍性

在人类社会历史上，礼仪始终如影随形地渗透其间，没有哪个民族、哪个国家的哪个时期，在其社会生活中，没有礼仪规范。尽管礼仪的具体内容和表现形式不尽相同，但普遍存在礼仪这种行为准则是客观的。礼仪在人们的相互交往中，起着普遍而又微妙的作用，它不单调节着人际关系，而且还净化着人类的灵魂，美化社会环境，促进文明的发展。随着社会发展水平的日益提高，人们更能清晰地看到这一切，从而更自觉地去了解、学习礼仪，使之在更广泛的领域里得到运用。

2. 共同性

礼仪跨时空的普遍存在，使它同时又具有共同性的特点。虽然不同民族、不同国家的不同时代，礼仪都有自己鲜明的烙印，但就人类而言，其成员要能相互依赖地生存和发展，则如马克思所说的要“努力做到使私人关系间应遵循的那种简单的道德和正义的准则，成为各民族之间关系中至高无上的准则”。礼仪作为公共道德基础的外在表现，人们总是以彼此能接受的方式去尊重对方、取悦对方。即使是在阶级社会中的不同阶级之间，彼此在经济地位上不平等，也仍不排斥“先礼后兵”，也还存在着礼仪方面的许多共性。这种共同性，体现了人际关系中的共同需要，是人性对真善美的追求，是人类文明的重要组成部分。

3. 继承性

礼仪的共同性，蕴含着继承性的必然要求。正因为礼仪是人类在长期共同生活中形成和确认的，是维护正常社会秩序的经验结晶，它就必然为人们世代相传。这里的继承，当然不是原封不动地全盘接受，而是后代人对礼仪的扬弃，即对那些符合社会进步需要、仍具积极意义的内容进行吸收、升华和发展，对别的民族和别的国家的外域礼仪，进行去粗取精地改造，赋予本民族、本国家特色之后的借鉴和引进。比如握手源于欧洲，但随着欧洲文明的扩散，在我国它几乎已取代了抱拳作揖，而且逐渐为世界许多国家和民族所接受，成了一种

“国际化”的礼节形式。

4. 差异性

由于继承性根源于扬弃，所以无论从历史上纵向考察，还是从现实中横向比较，都必然存在着因扬弃的标准不同而造成的差异性。在人类共同的发展历史中，由于种种原因，造成不同社会、不同民族、不同地区发展的不平衡，使得不同人群的交往习惯、礼仪规范迥然不同。即使同一民族、同一地区，也会因社会发展程度不同或处于不同的历史阶段，造成礼仪从表现方式到表达内容的迥然有别，有的含义甚至正好相反。礼仪的差异性使礼仪变得异常丰富多彩。因此，在掌握礼仪共同性的基础上，了解礼仪的差异性，是我们学习礼仪时不可忽视的重要方面。

二、礼仪的原则

礼仪的原则，是人们互相交往时应遵从的指导思想，它是保证礼仪正确施行和达到礼仪应有目的的基本条件。

1. 统一原则

如前所述，礼仪是社会公共道德基础的外在表现，但它不只是外在形式的东西。礼仪有其内在的思想内核，包括良好的道德品质，深厚的文化底蕴，高雅的审美趣味，其中道德品质是最为根本的。只有将这些内在的诸方面素质和外在的礼仪表现有机地统一结合，才能将装腔作势、虚情假意的所谓“礼仪”变为发自内心、自觉地注重礼仪，变必须遵从的消极应付为习惯遵守的积极表现。我们常为那些容貌姣好、穿着入时却出口成“脏”的人或为那种当面点头哈腰、十分“懂礼”却背后骂娘的人，以及为那种衣冠楚楚、道貌岸然却行为卑下的人感到羞愧。因为在他们身上，礼仪只见其表，只是其恶劣品质的华丽包装。统一原则突出地体现了礼仪的实质。

2. 遵守原则

礼仪是在人类共同生活、相互交往中自然形成的，它的规范是源于人们的共同认可。它为维护社会生活的稳定而存在和发展，它客观上反映了人们的共同利益和要求，因此，社会的每个成员都有义务去自觉遵守实行，而不是只要求别人去遵守实行，自己可以例外。遵守原则要求我们在礼仪问题上，不分职位高低、财富多寡，彼此在人格上都是平等的，都有讲礼重仪的义务，都要自觉遵守礼仪规范。遵守原则还要求我们绝不能只限于学习了礼仪规范，知道应该怎样去做就满足了，还应着重于在相互交往中，实际地按礼仪规范去做。谁违背了礼仪的遵守原则，谁就必然会受到社会舆论的谴责。

3. 适度原则

人人讲究礼仪、尊重他人，这是良好社交关系的基础。但在人际交往中，应注意在不同情况下的礼仪程度的区别、礼仪方式的选择，即在实际的礼仪场合，要把握好与特定事情、特定人物、特定环境相协调的礼仪要求。注意社交距离，控制感情尺度。不能认为无论在哪里，都是“礼多人不怪，无礼或欠礼人才怪”，应牢记过犹不及的道理。例如，与人交往时，彬彬有礼、落落大方是必需的，而低三下四或趾高气扬，则是失礼的；与熟人相见时，握手致意、点头微笑都是恰当的，而纳头便拜或面无表情则是欠妥的。

4. 自律原则

学习了礼仪知识，不仅会使我们更多地了解和掌握具体的礼仪规范，同时还会使我们在内心逐渐树立起一种道德信念。这种信念的形成，是礼仪在潜移默化中的熏陶，它使我们的良知得到升华，从而获得一股内在的力量。这种内在力量，要求我们不断深化对人际关系的认识，不断提高自我约束、自我克制能力，不断养成非礼勿听、非礼勿视、非礼勿为的自觉性，这就是自律原则。礼仪不是一种客套、一种工作，而是我们自我意识的道德要求、自我素质的自然流露和自我修养的自觉行为。

第三节　加强礼仪教育　推广礼仪知识

加强礼仪教育，推广、普及礼仪知识，是时代的召唤和新时期改革开放的需要。礼仪在维护社会生活的稳定发展和促进人们顺利交往方面都有其独特的功能和作用。学习礼仪知识，对于我们正处于学习阶段的青年人，有着十分重要的意义。目前，礼仪教育正在健康发展和迅速普及，日益受到社会各方面的重视，其实际运用也正走向市场，走向社会。

一、礼仪的功能

礼仪是一种公众的社交规范，认真学习并正确运用礼仪知识，礼仪就会充分发挥出它的功能，成为我们达到预期目的的得力助手。礼仪主要有以下功能：

1. 沟通功能

沟通功能是指礼仪在人际交往中，能使人们的感情容易互相传递，从而使双方交往成功，实现各自事业的顺利发展。孟德斯鸠说过："礼貌使有礼貌的人喜悦，也使那些受到礼貌相待的人喜悦。"在相互享有喜悦的情形下，感情才得以沟通，事业才得以成功。

2. 协调功能

协调功能是指礼仪的运用，有助于加强人与人之间的理解和谅解，可以缓和或避免某些不必要的误解和不解，扫除情感对立和交际障碍。有人形象地说："礼貌像只气垫，里面似乎什么也没有，却能奇妙地减少颠簸。"

3. 维护功能

维护功能是指礼仪对社会的文明发展能起到保障作用，对社会秩序的稳定、社会风尚的引导，产生广泛、持久和深刻的影响。礼仪知识越是广泛普及，社会上知书达理者越多，社会就会越和谐安定。这一作用是政治制度和法律制度不可比拟的。

4. 教育功能

教育功能是指礼仪可以通过评价、劝阻、示范等教育方式，倡导人们沟通彼此感情、协调人际关系，纠正人们不正确的行为习惯，维护社会稳定。我们自觉地按照礼仪规范去待人接物，这一行为本身客观上也起着表率的作用，无声地感染和影响着我们周围的人，不仅净化了社会环境和人际关系，而且也使彼此得到促进。

二、学习礼仪知识的意义

1. 学习礼仪知识，是建设社会主义精神文明的需要

精神文明建设，是社会主义现代化建设总体布局的一个不可分割的方面。忽视在马克思主义指导下，努力建设精神文明的伟大任务，我们对改革开放的战略方针和社会主义的本质理解，就会陷入片面性。邓小平同志指出："不加强精神文明的建设，物质文明的建设也要受破坏，走弯路。"我们学习礼仪知识，应当从这一历史高度来理

解其意义。要根据党中央关于精神文明建设的决议，提高公民的思想道德水平，努力形成有利于社会主义现代化建设和全面深化改革的舆论力量、价值观念、道德修养、礼仪风范、文化氛围和社会环境。礼仪不只是一些程序性的形式，而且是具有丰富内涵的民族文化，是一个民族、一个国家精神面貌的状况和国民道德素质高低的重要表现。学礼仪、用礼仪、从我做起、从现在做起，是我们走向现代文明的需要和新时代青年自身发展的需要，也是体现“三个代表”重要思想的需要。

2. 学习礼仪知识是现代社会交往的基本要求

马克思说：“社会是人们交往作用的产物”“人的本质并不是单个人所固有的抽象物。在其现实性上，它是一切社会关系的总和”。如果说在封闭的小农经济时代，这些英明论述表现得还不甚明显的话，那么在今天的现代社会，已经突出地将这一真理所揭示的事实展现在我们面前。人们参加社交活动，建立友谊，交流感情，沟通信息，融洽关系，广交朋友，并在广泛的社交活动中确立自我价值，编织社会关系，寻找合作伙伴，实现经济目的。成功的交际，就要求人们遵从社会认同的礼仪规范。现今礼仪那奇妙的调节作用更加重要，更加活跃，更加不可缺少。英国的洛克曾经指出：“礼仪是在他的一切别种美德之上，加上的一层藻饰，使它们对他具有效用，去为他获得一切与他接近的人的尊重和好感。”社会越是发展，人们的社会交际越是频繁，处在社交活动中的人所掌握的仪表、仪态、礼貌、礼节等礼仪知识就越显得重要。

3. 学习礼仪知识是改革开放，发展社会主义市场经济的需要

随着改革开放的不断深入和我国加入世贸组织，礼仪在社会主义市场经济中的重要作用日益为人们所认识。如不同所有制企业之间，处于不同环节、履行不同职能的企业之间的联系和交往不断增多；不

同国家、不同文化、不同层次、不同风俗习惯的人常常在一起参加活动、洽谈业务；市场上的各企业内部，党的部门、行政部门、社会团体等多种组织关系，需要理顺、协调；对广大消费者也要广交朋友，培养感情，建立起稳定的企业产品消费者群和忠实顾客等，这些都离不开对礼仪的认真学习和正确使用。完善周到的礼仪如同春风和美酒，使我们赢得伙伴，赢得市场，赢得竞争中的有利地位。相反，不懂礼仪，不注重礼仪的正确使用，就会影响企业和营销者个人的声誉，使企业和个人受到损失；如果是在对外贸易和国际经济技术合作与交流中，还会影响到国家和民族的形象。

总之，当前学习礼仪知识，对我们来说，绝不是一件附庸风雅、赶潮头、出风头、甩派头的事，它关系到我们自身形象和自身修养的完善，对提高全民族素质，扩大国内外交往，发展社会主义市场经济，促进社会主义精神文明和公民道德建设，也都有着十分重要的现实意义。

礼仪小浪花1-3 **礼仪欠缺　延误前程**——有一位年轻的学者准备出国访问，一日他去某国驻华领事馆办理出国手续，领事馆的接待人员正在处理别的事情，请他稍候。这位学者坐了片刻，颇感无聊，便大大咧咧地翻阅办公室的报纸杂志。后来工作人员与之交谈，他却心不在焉，并不耐烦地打断对方的问话。为此，该国领事馆认为此人访问条件不具备，要求换人。可见，不懂得礼仪规范，对人没有礼节，是不能成就什么事业的。

（资料来源：刘记艳等．礼仪学．第1版．海拉尔：内蒙古文化出版社，2002）

三、礼仪教育在当前的发展

礼仪教育是一定的社会集团，根据所处社会的发展需要，依据礼仪规范的要求，有目的、有计划、有组织地对其社会成员进行的系统教育和训练活动。时代的需要呼唤着礼仪教育的普及，推动着礼仪教育的发展。

孔子说过："不知礼，无以立。"在全球走向一体化的今天，我们更应清楚地认识到这一点。礼仪文化的发展水平和普及程度，正随着时代的前进而同步提高，成为世界进步的一个突出特点。美国劳工部长在其《各国劳动》中认为，21 世纪的生产已没有国界，资金、劳动力、产品等生产要素的国际流动是相对简单而容易办到的，惟有国民素质的竞争，胜利者将不是赳赳武夫，而是能人雅士。正因如此，世界各国特别是发达国家，十分重视人的素质教育，在礼仪教育方面也给予了足够的重视。英国的坎伯纳女子礼宾学校，已创办 20 多年，学生不但有英国本土的姑娘，还有来自澳大利亚、巴西、法国、荷兰、瑞士、土耳其等许多外国的女士。在日本，更是无"礼"寸步难行。尽管日本的礼仪学校收费高得惊人，如由日本航空公司办的仪态训练学校，收费每天达 17 万 ~ 18 万日元，最高时达 20 万日元，但入学求"礼"者仍然络绎不绝。

改革开放以来，我国的礼仪教育也逐步兴起，而且发展很快，已经引起了人们的极大关注。中共中央《关于进一步加强和改进学校德育工作的若干意见》明确指出："学生的'五爱'（爱祖国、爱人民、爱劳动、爱科学、爱社会主义）情感，文明的行为习惯，良好的道德品质和遵纪守法意识，科学的世界观、人生观、价值观，社会主义的理想信念，是一个通过教育逐步形成的过程。"并要求我们："要把中华民族的优良道德传统和在人民革命及社会主义建设实践中形成的新道德典范结合起来，并吸收世界上其他国家的先进文明成果，提出有中华民族特色、体现时代精神的价值标准和道德规范，编写适合不同年龄层次学生的教材、读物，并拍摄成影视片，广泛宣传、反复教育、长期熏陶。"可以相信，礼仪教育的新时期正在到来。

近年来，我国许多教育部门和各级各类院校都先后开办了礼仪教育内容的课程、讲座和短期训练班。安徽省教育厅早已将礼仪课作为重点建设课程来培育。国内也出版了许多有较高水平的礼仪读物、教

材和工具书。我国大陆第一所礼仪学校是成立于1990年的北京市礼仪学校，现今已升格为职业技术学院并在全国多个城市设立了分校，相继又有崇文区礼仪学校、中华礼仪学校等专门礼仪学校在北京成立。与此同时，全国各地也都纷纷成立了许多与礼仪有关的学校。

礼仪小浪花1-4 **礼仪教育　亟待提高**——一项最新的市民礼仪水平的调查研究显示，礼仪教育亟待提高。调查表明礼仪水平与不同行业人员素质有关，若排序，他们依次为研究生、银行职员、教师、机关干部、大学生、服务业、医护人员、科研人员、企业员工等。在北京的703份回收问卷中，总平均分仅为52.04分，其中女性得分高于男性4个百分点。调查还发现，礼仪水平与年龄无关，起决定作用的是个人重视程度。业内人士认为，目前的礼仪教育只在为数不多的大中专院校内开展，这种只对少数人的礼仪教育，无法满足广大市民的需要。但社会培训又不能像英语等级、电脑等级考试那样让市民感到是一种急需，这就需要政府大力支持与倡导，促进市民重视礼仪水平和文明程度的提高，积极加入到讲文明、树新风、除陋习的行列中来。

（资料来源：《大江晚报》（2003年1月4日））

礼仪教育方兴未艾。礼仪教育主要是动之以情，而非只是晓之以理，是通过审美的方式表达敬意，并借此把一种意义、价值观注入人心。礼仪教育的蓬勃发展，必将给我国的现代化建设和改革开放大业，提供更加宽松和谐的社会环境，使我们的生活更有意义和韵味。就礼仪教育而言，正如《西方礼仪集萃》的作者埃末莉·波斯特所指出的那样：“表面上礼仪有无数的清规戒律，但其根本目的却在于使世界成为一个充满生活乐趣的地方，使人变得平易近人。”

本章小结

礼仪是人们在社会交往中，彼此用以规范行为、沟通思想、交流情感、互尊互敬、促进了解、相互表示敬意和友好的行为规范与准则，体现为礼貌、礼节、仪表、仪式等具体形式，是一个民族的道德修养、文明程度的外在表现和约定俗成的共同准则。礼仪的实质是对别人表示尊敬。礼仪经过社会长期的发展在不断地积累和改变着表示尊敬的具体方式。今天学礼、知礼、用礼已不仅是每个具有现代意识的人的主观意愿，而且是整个人类共同生活的客观需要。

实训内容

1. 组织学生结合实际，座谈学习礼仪知识的重要性。
2. 开展讨论会，请学生漫谈礼仪在国内外的发展演变过程。
3. 组织学生走上街头，观察了解礼仪在社会生活中的作用。

本章练习

讨论题

1. 怎样正确理解礼仪的含义？
2. 礼仪的实质是什么？
3. 怎样使自己成为一个彬彬有礼的时代青年？

复习题

1. 礼仪的原则包括哪些内容？
2. 试述礼仪的形式和演变。
3. 谈谈在我国加入世贸组织后的今天，学习礼仪知识的意义。

自测题

1. 在了解和掌握具体礼仪规范的同时，会逐渐在我们内心树立起一种道德信念。这是礼仪的（　　）。

A. 统一原则　　B. 遵守原则　　C. 适度原则　　D. 自律原则

2. 真正体现礼仪实质的表述是（　　）。

A. 礼，敬神　　B. 尊敬之心，礼也

C. 礼，履也　　D. 礼仪之大，故称夏

3. 因种种原因造成礼仪的（　　），使礼仪变得异常丰富多彩。

A. 普遍性　　B. 共同性　　C. 继承性　　D. 差异性

第二章

仪表仪态礼仪

本章导学

学习目标

知识目标

(1) 懂得美容化妆的基本常识，掌握化妆的基本步骤和技巧；

(2) 了解服装穿着 TPO 原则，注重服饰色彩的配置，掌握西装穿着的若干要求，懂得饰物的选择与佩戴；

(3) 掌握站姿、坐姿、行姿等基本仪态礼仪的要求。

能力目标

(1) 女士学会化淡妆，男士学会正确穿着西装；

(2) 学会正确的站姿、坐姿及行姿。

素质目标

(1) 认识到良好的仪表仪容是立足社会、成就事业的基础；

(2) 时时处处注意仪容端庄、仪态大方、服装整洁；

(3) 培养自信，留神举止，提高人际交往水平。

学习环境

多媒体演示厅，形体训练房，并备有摄像机及领带、西服等。

第一节 妆饰礼仪

化妆是生活中的一门艺术，适度而得体的化妆，可以体现女性端庄、美丽、温柔、大方的独特气质。女性在政务、商务和社交生活中，以化妆品及艺术描绘手法来装扮自己，可以达到振奋精神和尊重他人的目的。

化妆既是一门综合的艺术，它涉及到美学、生理学、心理学、造型艺术等学科，又是一种技术、技巧，它不是单纯的涂脂抹粉，而是运用色彩及各种化妆品来突出和强调每个人面部自然美的部分，减弱或修饰其容貌上的欠缺，使每个人的容貌都变得尽可能地完美。

一、皮肤的基础知识

美容必须有好的皮肤，保养皮肤是仪容美的基础，天然的优良肤质，是任何靠化妆品修饰的皮肤所无法比拟的。

1. 皮肤的构造

要保养好皮肤，必须首先了解皮肤的构造。人的皮肤分为表皮、真皮和皮下组织三大部分。表皮位于最外层，下面是真皮和皮下组织。表皮与化妆美容的关系最为密切。表皮由外向里又可分为四层：角质层、颗粒层、棘状层和基底层。表皮的四个层次不断地新陈代谢，由基底层向角质层转化，角质层不断地衰老并脱落。与真皮相接的基底层含有黑色素，形成皮肤的颜色。黑色素能保护皮肤深层的组织免受紫外线强烈照射的伤害。强烈的阳光可以使黑色素增加，从而使肤色变深，但要避免皮肤受紫外线的过量照射。

2. 皮肤的性质

人的皮肤可以分为中性、油性和干性三种类型。不同性质的皮肤应选用不同的化妆品并采用不同的方法保护。中性皮肤，也称正常皮肤，油脂分泌量适中，皮肤表面柔滑滋润，富有光泽，是比较理想的皮肤。干性皮肤，皮肤外观洁白细腻，皮肤表面油脂分泌量少，毛孔不明显，不易长粉刺，但面部无光泽，易起小皱纹。这类皮肤应选用含有保湿成分的化妆品，以保护皮肤的润泽。油性皮肤，皮肤表面油脂分泌量多，面部油亮光泽，肌纹粗，毛孔明显，易生粉刺，但不易起皱纹。对这类皮肤的护理，主要是注意脸部皮肤表面的清洁工作。

此外，也有人是混合型皮肤，即额头、鼻子、下巴部位偏油性，其他部位偏干性。随着季节和年龄的变化，皮肤的性质也会有所变化。一般夏季皮肤普遍偏油性，干性部位皮肤也会显得光泽滋润，冬季皮肤偏干性，皮脂分泌量相应减少。随着年龄的增长，皮肤的油脂分泌会逐步减少，年轻时呈油性或中性皮肤，中年以后会逐渐转向中性或干性皮肤。

3. 皮肤的护理

在皮肤的护理中，要注意清洁面部及适时补充面部营养。

（1）面部的清洁

清洁面部可以去除表皮新陈代谢产生出的老化角质物、空气污染物、卸妆残留物等。洗脸时应注意以下几点：

① 正确使用洗面乳。倒适量洗面乳在手上揉搓起泡，泡沫越细越不会刺激肌肤，泡沫须揉搓至奶油般细腻才算合格。

② 从皮脂分泌较多的“T”字区开始清洗，额头中心部位皮脂特别发达，要仔细清洗。清洗时，手指不要过分用力，应轻轻地由内朝外画圆圈滑动。

③ 用手指轻柔仔细地清洗皮脂腺分泌旺盛的鼻翼及鼻梁两侧，

这一部分若洗不干净将导致脱妆及肌肤出现油光。

④ 鼻子下方容易长青春痘，须仔细洗净多余的皮脂，用无名指轻轻揉搓，既不会刺激肌肤又可完全去除污垢。

⑤ 注意嘴巴四周的清洗。脸部是否洗净，还与嘴巴四周那些细小的部位十分有关，清洗时应以按摩手法从内朝外轻柔描画圆弧状。

⑥ 下巴和“T”字区一样，也容易长青春痘及粉刺，洗脸时往往容易被忽略。洗脸时应由内朝外不断画圈，使污垢浮上表面。

⑦ 面积较大的脸颊部位需要特别仔细的关照。清洗面颊的诀窍是，不要用指尖而是用指肚接触皮肤，使指肚仅有的面积充分接触脸颊的皮肤，以起到按摩清洁的作用。洗脸的重要技巧是在于不要太用力，以免给肌肤带来不必要的负担。

⑧ 洗脸时要洗到脖子部位，下巴底部、耳下等也要仔细洗净。

⑨ 冲洗时用流水（水龙头不关）充分地去除泡沫，冲洗次数要适度。在较冷的季节，需使用温水，以免汗毛孔紧闭而影响了清洗效果。

⑩ 洗脸后用毛巾擦拭脸上水分时，不可用力揉搓，以免伤害皮肤。正确的使用方法是将毛巾轻贴在脸颊上，让毛巾自然吸干水分。

（2）面部营养的补充

通过卸妆及洗脸去除污垢后，便是补充随污垢一起流失的水分、NMF（天然保湿因子）等物质，使肌肤回复到自然的状态。化妆水和乳液可以发挥它们的功效。

化妆水的任务是补充洗脸时失去的水分，用充足的水分紧缩肌肤，使它变得柔软，紧接其后的乳液才容易渗入。

使用化妆水的方法是：

① 将两片化妆棉重叠，倒入适量的化妆水，使水分刚好浸透化妆棉。

② 两指各夹一片沾满化妆水的化妆棉，轻按在整个脸上，使肌肤充分吸收水分。每半边脸用一片化妆棉。

③ 首先，由两脸中心朝外侧浸染；接着，浸湿易流汗的“T”字

区及鼻翼四周；其次，由下而上拍打整个脸部，直到觉得肌肤冰凉为止。

④ 容易因水分不足而干燥的眼部周围要集中浸染，唇部也要补充水分。眼睛四周及唇部即使在白天也要用化妆水补充水分。

用化妆水充分补充洗脸所失去的水分后，再用乳液补足水分、油分，使肌肤完全恢复，这点相当重要。乳液含有水、油、保湿等肌肤必要的三种成分，而且这三种成分调配得十分均匀，是每日保养肌肤不可缺少的用品，其主要目的是恢复肌肤的柔软性并为接下来的化妆做好准备。

乳液的使用方法是：

①先用手掌温热脸面使汗毛孔张开。

②分别将乳液涂在脸上的5个部位，按由中心朝外、由下朝上的要领画圆圈涂抹均匀。

③轻柔地按摩眼睛四周的敏感部位。脸部都涂好后，用手掌贴在脸部，让乳液渗入进去并除去粘腻感。

除化妆水与乳液以外，面霜也是一种护肤佳品。一般人认为面霜属油性，因此油性肌肤的人不应选用，其实这是不完全的认识。本来，面霜的目的是在肌肤渗入含有水分的保湿剂后，制造油分保护膜，使皮肤继续保持湿润，因此一般认为它是为皮脂分泌少的干性皮肤补充人工皮脂膜，其实它对天然皮脂膜十分充裕的油性皮肤也是有益处的。特别是油脂多而水分相当缺乏的油性皮肤，面霜更是帮助皮肤保持水分的良好营养品。

二、化妆方法和技巧

脸部化妆一方面要突出面部五官最美的部分，使其更加美丽，另一方面要掩盖或矫正缺陷或不足的部分。经过化妆修饰的美有两种：一种是趋于自然的美，一种是艳丽的美，前者是通过恰当的淡妆来实现的，它给人以大方、悦目、清新的感觉，最适合在家或平时上班时使用。后者是通过浓妆来实现的，它给人以庄重高贵的印象，可出现在晚宴、演出等特殊的社交场合。无论是淡妆还是浓妆，都要利用各种技术，恰当使用化妆品，通过一定的艺术处理，才能达到美化形象的目的。

1. 化妆的原则

在进行化妆时，要注意坚持化妆适度、化妆协调及表现个性三原则。

（1）化妆适度的原则。适度的原则是指化妆首先必须注意与时间、空间相适应。除了特殊需要外，在一般工作环境下，以淡妆为宜，这样既修饰了自己，又不至于在整体环境中显得过于突出而不和谐。白天应化淡妆，在自然光下，无论是底色还是五官的修饰，都应力求一种“自然美”。看望熟悉的朋友或亲戚宜化淡妆，这样既可体现对主人的尊重，又显得亲切随和，不至于使双方感到拘谨。外出工作或旅行时以化淡妆为宜。其次，化妆适度的原则，也体现在选用各种化妆品时，要注意各种化妆品的品性和特点，恰到好处地加以使用。如香水应该挑选那种气味与自己的体味相融合且能达到最佳嗅觉效果的香水。化妆适度，还有一个量的基本标准，即从某种意义上说，化妆适度可以理解为使用化妆品要适量。因为化妆品的使用量，和烹饪时必须添加的调味品一样，过多或过少都不行。过多的用量不但浪费，而且效果有时会适得其反。

（2）化妆协调的原则。所谓协调的原则是指化妆必须与自身的整体和外在的环境相和谐，不致令他人有突兀和不舒服的感觉。自身的整体主要指化妆要与全身的服饰、自己的年龄及身份、职业等相一致。外在的环境则是指个人的化妆要与季节、场合相一致。这个原则的具体要求为：①与服饰协调。生活化妆主要是对面部进行修饰，故人们又形象地称为“替脸穿衣裳”。由于化妆时，粉底霜、眼影色、面颊红、口红等颜色是以未化过妆的皮肤颜色为基本条件而添加上去的，在设计面部化妆的色彩时，应该和服装一起进行整体考虑。②与

年龄相符。美在不同的年龄有不同的标准。化妆的目的就在于显现这一年龄段的具体美，如孩童的天真烂漫，少女的纯情可爱，中年的稳健成熟，老年的端庄健康等。为了达到化妆的目的，就必须在化妆过程中实施与自己年龄相吻合的手段。③与身份、职业相符。通过化妆来表现自己最佳的仪容，不仅要考虑时间、场合、脸型、身材、气质、年龄等因素，还应该考虑到自己的身份和职业。不辨自己的身份和职业，一味地浓妆艳抹，则不易在别人眼中树立良好的形象。④与季节、时间相协调。就像人们随着四季的更替而相应地更换服装一样，由于皮肤也随着四季的变化而变化，化妆和保养也应作相应调整，以便能与所在的季节相协调。

（3）表现个性的原则。化妆如果仅仅停留在描眉、涂眼影、抹口红上，那只能算停留在初级阶段，只能说是掌握了化妆的技艺而已。真正掌握化妆精髓的，应该是通过化妆，对自我形象进行重新塑造，扬长避短，从外部形式上能够充分体现内在气质和性格，也就是说能够充分表现个性的魅力。这种化妆方法，被美容专家们称为“具有形式感的化妆法”，是化妆的最高境界。根据这个原则化妆，可达以下效果：①表现不同风格。成功的化妆可以形成独特的魅力和风格。就一般而言，有现代型、聪慧型、知识型三种化妆风格。②表现不同性格。分析自己的个性，根据自己的外形条件确定自己的化妆方法，通过化妆突出自己的鲜明个性尤其是自己的性格。通常这类化妆有以下几种：娟秀文静型、理智成熟型、艳丽妩媚型等。③表现个性美。人们不必为自己的脸型和五官不标准而懊丧，应该树立信心，通过化妆技巧加以改善，利用自己不符合标准的部分，使之具有个性美。从这个角度看，缺陷往往是充满魅力的自然空间，它能给人留下难忘的印象。

2. 化妆的基本步骤

化妆的基本步骤主要包括以下几个方面：

（1）要备齐需要的化妆用品与化妆用具

化妆用品包括化妆水、粉底、胭脂、唇膏、眼影、眼线液、睫毛膏等。化妆用具包括化妆纸、药棉、海绵、胭脂刷、眼影刷、睫毛夹、拔眉镊、美容剪、眉梳和眉刷、眉笔、眼线笔、唇膏笔等。

（2）清洁面部

洁净的皮肤是化好妆的基础，在清洁皮肤的同时可适当加些指法按摩，可以舒张皮肤张力，以适合皮肤与化妆品的亲和力。清洁面部可以用洗面乳、清洁霜等清洁类化妆品。

（3）打底色

使用底色的目的是遮盖皮肤的瑕疵，统一皮肤色调，应根据自己的脸型施以粉底，突出面部的优点，修饰其不足。不要用太白的底色，否则会使人感到失真。最好是选用两种颜色的底色：在脸的正面，用接近自己肤色的粉底均匀地薄薄地涂抹；在脸部的侧面，可用较深的底色。方法是从后向前、由深到浅均匀地涂抹。

（4）画眼

先用咖啡色眼线笔代替膏状眼影色涂在眼睑、鼻旁及面颊等需要产生阴影即凹陷效果之处，然后用手指涂匀，再用黑色眼线笔画出清晰的眼线，最后用卷睫毛器卷好睫毛，涂上睫毛膏。眼影的一般描法是从眼角开始一点点地在眼睑到眉毛间涂上颜色合适的眼影。一般用较深颜色，如浅棕色、深蓝色，以形成层次感。

（5）画眉

首先，用小眉刷轻刷双眉，以除去粉剂及皮屑。然后用温水浸湿的棉球或热毛巾盖住双眉，以使眉毛部位的皮肤松弛，将多余的散眉拔除。其次，用眉笔根据自己的脸型把眉毛修饰成接近于标准的眉形。具体的方法是：依照自身眉毛的形状，设计一种最适合自己的眉形，然后根据头发的颜色选出眉笔的颜色。在画眉时，一般先从眉头开始，按照眉毛的自然生长方向描画。下笔要轻，笔道要均匀，上下眉道的方向要接得自然柔和。眉毛深处，要一笔一笔地去画，使眉毛富于变化，产生立体感。最后，用眉刷轻刷双眉，使眉毛显得自然。

（6）涂抹腮红

涂抹腮红的目的，一是表现皮肤的健康红润，二是用来矫正脸型。面颊红润，会给人留下生气勃勃、精神焕发的印象。涂腮红应从颧骨处向四周扫匀，并使腮红越来越淡，直到与底色自然相接。圆脸型的人，腮红的形状应是长条型的，以减弱胖的感觉；长脸型的人要将范围涂得大些，以产生胖的感觉。至于腮红的颜色选取，白皮肤的人，可选用淡而明快的颜色，如浅桃红、浅玫瑰红。皮肤较黑的人，腮红颜色可选深一些、暗一些的。

（7）唇部化妆

唇部是面部最灵活的部分，俗话说："眼取其神，唇取其色。"美丽的朱唇，是女性风采和个性魅力的突出特征。唇色有大红色系、玫瑰色系、咖啡色系和桔色系。大红色系适合个性积极的现代女性，凸显出女性的高贵和华丽气质；玫瑰色系给人亲切柔和的感觉，彩度低的适合温柔、清纯的年轻少女。咖啡色系非常适合前卫的东方女性，表现冷艳、成熟的特质；桔色系最适合爽朗和充满活力的女性。一般说来，日妆应选色泽接近自己唇色的口红或色泽稍艳丽的口红。

对唇部化妆时，首先要湿润它，再用唇线笔描绘出动人的唇型。唇型的线条应柔和、圆润，富有曲线美。唇线的画法是沿着唇部的边缘，由嘴唇顶角开始至嘴角画出连续的虚线条，唇线不可画得太深。然后淡淡地涂上色泽配合适的唇膏，上唇唇膏由中央向两侧涂，下唇唇膏则由两端向中央涂。

3. 卸妆的程序

卸妆的目的是净化并护理皮肤，如果带妆过夜，皮肤会受到伤害。卸妆的一般步骤如下：

（1）用卸妆水涂抹假睫毛，然后揭去，做到动作轻柔，以免伤害。

（2）用棉棒蘸卸妆水，擦去眼睛和眉毛周围及睫毛处的化妆品。

（3）用棉纸或纸巾擦去口红，再抹适量的橄榄油或其他植物油。

（4）用软纸擦净面额，再用香皂洗脸，洗脸时不要用毛巾使劲擦脸，而要把香皂先打在手上，轻轻搓揉面部，再用温水冲洗。

（5）用化妆水浸软的棉花擦脸，再涂适量的雪花膏。

（6）涂乳液（面奶）或营养护肤霜类制品护肤。

三、护发与美发

头发的造型也是仪容美的重要部分。有位美容学家说："发式是人的第二面孔"。合适的发型会使人容光焕发、风度翩翩。发型设计要与脸型、体型、季节、年龄、职业、气质等因素相适应，体现和谐和整体美。

1. 护发

人们都希望有乌黑、光亮、柔软的秀发，再配上端庄、美观的发型，可以增加仪表美。要使头发健康秀美，必须用科学的方法护理。

（1）清洗头发

头发应当适时清洗。洗发可以去除落在头发上的灰尘和头皮的分泌物，有助于头发的生长和健康。尤其是油性头发，更应勤洗。一般一周清洗两三次。洗发时，应根据自己的发质选择不同的洗发用品，要轻揉发根，洗完后最好自然风干，涂上护发素。

（2）梳理头发

梳理头发不仅能使头发整齐美观，而且也是一种健美运动。它可以促进头部的血液循环，使头发根部的营养输送到发茎、发梢部分，可以保持头发的光泽和柔软。梳理头发时，要轻重适度，防止损伤头皮。

（3）按摩头部

按摩头部是增进头发健康的重要手段，有利于促进头部的血液循环，促进头发生长，防止头发脱落。按摩时，将十指分开，从前向后做环状揉动，反复多次。按摩后会产生头皮发热和紧缩的感觉。

2. 美发

发型的设计与选择能够体现出一个人的修养和品位，可以使人更加端庄、文雅、美观大方，而且能够起到修饰脸型、协调体型的作用。

首先，发型要与脸型相协调。圆脸型的应将头顶部头发梳高，使脸部增加几分力度，并设法遮住两颊；长脸型的看起来面部消瘦，发型设计应适当遮住前额，并没法使双颊显得宽些；方脸型的应设法掩饰棱角，使脸型显得圆润一些；额部窄的，应增加额头两侧头发的厚度。

其次，发型要与身材相适应。高瘦型的人，适合留长发型，可以增加发型的装饰性，但不要盘高发髻或把头发剪得太短，以免使人显得更加瘦长；身材矮小者，适宜留短发或盘发，发型以帅气、精致为主，不要搞得粗犷、蓬松或留长发，那样会使身材显得更矮；身材较胖者，剪成运动式发型，会给人以俏丽、健康的美感。但若留长波浪发型，两侧蓬松，则会显得更胖。

第三，发型要与发质相协调。头发细软的，不宜留过长的直发，可选择中长发或俏丽的短发，还可以把头发烫卷，产生蓬松感。发质较硬的人不宜选择太短的发型，宜采用不到肩的短发或肩以下的长发型。

第四，发型要与服饰相协调。服装与相应的发式相配，才会显得和谐大方，适宜得体。比如，在正式场合，女性身着套装，可将头发挽在脑后，这样可以显得端庄、干练；着运动服时，要将头发扎成高高束起的马尾，显得青春、活泼和潇洒；着晚礼服时，梳个晚装发型，可显得高雅、华丽。

礼仪小浪花2-1　欧洲首脑如此“扮靓”——如同好莱坞的演艺界人士一样，镜头前的欧洲各国领导人也光彩照人，甚至显露出与其年龄不太相称的青春形象，这与他们的乔装打扮有关。

法国总统希拉克换肤色

现年71岁的法国总统希拉克即使在冬日皮肤也能显示出健康的古铜色，这要归功于“人工太阳浴”。有一次，有人看见他戴着助听器，因此还引发了有关他听力困难的猜测。希拉克的办公室最初否认这一猜测，但后来又说他平时并不常戴。

德国总理施罗德染褐发

德国总理施罗德2002年曾与某通讯社打了一场官司，起因是这家通讯社称他为了使头发保持褐色光泽而染了发。法院最后判决施罗德胜诉。有人认为，将近60岁的施罗德之所以在当年获得大选胜利，一个很重要的原因就是他比主要对手——头发花白的埃德蒙·施托伊贝尔看上去年轻得多。

英国首相布莱尔染金发

在欧洲领导人中属于少壮派的英国首相布莱尔今年刚过50岁，似乎并不需要任何化妆。但去年2月，他的头发上突然出现了异常靓丽的金黄色调，英国媒体乘机热炒了一番。但布莱尔办公室否认布莱尔染过发。

意总理整容后首次亮相

据英国《星期日泰晤士报》1月18日报道，近一个月来为美容整形而“人间蒸发”的意大利总理贝卢斯科尼完成眼部手术后，日前终于在公众面前闪亮登场。

在匆匆赶回罗马举行一次内阁会议后，现年67岁的贝卢斯科尼17日对新闻界表示，他认为政治家有责任让自己在电视画面上“显得更英俊，更具有活力”。一边说还一边抚摸自己的面颊。他还反问记者：“你难道不觉得我帅吗?”

（资料来源：《大江晚报》（2004年1月21日））

第二节　服饰礼仪

服、饰是有关人体装饰的两大类物品，前者指服装，后者指装饰品。服饰不仅可用来蔽体御寒，而且也是一种文化，能够反映一个国家和一个民族的经济水平、文化素养、精神与物质文明发展的程度，同时服饰还是一种“语言”，它能表达一个人的社会地位、文化品位、审美意识以及生活态度等。

一、服装的类别

从服装的功能划分，现代服装可分为两大类：

1. 正统服装

能表现职务、身份、社会地位和礼节的服装称为正统服装。这类服装的款式、色彩、质地及服饰搭配等等都有其特殊要求。因此常被用于各类正式社交场合。正统服装又可分为两类：一类为一般工作服，另一类为特殊事务服。

所谓的一般工作服，在大部分国家，现在主要指西服套装。这种西装又称正统西装，要求上下装颜色一致并配衬衫、领带和皮鞋，其颜色的深浅常常是着装人职务、身份、地位的标志。目前在中国，除正统西装外，中山装也被认为是一般工作服。

一般工作服，还指某些特殊行业的职业工作制服，这种服装一般是某个职业或行业的标记，它们以突出职业特点为特色，易于识别。如军服、校服等。

特殊事务服，是指在特殊的社交场合，为应酬事务或体现某种特色而穿着的衣服，以礼服为主。礼服是西方国家特有的服装，除有晨礼服、大礼服、小礼服、晚礼服之分外，还有男女礼服之别。

2. 轻便服装

轻便服装是指人们在居家和日常外出时所穿的各式服装，也分为两类：一类是一般便服，另一类为时装。

一般便服，主要指日常生活中所穿的服装，它们虽然样式不同、色彩有别、质料相异，但均以舒适、方便、随意、实用为主要特色，包括休闲系列、街市系列和睡衣系列。

时装，以其样式新颖并富艺术性而受到广大消费者尤其是年轻女性的喜爱。既然是时装，就有其流行和适合的时期及场所，加上其特有的夸张性、暴露性以及松散性等特点，所以时装常常被视为正式场合和较正式工作场合不宜穿着的服装。

二、服装穿着的基本原则

在服装穿着过程中，应坚持整体性、表现个性及 TPO 等原则。

1. 整体性原则

正确的着装，能使形体、容貌等形成和谐的整体美。服饰整体美的构成因素是多方面的，包括人的形体，人的内在气质以及服装和饰物的款式、色彩、质地、加工技巧乃至着装的环境等。

2. 个性原则

服装是外在的，一个人所穿的服装往往能传达出其性格、爱好、心理状态等多方面的内在信息。着装的个性原则不单指通常意义上的个人的性格，还包括一个人的年龄、身材、气质、爱好、职业等因素在外表上的反映所构成的个人的特点。

但是服装穿着时，如果不注意色彩、体型、场合的协调，一味地追求个性、讲求独特，不仅不会张扬个性，而且还会损害形象。

3. “TPO”原则

TPO原则即着装与时间、地点、场合相配的原则，一个人的衣着打扮要符合自己所处的时间、地点和场合。T是指出席或参加某一活动的具体时间；P指在某个国家、某个地区或某一地点出席或参加某一活动；O指出席或参加某一活动的具体场合。

（1）时间原则

时间既指每一天的早、中、晚三个时间段，也包括每年春夏秋冬的季节更替，还包括人生的不同年龄阶段。

通常，早晨人们在家中或进行户外活动时，着装应方便、随意，如在家中盥洗、用餐或者外出跑步、做操等，可以选择运动服、便装、休闲服。

工作时间的着装，应根据工作的特点和性质，以服务于工作和庄重大方为原则。

晚间的宴请、舞会、音乐会之类的正式社会活动场合，人们的交往距离相对较小，服饰给予人们视觉和心理上的感受程度就相对增强了，因此，晚间着装应讲究一些，以晚礼服为宜。

服饰还应当随着一年四季的变化而更替变换，不宜标新立异、打破常规；同时，着装时不能忘记自己的年龄，老年人应显得素洁，中年人应显得稳重，青年人应显得活泼。

（2）地点原则

特定的环境应配以与之相适应、相协调的服饰，以便获得视觉和心理上的和谐美感。

比如，穿着只有在正式的工作环境才合适的职业正装去娱乐、购物、休闲、观光，或者穿着牛仔服、网球裙、运动衣、休闲服进入办公场所和社交场地，都是不和谐的。在严肃的写字楼里，小姐穿着拖地晚礼服送文件，男士穿着沙滩鞋、花短裤与客户交谈，可以想象，那将是一种什么样的情景？

（3）场合原则

不同的场合有不同的服饰要求，只有与特定场合的气氛相一致、相融洽的服饰，才能产生和谐的审美效果，实现人景相融的最佳效应。

在人们交际应酬中所面临的种种场合，从总体上来划分，可分为公务、社交、休闲这三类。人类的全部活动，无不包含在其中。在这三类不同的场合，着装的款式应各有不同。原则上讲公务场合、社交场合属于正式场合，总的要求是正规、讲究。休闲场合则属于非正式场合，总的要求是随意、自便。在我国正式场合可穿中山装套装、西服套装、旗袍等，一般不宜穿着夹克衫、牛仔裤等便装，更不能穿短裤或背心。

三、服装的色彩效果

色彩，是服装留给人们记忆最深的印象之一，而且在很大程度上往往也是服装穿着成败的关键所在，色彩对他人的刺激最快速、最强烈、最深刻，被称之为“服装之第一饰物”。在服装的色彩上要想获得成功，最重要的是要掌握色彩的特性、色彩的搭配技巧等几个方面的问题。

1．色彩的特性

从本质上讲，色彩乃是人的眼睛对物体反射的不同波长的光所产生的印象。从色彩的功能上来看，它具有如下基本特性：

(1) 色彩的冷暖

每种色彩都有区别于其他色彩的独特的显示特征，这种特征也叫作色相。色彩因色相不同，而使人产生温暖或寒冷的感觉。使人有温暖、热烈、兴奋之感的色彩叫暖色，如红色、黄色等；给人凉爽、安静之感的色彩叫冷色，如白色、蓝色等。

（2）色彩的轻重

色彩的明暗变化的程度，被称为明度。不同明度的色彩，往往给人以轻重不同的感觉。色彩越浅，明度就越强，它使人有上升感、轻感；色彩越深，明度就越弱，它使人有下坠感、重感。人们平日的着装，通常讲究上浅下深。

（3）色彩的软硬

色彩鲜艳明亮的程度，叫作纯度。色彩纯度越高，就越鲜艳纯粹，并给人以软的感觉。色彩纯度越低，就越为深、暗，并给人以硬的感觉。前者适用于喜庆场合的着装，后者则适用于庄重场合的着装。

（4）色彩的缩扩

色彩的波长不同，给人收缩或扩张的感觉便有所不同。一般来讲，冷色、深色属收缩色，暖色、浅色则为扩张色。运用到服装上，前者使人苗条，后者使人丰满，二者皆可使人在形体方面避短遮羞，但若运用不当，也会令人在形体上出丑露怯。

2. 色彩的搭配技巧

一般来说，色彩搭配可以采用统一法、对比法、呼应法、点缀法、时尚法等几种方法。

根据色彩明暗度的不同来搭配，即把同一颜色按深浅不同进行搭配，造成一种和谐的美感。但应注意深浅色的衔接不能太生硬，要尽量过渡得自然。

用相近的颜色搭配，如橙与黄、蓝与绿的搭配等，但在搭配时要在明暗度或鲜艳程度上加以区别。

用互相排斥的对比色（如红与绿）来搭配，但一定要在明暗度、鲜艳度上加以区别，以使对比鲜明而不刺眼。

运用流行色。在特定时期，人们会对某种颜色产生偏爱，使其广泛流行起来。这种色彩适应人们的普遍心理，往往能引起人们的普遍关注。不过，流行色的运用要考虑到场景、年龄等。

以上的色彩搭配大多是就服装自身而言的，此外还要和配件、季节、年龄、场合等谐调。比如服装是鲜艳色，装饰品或领带等最好用中间色；在参加哀悼、纪念等活动时，最好用冷色或文雅色的服饰；而如果你是文娱晚会的主角，则可以穿鲜艳的服装。

四、西服的着装礼仪

1. 西服的穿着

西装是男士的正装、礼服。在大多数社交活动中，男子都穿西装。西装可分为工作用的西装、礼服用的西装、休闲用的西装等，对一般人来说，同样的一套西装配上不同的衬衫、领带，差不多就可以每天穿着并应付多种场合的交际活动了。在各种类别的服装中，男子穿西装的讲究最多，因此，下面着重介绍一下这方面的常识。

（1）西装款式与场合。现在男子常穿的西装有两大类，一类是平驳领、圆角下摆的单排扣西装；另一类是枪驳领、方角下摆的双排扣西装。另外，这两类还有套装（正装）和单件上装（简装）的区别。套装要求上下装面料、色彩一致，这种两件套西装再加上同色同料的背心（马甲）就成为三件套西装。套装如作正式交际场合的礼服用，色调应比较深，最好用毛料制作。在半正式交际场合，如在办公室参加一般性的会见，可穿色调比较浅一些的西装。在非正式场合，如外出游玩、购物等，若穿西装，最好是穿单件的上装，配以其他色调和面料的裤子。

（2）西装穿着要领。穿双排扣的西装一般应将纽扣都扣上。穿单排扣的西装，可以不扣纽扣。穿西装时衬衫袖口一定要扣上。西装的驳领上通常有一只扣眼，这叫插花眼，是参加婚礼、葬礼或出席盛大宴会、典礼时用来插鲜花用的，在我国人们一般无此习惯。西装的衣袋和裤袋里，不宜放太多的东西，最好将东西放在西装左右两侧的内袋里。西装的左胸外面有个口袋，这是用来插手帕用的，起装饰作用，在此胸袋里不宜插钢笔或放置其他东西。

（3）西装与衬衫。穿西装时，衬衫袖应比西装袖长出1厘米至2厘米，衬衫领应高出西装领1厘米左右。衬衫下摆必须扎进裤内。若不系领带，衬衫的领口应敞开。在正式交际场合，衬衫的颜色最好是白色的。

（4）西装与领带。领带是西装的灵魂，凡是参加正式交际活动，穿西装就应系领带。领带长度以到皮带扣处为宜，如穿马甲或毛衣时，领带应放在它们后面。领带夹一般夹在衬衫的第四个纽扣至第五个纽扣之间。

（5）西装与鞋袜。穿西装时不宜穿布鞋、凉鞋或旅游鞋，庄重的西装要配深褐色或黑色的皮鞋。袜子的颜色应比西装深一些，花色要尽可能朴素大方。

女子的西式服装样式、花色繁多。不仅如此，许多男式服装女子也可以穿用，如夹克衫、牛仔装等，但按传统要求，在正式的交际场合，女子一般应穿礼服。现在多数西方国家对女子的穿着要求并不十分严格，在一般的交际场合女子可穿各式各样的裙子，正式一点的场合则穿西服套裙。

2. 领带的使用

在男士穿西装时，最抢眼的，通常不是西装本身，而是领带。因此，领带被称为西装的“画龙点睛之处”。哪怕只有一身西装的男士，只要经常更换不同的领带，往往也能给人以耳目一新的感觉。

领带属于男士的饰物，女士一般不打领带。男士打领带，以穿着西装之时为佳，故领带又叫做“西装的灵魂”。穿西装时，特别是穿西装套装时，不打领带往往会使西装黯然失色。

（1）领带的款式

领带的款式，即其形状外观，一般来说，有宽窄之分，这主要受到时尚流行的左右。进行选择时，应注意使领带的宽度与自己身体的宽度成正比，而不要反差过大。它还有箭头与平头之别。前者下端为

倒三角形，适用于各种场合，比较传统；后者下端平头，比较时髦，多适用于非正式场合。

（2）领带的打法

打领带时，应对领带的结法、领带的长度、领带的位置、领带的佩饰多加注意。因为这样都对领带打得是否完美有影响。

① 领带的结法

领带扎得好不好看，关键在领带结打得如何。打领带结有三点技巧，其一，要把它打得端正、挺括，外观上呈倒三角形；其二，可以在收紧领结时，有意在其下压出一个窝或一条沟来，使其看起来美观、自然；其三，领带结的具体大小不可以完全自行其是，而应令其大体上与同时所穿的衬衫领子的大小成正比例。需要说明的是，穿立领衬衫时不宜打领带，穿翼领衬衫时适合扎蝴蝶结。

② 领带的长度

成人日常所用的领带，通常长约 130 厘米至 150 厘米。领带打好之后，外侧应稍长于内侧，其标准的长度，应当是下端正好触及腰带扣的上端。这样，当外穿的西装上衣系上扣子后，领带的下端便不会从衣襟下面“探头探脑”地显露出来。当然，领带也别打得太短，不要让它动不动就从衣襟上面跳出来。出于这一考虑，不提倡在正式场合选用难以调节其长度的“一拉得”领带或“一套得”领带。

③ 领带的位置

领带打好之后，应置于合乎常规的既定位置。穿西装上衣系好衣扣后，领带应处于西装上衣与内穿的衬衫之间；穿西装背心、羊毛衫、羊毛背心时，领带应处于它们与衬衫之间；穿多件羊毛衫时（这种情况下不合常规，最好不要出现），应将领带置于最内侧的那件羊毛衫与衬衫之间，不得让领带逸出西装上衣之外，或是处于西装上衣与西装背心、羊毛衫、羊绒衫、羊毛背心之间，更别让它夹在两件羊毛衫之间。

④ 领带的佩饰

打领带时，在一般情况下，没有必要使用任何佩饰。在轻风徐来、快步疾走之时，听任领带轻轻飘动，是很能替男士平添一些潇洒、帅气的。有的时候，为了减少领带在行动时任意飘动带来的不便，或为了不使其妨碍本人工作、行动，可酌情使用领带佩饰。领带佩饰的基本作用是固定领带，其次才是装饰。常见的领带佩饰有领带夹、领带针和领带棒，它们分别用于不同的位置，但不要同时登场，一次最好选用其中的一种。选择领带佩饰，应多考虑金属质地制品，一般素色为佳，其形状与图案要雅致、简洁。

领带夹，主要用于将领带固定于衬衫上，因此不能只用其夹着领带，或是将其夹在上衣的衣领上，领带夹的正确位置应在衬衫从上朝下数的第四粒纽扣和第五粒纽扣之间。最好不要让它在扣上西装上衣扣子之后外露，若其夹得过分往上，甚至夹在鸡心领的羊毛衫或西装背心领子的开口处，那是非常土气的。

领带针，主要用于将领带别在衬衫上，并发挥一定的装饰作用。其一端为图案，应处于领带之外，另一端为细链，则应免于外露。使用它时，应将其别在衬衫从上往下数第三粒纽扣处的领带正中央。其有图案的一面，宜为外人所见。但是要注意，别把领带针误当领针使用。

领带棒，主要用于穿着扣领衬衫时，穿过领带，并将领带固定于衬衫领口处。

总之，使用领带佩饰时，宁肯不用，也不要乱用。

五、饰物的选择与佩戴

饰物指的是人们在着装的同时所选用、佩戴的装饰性物品。从总体上讲，它对于人们的穿着打扮，尤其是对于服装而言，只起着辅助、烘托、陪衬、美化的作用。从审美的角度来看，它与服装、化妆一道被人们列为用以装饰、美化自身的三大方法之一。较之于服装，它更具有装饰、美化人体的功能。所以有人不仅将它视为服装的一个有机组成部分，而且还将它当作人们的服饰之中集聚他人视觉的焦

点，认为它具有画龙点睛的作用。

广义上讲，与服装同时使用的、发挥装饰作用的一切物品皆可称作饰物。根据其作用不同大致可以分为两大类：装饰类和实用类。耳环、手镯、戒指、项链、胸花等属于装饰类；鞋子、袜子、帽子、腰带、皮包等属于实用类。

1. 首饰的佩戴

使用首饰时，通常应当恪守如下八条规则：

（1）数量规则

戴首饰时，数量上的规则是以少为佳。有时候，可以一件首饰也不必佩戴，若有意同时佩戴多种首饰，其上限一般为三，即不应当在总量上超过三种。除耳环、手镯外，最好不要使佩戴的同类首饰超过一件，但新娘可以例外。

（2）色彩规则

戴首饰时，色彩的规则是力求同色。若同时佩戴两件或两件以上首饰，应使其色彩一致。戴镶嵌首饰时，应使其主色调保持一致，千万不要使所戴的几种首饰色彩斑斓，把佩戴者打扮得像一棵“圣诞树”。

（3）质地规则

戴首饰时，质地上的规则是争取同质。若同时佩戴两件或两件以上首饰，应使其质地相同。戴镶嵌首饰时，应选择被镶嵌物的质地一致，托架也应力求一致，这样做的好处，是能令其总体上显得协调一致。另外还须注意，高档饰物，尤其是珠宝首饰，多适用于隆重的社交场合，不适合在工作、休闲时佩戴。

（4）身份规则

戴首饰时，身份上的规则是要令其符合身份。选戴首饰时，不仅要照顾个人爱好，更应当使之服从于本人身份，要与自己的性别、年龄、职业、工作环境保持大体一致，而不宜使之相去甚远。

（5）体型规则

戴首饰时，体型上的规则是要使首饰为自己的体型扬长避短。选择首饰时，应充分正视自身的形体特色，努力使首饰的佩戴为自己扬长避短，避短是其中的重点，扬长则须适时而定。

（6）季节规则

戴首饰时，季节上的规则是所戴首饰应与季节相吻合。一般来说，季节不同，所戴首饰也应不同。金色、深色首饰适于冷季佩戴，银色、浅色首饰则适合暖季佩戴。

（7）搭配规则

戴首饰时，搭配的规则要求尽力使之与服装协调。佩戴首饰，应视为服装整体上的一个环节。要兼顾同时穿着服装的质地、色彩、款式，并努力使之在搭配、风格上相互匹配。

（8）习俗规则

戴首饰时，习俗上的规则是遵守习俗。不同的地区、不同的民族，佩戴首饰的习惯做法多有不同。对此，一是要了解，二是要尊重。戴首饰不讲习俗，是万万行不通的。

佩戴首饰要注意场合，参加晚会或外出做客时，可佩戴大型胸针、带宝石坠的项链、带坠的耳环等，在灯光下会显得更加美丽；平日里可戴小型的胸针、串珠、耳环等；从事劳动、体育活动以及出席会议，应尽量不佩戴首饰。

佩戴首饰要与服装以及本人的外表相协调。一般穿着考究的服装时，才能佩戴昂贵的首饰，服装轻柔飘逸，首饰也应玲珑精致。穿着运动装、工作服时不宜佩戴首饰。胖脸型的女士不宜带大耳环，戴眼镜的女士不宜戴耳环，圆脸型的女士项链加上一个挂件，可达到脸型修长的效果。

佩戴首饰要注意其寓意及习俗。项链是平安、富贵的象征。戒指是首饰中最明确的爱情信物，戒指的佩戴是无声的语言，能够表明你的婚姻状况：戒指戴在食指上表示求婚，戴在中指上表示已在恋爱中，戴在无名指上表示已订婚或结婚，戴在小指上则是强调自己是独身，并近期不打算恋爱。手镯一般戴在右手上，只有成对的手镯才能同时戴在左、右手腕上；镶宝石的手镯应紧贴在手腕上部；戴手镯时不应同时戴手表。

2. 饰物的使用

鞋、帽、围巾、腰带、提包、手套等物品，本来是为其实用性而使用的，随着人们对衣着审美品味的提高，这些物品的装饰作用越来越受到重视。

围巾和帽子对服装的整体美影响很大，围巾、帽子与服装风格一致，可以使整体形象更加和谐。在冬季，人们穿着服装色彩较暗，也可以用颜色鲜艳的围巾和帽子点缀，使整体形象生动、活跃起来。同样，假如服装颜色很艳丽，可以用颜色素雅的帽子、围巾来求得一种色彩的平衡。帽子对脸型的影响最为直接。圆脸的人适合戴宽边的较高的帽子；脸窄的人适合戴窄边帽；方脸人可选择圆、尖形的帽子，忌戴方形帽子。

腰带的选择要与衣服、身材相协调。要想使自己看上去修长，应选用和衣裙同色的腰带；如果个子虽高，但腰围窄，就应系与衣裙织物不同、颜色不同的宽腰带。要想在社交活动场合穿着显得优雅、体面，可以根据自身情况配上一条好腰带。

手提包的选择也要酌情而定。身材高大的女性宜背大提包；身材苗条或矮小的可背中小提包；身材丰满的女性忌背圆形包；粗腰女性宜背低于腰线的包。手提包的颜色还要与服装的颜色以及时令协调。夏季宜提小巧玲珑且色调明快的小包；冬天宜提大包，颜色可深重一点。另外，皮包或革制包宜在白天使用；草编的手提包在穿运动衫或棉布便装时，可背挎在肩，显得潇洒自如。

礼仪小浪花2-2 ***花格西装惹风波***——1983年6月，美国前总统里根出访欧洲回国之前，由于他在庄重严肃的正式外交场合没有穿黑色礼服，而是穿了一套花格西装，引起了西方舆论一片哗然。有的新闻媒介批评里根生性极不严肃、缺乏责任感，与其演艺生涯有关；有的新闻媒介评论里根自恃大国首脑、狂妄傲慢，没有给予欧洲伙伴应有的尊重和重视。

（资料来源：刘小清．现代营销礼仪．第1版．大连：东北财经大学出版社，2002）

第三节 仪态礼仪

仪态，包括人的表情、形体动作和姿态，是动态行为和静态表情的统一。通过仪态可以透视出一个人的精神状态、内心情感、文化素养、审美情趣等。可以说，仪态是人的内心世界的非语言表达形式，这种表达形式，虽然是外在的、非语言的，然而却是真实的、自然的，对于知觉人的内心和把握人的本来面目，具有相当的准确性和可靠性。优美的仪态，能使人感受到比语言更为真实、美好和生动的情感，在社交活动中，常能产生“此时无声胜有声”的效果。这种效果，能帮助人们树立良好的自我形象，并促使社交成功。

一、表情

表情是人的心理状态的外在表现。当外部客观事物以物体的、语言的或行为的方式刺激大脑时，人就会产生各种内在的反映，也即情感，这种内在情感会通过人体以相应的表情呈现出来，表现在人的面部、身体、声音和动作上。人们常说的情动之于心、形之于外、传之于声就是这个意思。在人的丰富多彩的表情中，眼神和微笑最具礼仪功能和表现力。

1. 眼神

眼睛是人类面部的感觉器官之一，最能有效地传递信息和表情达意。俗语说："眼睛是心灵的窗户"，从一个人的眼睛中可以看到他的整个内心世界。

眼睛对内心情感的传达主要靠眼神，因此，在社交活动中，眼神的运用要符合一定的礼仪规范，主要应注意两个方面的问题。

（1）注视的时间。交谈的过程中，有些人让人感觉舒服，有些人则令人不自在，甚至让人感觉不值得交往，这主要与注视的时间长短有关。一般来说，与对方目光接触的时间超过了全部谈话时间的1/3时，要么是被认为很吸引人，要么是怀有敌意。因此，对于不太熟悉的人，不可长时间地盯着对方的眼睛，以免引起对方的恐惧和不安。如果感觉与对方谈得来，可以一直看着他，让他意识到你喜欢与他交往，以建立良好的默契，这样的谈话可以有60%以上的时间注视对方。不难想像，如果谈话时心不在焉、东张西望，或由于紧张、羞怯不敢正视对方，目光注视的时间不到整个谈话的1/3，那一定不容易被人信任。当然，不能将目光长时间地集中在对方的脸上或身体的某一部位，特别是初次见面或异性之间，在不太亲密的交往对象之间，长时间地盯着对方是一种失礼行为。

（2）注视的位置。与人交谈时，目光应该注视着对方，但应使目光局限于上至对方额头、下至对方衬衣的第二粒纽扣以上、左右以两肩为准的方框中。在这个方框中，一般有三种注视方式：一是公务注视，一般用于洽谈、磋商等场合，注视的位置在对方的双眼与额头之间的三角区域内；二是社交注视，一般在社交场合，如舞会、酒会上使用，注视的位置在对方的双眼与嘴唇之间的三角区域内；三是亲密注视，一般在新人之间、恋人之间、家庭成员等亲近人员之间使用，注视的位置在对方的双眼和胸部之间。如果对对方的讲话感兴趣，就要用柔和友善的目光正视对方的眼睛区域，同时内心要充溢着爱慕、友善和敬意。如果想要中断谈话，可以有意识地将目光稍微转向他处。当你被介绍与人认识时，眼睛要看着对方脸部，但不能对对方上下打量。有求于对方或者等待对方回答时，眼睛略朝下看，以示谦恭和恳请。进入上级的办公室，不要把目光落在桌上的文件上。走进陌生人的居室，也不要东张西望。和长辈说话时，最好走近他，用尊敬的目光直视对方。在上台讲话时，要先用目光环顾四周，以示对到会人员的尊重。在社交场合，最忌讳和别人眉来眼去和使用满不在乎的眼神，这是没有礼貌和修养的表现。

2. 微笑

人的五官中，嘴的表现力仅次于眼睛。笑，主要是由嘴部来完成的，是眼、眉、嘴和颜面的综合动作结果，能够有效地表达人的内心情感。人类的笑多种多样，有微笑、欢笑、大笑、狂笑、苦笑、奸笑、狞笑、嘲笑等。其中最常见、用途最广、效益最大的便是微笑。

微笑是社交场合中最富吸引力、最令人愉悦、也最有价值的面部表情。它可以与语言和动作互相配合，起互补作用，甚至能起到语言和动作所起不到的作用。它不但表现着人际交往中友善、诚信、谦恭、和谐、融洽等最美好的情感因素，而且反映出交往人的自信、涵养与和睦的人际关系以及健康的心理。微笑在社交中具有非常深刻的内涵。自信的微笑，充满着自信和力量，一个人即使在遇到困难或危险时，若能微笑以待，那一定能冲破难关；礼貌的微笑如春风化雨，滋润人的心田，一个懂得礼貌的人，会将微笑当作礼物，慷慨地赠予他人；真诚的微笑，表示对别人的尊重、理解、同情。

应该注意的是，微笑一定要自然坦诚、发自内心，因为只有发自内心的微笑才是真正的美。而且，只有那种把内心的善和欢喜通过眼神和嘴角表达出来的微笑，才是自然的和令人欢心的。所以我们特别强调，在社交场合，切不可故作笑颜，满脸堆笑。不然，不仅发笑者面部表情不自然，面部肌肉会发酸发硬，而且也会令别人敬而远之，甚至产生躲避不及之感。

微笑是一种健康文明的举止，通过微笑来表达美的习惯是可以通过训练养成的。微笑的基本作法是不发声、不露齿，肌肉放松，嘴角两端向上略微提起。面含笑意，会使人如沐春风。

笑是一种艺术，作为礼仪的笑容应该是美好、自然的，它是常态下的微笑。要塑造美好的笑容，就要加强笑的艺术修养，剔除不良习惯，做到“四要”“四不要”。

“四要”：

一要口眼鼻眉肌结合，做到真笑。只有发自内心的微笑，才会自然调动人的五官。微笑时应眼睛略眯起、有神，眉毛上扬并稍弯，鼻翼张开，脸肌收拢，嘴角上翘，唇不露齿。做到眼到、眉到、鼻到、肌到、嘴到，才会亲切可人，打动人心。

二要神情结合，显出气质。笑的时候要精神饱满、神采奕奕，要笑得亲切、甜美。这样的笑伴以稳重、伴以文化修养，能显出气质。微笑在于它是含笑于面部，“含”给人以回味、深刻、包容性。一位艺术家曾说，他喜欢面带笑意的含蓄感，但如果露齿或张嘴笑起来，再好的气质也没有了。

三要声情并茂，相辅相成。在工作生活中，微笑和语言美往往是孪生子，甜美的微笑伴以礼貌的语言，二者便会相映生辉。如果脸上微笑，却出言不逊，语言粗野，其微笑就失去了意义；如果语言文明，却面无表情，冷冰一块，则会令人怀疑你的诚意。只有声情并茂，你的热情诚意才能为人理解，并且相辅相成，锦上添花。

“四不要”：

一不要缺乏诚意，强装笑脸。

二不要露出笑容后随即收起。

三不要仅为情绪左右而笑。

四不要把微笑只留给上级、朋友等少数人。

礼仪小浪花2-3 **服务金钥匙——微笑**————世界著名的酒店管理集团，如喜来登、假日等有一条共同的经验，即服务金钥匙中最重要的一把——微笑。美国的麦当劳快餐店老板也认为："笑容是最有价值的商品之一。我们的饭店不仅提供高质量的食品、饮料和高水准的优质服务，还免费提供微笑"。日本的航空公司，空姐上天前要接受的主要礼仪训练就是微笑。学员要在教官的指导下进行长达六个月的微笑培训，训练其在各种乘客面前、各种飞行条件下都应保持的微笑。

（资料来源：刘小清．现代营销礼仪．第1版．大连：东北财经大学出版社，2002）

二、形体姿态

姿态美是一种极富魅力和感染力的美，它是人在动静之中所展现出的气质、修养、品格等内在的美。"大步流星""亭亭玉立"之类的成语正是人们对男姿女态美的写照。形体的姿态，主要包括立、坐、行、蹲等几个方面。

1．站姿——站如松

站立是生活中最基本的一种举止。正确健美的站姿给人以挺拔笔直、舒展俊美、精力充沛、积极进取、充满自信的感觉。但是，站立时如果歪脖、斜腰、屈腿，尤其是蹶臀、挺腹，就会让人觉得轻浮、不懂规矩、没有教养。

站姿的基本要求是"站如松"，基本要领是头正，双目平视，下颌微收，面带微笑，挺胸，收腹，立腰，双肩放松，双臂自然下垂，双手在背后交叉或体前交叉，双腿直立。

标准站姿的关键在于：一是髋部向上提，脚趾抓地；二是腹肌、臀肌保持一定的紧张，前后形成夹力；三是头顶上悬，肩向下沉。这三个部位的肌肉相互牵制，才能保持标准的站姿。

男士的基本站姿是：身体立直，挺胸抬头，下颌微收，双目平视，两膝并拢，脚跟靠紧，脚掌分开呈“V”字型，挺髋立腰，吸腹收臀，双手置于身体两侧自然下垂；或者两腿分开，两脚平行，不能超过肩宽，双手在身后交叉，右手搭在左手上，贴在臀部。

女士站立时，双脚成“V”字型，膝和脚后跟尽量靠拢；或者一只脚在前，一只脚略后，前脚的脚后跟稍稍向后脚的脚背靠拢，后腿的膝盖向前腿靠拢。这些站姿是规范的，但要避免僵直硬化，肌肉不能太紧张，可以适宜地交换姿态，追求动感美。

在不同场合下，站姿各有其特点：（1）在升国旗、奏国歌、接受奖品、被接见、听悼词等庄严的仪式场合，应采取“肃立”的姿势。“肃立”类似标准站姿，但神情严肃，不可中途乱动弹，眼可随物或随人慢慢移动。（2）演讲时或销售时，为了减少身体对腿的压力，减轻由于较长时间站立而引起双腿的疲倦，可以用双手支撑在讲台上或柜台上，两腿轮流放松。（3）主持公关性质的文艺活动时，为了使站立姿势更优美，女士可以将双腿并得很拢站立，甚至站成“丁”字步。站“丁”字步时，上体前倾，肩微上翘，腰背挺直，双腿叠合，亭亭玉立，富于女性魅力。（4）门迎、侍应人员往往站的时间很长，双腿可以平行分开站立。手的姿势可以是前握式，右手握住左手手背，垂放于腹前并稍微上提，注意肩膀向后打开，保持良好的精神状态；也可以是手背式，两手背后交叉，右手放到左手的掌心上，但要注意收腹，否则肚子很容易挺出来。（5）礼仪小姐的站立，要比门迎、侍应更趋向艺术化，双腿不能分开站，这样的姿态欠美。一般可以采用立正的姿势或者“丁”字步。这时的丁字步重心不一定放在前面的左脚上，可以同时放在左右腿上，要始终保持双肩后开。双手端执物品时，上手臂不应张开，而应靠近身体两侧，但不必夹紧。下颌微收，面部肌肉松弛，略含微笑。总之要给人优美亲切的感觉。

站立时，切忌无精打采、东倒西歪、耸肩、勾背、懒洋洋地依靠在支撑物上。在正式场合，不宜将手插在裤袋里或交叉于胸前，这样做会让人产生敷衍、轻蔑、傲慢、漫不经心等感觉或印象。更不宜下意识地做小动作，如摆弄打火机、香烟盒、玩弄衣带、发辫、咬手指甲等，因为这样，不仅显得拘谨不大方，给人以缺乏信心和经验之感，而且也有失仪表的庄重。

2．坐姿——坐如钟

坐是日常仪表的主要内容之一。符合礼仪规范的坐姿能传达出自信练达、积极热情、尊重他人的信息和表现良好的风范。

坐姿的基本要求是“坐如钟”。入座时，应以轻盈和缓的步履，从容自如地走到座位前，然后转身轻而稳地落座，并将右脚与左脚并排自然摆放。

坐定后，身体重心垂直向下，腰部挺起，上体保持正直，头部保持平稳，两眼平视，下颌微收，双掌自然地放在膝头或坐椅的扶手上。

男士的基本坐姿是：上体挺直，下颌微收，双目平视，两腿分开，不超肩宽，两脚平行，两手分别放在双膝上。

女士可以两腿并拢，两脚同时向左放或向右放，两手相叠后放在左腿或右腿上，也可以两腿并拢、两脚交叉，置于一侧。

女士入座时，若着裙装，应用手将裙稍微拢一下，不要等坐下后，再重新站起来整理衣裙。女士就座时，不可跷二郎腿，更不可将双腿叉开。男士可以交叠双腿，一般是右腿架在左腿上，但腿脚不能不停地晃动。

在不同情况下，坐姿的要求也有所差异：（1）谈话、谈判、会谈时，场合一般比较严肃，适合正襟危坐。要求上体正直，臀部落座在椅子的中部，双手放在桌上、腿上或将一只手放在椅扶上均可。脚可以并着放，也可以并膝稍分小腿或并膝小腿前后相错。（2）倾听他人教导、指示、传授、指点时，对方如是长者、尊者、贵客，坐姿除了要端正外，还应坐在椅座的前半部或边缘，身体稍向前倾，对对方表现出一种积极、迎合、重视的态度。（3）公关女士在社交场合，为了使坐姿更优美，可以采用略侧向的坐法，头和身子朝向对方，双膝并拢，两脚相并、相掖或一前一后均可。在落座时，应把裙子向腿下理好、掖好，以免不雅。（4）在比较轻松、随便的场合，可以坐得比较舒展、自由，可以经常变换坐姿，以便得到休息。

3. 行姿——行如风

“行如风”是指人行走时，如风行水上，有一种轻快自然的美。行走的姿势极为重要，因为人行走往往是在公众场合进行的，在这样的公众场所，人与人相互之间构成了审美对象，正确而富有魅力的行走姿势，就像一首动人的抒情诗，给人以美感，并激发联想。

优美的走姿，应该是表情自然放松，昂头，收颌，挺胸，收腹，直腰，提髋，两臂自然下垂，前后摆动，下肢举步应脚尖脚跟相接相送。

行走姿态是否优雅，取决于以下几个因素：

一是步态，即行走的基本态势。性别不同，行走的态势应有所区别。一般说来，男性走路以大步为美，而女性则以碎步为美。男性的步伐要刚健、有力、豪迈稳重，好似雄壮的“进行曲”，坚定、刚毅、洒脱、气势磅礴，具有阳刚美；女性的步伐，要轻盈、柔软、飘逸、玲珑，宛如“小夜曲”，恬静、柔情、娇媚、贤淑，具有阴柔美。

二是步幅，即行走时两脚间的距离。步幅的一般标准是一脚踩出落地后，其脚跟到未踩出脚的脚尖距离恰好为自己的脚长。因此，通常情况下，身高脚大者的步幅比身矮脚小者的步幅大。服装的款式和鞋的样式也会影响步幅的大小，如女士着旗袍或筒裙并穿着高跟鞋时，其步幅肯定比穿长裤和平底鞋时小，因为旗袍和筒裙的下摆小，影响了小腿的迈进；高跟鞋从鞋跟到鞋尖的长度也比平底鞋短。

三是步位，即脚落地时的位置。对于女子来说，最好的步位应该是“一字步”，即两脚所踩的是一条直线，尤其是着裙装时更应注意。对于男士来说，则可以使脚跟踩在一条直线的前提下，脚尖略呈外八字步，以显稳健和成熟，也可使两脚跟分别在两条直线上。需要注意的是，外八字步角度宜小不宜大，而内八字步则需要予以彻底纠正，因为内八字会给人留有残缺不足之感。

四是步韵，即走路时，膝盖和脚腕都要富有弹性，膝盖要尽量绷直，双臂应自然轻松摆动，使步伐产生韵律感且优美柔韧，否则会显得浑身僵硬呆板。

4. 蹲姿

蹲姿不像站姿、坐姿、行姿那样使用频繁，但讲究行为举止礼仪的人，同样应当讲究蹲姿。蹲姿的标准规范是：下蹲时两腿合力支撑身体，避免滑倒或摔倒。同时，腰背要挺直，身体尽量放松，从而使蹲姿显得优美。

蹲姿有两种基本形式：高低式蹲姿和交叉式蹲姿。

高低式蹲姿：下蹲时左脚在前，右脚在后；左小腿垂直于地面，全脚掌着地，大腿靠紧；右脚跟提起，前脚掌着地；左膝高于右膝，臀部向下，上身稍向前倾；以左脚为支撑身体的主要支点。

交叉式蹲姿：下蹲时右脚在前，左脚在后；右小腿垂直于地面，全脚着地；左腿在后与右腿交叉重叠；左膝向后伸向右侧，左脚跟抬起，脚掌着地；两脚靠紧，合力支撑身体。

礼仪小浪花2-4 **女性风采　亦在举止**——一个职业女性的迷人风度不仅在于一袭职业套装，还在于工作中一举一动的优美风姿。当你穿行于写字楼之间时，当你参加各种商务会议时，你的坐、立、行的姿态就是你的气质标签。

女士入座时应用手把裙子向前拢一下，坐下后，上身保持挺直，头部端正，目光平视前方或交谈对象。坐下的时候，背部贴在椅背上，如果坐的是很深的沙发，则要尽量往里坐，但以腿能安定（不易摇晃）为原则，双膝应并拢，向左或向右微倾。

不可仰头靠在座位背上或低着头注视地面；身体不可前俯后仰，或歪向一侧；双手不应有多余的动作。双腿不宜敞开过大，也不要把小腿搁在大腿上，更不要把两腿直伸开去，或反复不断的抖动。这些都是缺乏教养和傲慢的表现。

站就要站得端正、稳重、自然、亲切。做到上身正直，头正目平，面带微笑，微收下颌，肩平挺胸，直腰收腹，两臂自然下垂，两腿相靠直立，两脚靠拢，脚呈“V”字型。如果站立过久，可以将左脚或右脚交替后撤一步，但上身仍须挺直，伸出的脚不可伸得太远，双腿不可叉得过大，变换也不能过于频繁。站立时，若有全身不够端正、双脚叉开过大、双脚随意乱动、无精打采或自由散漫的姿势，都会被看作不雅或失礼。站着等人的时候，还要注意被等的人可能来的方向，如果你不介意地东张西望，被等的人走到面前才如梦初醒似的吓了一跳，那是不太礼貌的。

行走的时候，要挺胸、抬头、收腹，脚要直，步伐不要迈得太大。如果提着手袋，则不能随便晃悠。拾东西时无论是穿裙子或长裤，不可只把腰弯下而把屁股翘得高高的，应该把两膝尽量并拢再蹲下，才会显得文雅美观。

（资料来源：《中国妇女报》（2002 年 3 月 6 日））

三、日常社交活动中的行为禁忌

在日常生活中，有些被称为“小节”的个人行为举止，虽是小节，但我们若不注意，就有可能影响一个人整体形象。因此，不可忽视小节，相反应给予足够的重视。

（1）在公共场所，不能高声谈笑，大呼小叫；在人群集中的地方，更要细声低语，不能引起他人的过分关注。

（2）在公共场合不得用手抓挠身体的任何部位。如不能抓耳挠腮、不能挖鼻子、揉眼睛、修指甲、梳理头发等。若身体不适非做不可，则应到洗手间等地方进行。

（3）公开露面时，须把衣裤整理好。尤其是出洗手间时，你的样子最好与进去时的一样或更好。边走边系扣子、拉拉链、擦手甩水等，都不是礼貌的行为。

（4）对陌生人不要评头论足或盯视。当别人在进行私人交谈时，如未受到邀请，不可接近；他人需要帮忙时，要尽力相助；别人有不幸之事，不可有嘲笑、起哄的举动；得到别人的帮助时应立即道谢。

（5）在公共场所最好不要吃东西，更不能出于友好而逼着别人尝尝你的东西。爱吃零食者，在公共场所为了维护自己的形象，一定要有所克制。

（6）一切公共场所的活动规则都应该遵守，这是最起码的公共道德观念。不随地吐痰，不乱扔果皮杂物、烟头等东西。

（7）在大庭广众之下，不要趴在或坐在桌上，也不要在他人面前躺在沙发里。走路时脚步要放轻，不能“咚咚”作响。即使是遇有急事，也不能慌不择路地乱跑。

本章小结

仪表，是指人的外表，包括人的容貌、服饰、姿态、风度等。要求容貌端正，举止大方，行为端庄，遇事稳重，态度诚恳，待人亲切，服饰整洁，打扮得体，不卑不亢，彬彬有礼。化妆要强调适度、协调及表现个性的原则。化妆的基本步骤包括清洁面部、打底、画眼、画眉、涂抹腮红、唇部化妆等。服饰包括服装及装饰品。服装穿着中要注意遵循整体性、个性及 TPO 三个方面的原则，还要注意掌握色彩的特性及色彩的搭配技巧。男士在穿西服、打领带时要符合一定的礼仪规范。女士要正确选择与佩戴饰物。仪态，包括人的表情、形体动作和姿态等。在各种表情中，眼神和微笑最具礼仪功能和表现力。眼神运用，关键要注意注视的时间和注视的位置两个方面。微笑是对人的尊重、理解和友善，要强调自然坦诚，发自内心。形体姿态主要包括立、坐、行、蹲等方面，要求做到站如松、坐如钟、行如风。

实训内容

1. 在多媒体演示厅播放有关化妆、服装穿着及基本仪态等方面的专题录像，让学生观摩学习。

2. 聘请专业美容师到课堂现场演示化妆技法。

3. 学习领带的各种结法，强调饱满、符合规范。

4. 在形体训练房学习站姿、坐姿及行姿等，并进行录像、回放。

5. 对着镜子，练习微笑。

本章练习

讨论题

1. 女性在求职面试时，是否应该化妆，是化淡妆还是化浓妆，为什么？

2. 讨论下面一则案例，并引发对自身着装的思考。

裙裤的麻烦

郑小姐在国内的一家公司里工作。有一次，上级派她代表公司前往南方某城市，去参加一个大型的外贸商品洽谈会。为了给外商留下良好印象，郑小姐在洽谈会上穿了一件粉色的上衣和一条蓝色的裙裤。然而，正是她新置的这身服装，使不少外商对她敬而远之，甚至连跟她正面接触一下都很不情愿。

3. 微笑可以训练吗？你赞成职业化的微笑吗？

复习题

1. 进行化妆时，应坚持哪几个方面的原则？

2. 服装色彩的搭配主要有哪些技巧？

3. 在日常社交活动中主要有哪些行为禁忌？

自测题

1. 服装穿着中的TPO原则指的是（　　）。

A. 时间原则　B. 地点原则　C. 个性原则　D. 场合原则

2. 从功能上来看，色彩主要具有（　　）基本特性。

A. 色彩的冷暖　B. 色彩的软硬　C. 色彩的搭配

D. 色彩的轻重　E. 色彩的缩扩　F. 色彩的流行色

3. 行走时姿态是否优雅，取决于（　　）因素。

A. 步态　B. 步幅　C. 步韵　D. 步伐　E. 步位

4. 仪态主要包括（　　）

A. 表情　B. 服装　C. 饰物　D. 形体动作

E. 形体姿态　F. 面部化妆

第三章

日常交往礼仪

本章导学

学习目标

知识目标

(1) 明确日常交往中应当遵循的基本礼貌准则;

(2) 了解见面时一些常用的礼节;

(3) 懂得与人通电话时应遵守的礼仪规范;

(4) 掌握探访与会客的礼仪要求;

(5) 掌握赠物时所涉及的礼仪规范与相关禁忌。

能力目标

(1) 增强和提高与人交往的能力;

(2) 能够灵活运用各种日常交往的礼仪规范。

素质目标

(1) 具备日常交往中的礼仪规范意识;

(2) 讲究礼貌,注重礼仪,展现现代大学生的风采;

(3) 培养高尚的道德品质,自觉完善礼仪修养。

学习环境

多媒体教室,模拟会客厅,并备有电话、小礼品等教学用品。

第一节　日常交往基本准则

个人离开社会是无法生存的。人既然生活在社会里，就要与不同的人交往，因而也就存在着人际关系。在与人交往的时候，应该遵循一定的准则。古人早就注意到了这个问题，比如孔子就说过："己所不欲，勿施于人。"它实际上道出了人际交往中应遵循的一个重要准则，就是不要把自己不喜欢的东西强加给别人。这早已为人所熟知。再如《周易》中说："修辞立其诚。"意思是说修饰文辞要建立在事实的基础上，把它用于人际交往方面，则是提倡诚信，人与人之间要真诚交往，这也是日常交往的一个重要准则。为了维护社会的正常秩序，建立良好的人际关系，遵循日常交往的基本准则是必要的。具体说来，日常交往的基本准则包括遵守公德、尊重他人、遵时守信、真诚友善、理解宽容、热情大方等方面。

一、遵守公德

社会公德是全体公民在社会交往和公共生活中应该遵循的行为准则，它涵盖了人与人、人与社会、人与自然之间的关系。在现代社会，公共生活领域不断扩大，人们之间相互交往日益频繁，社会公德在维护公众利益、公共秩序，保持社会稳定方面的作用更加突出，成为个人道德修养和社会文明程度的重要表现。谈到社会公德，人们都能列举出很多例子，比如说爱护公物、尊老爱幼、遵守公共秩序、讲究公共卫生等，但同时生活中却也会出现另一番景象：攀枝折花、践踏草地、在公共场所大喊大叫、违反交通法规、随地吐痰……这些不文明现象严重破坏了社会风气。

在社会生活中，每个人都应当模范自觉地遵守社会公德。特别是大学生，作为当今社会具有较高文化水平的一个特殊群体，社会赋予这个名词以特有的文明属性。校园公德是社会公德在大学校园中的具体体现，是每一个在校学生应当遵守的行为准则与道德要求。惭愧的是并非每个大学生都能够自觉地遵守校园公德，由于受社会的不良风气影响，校园公德也遭到不同程度地践踏，如目无师长、打架斗殴、考试作弊、破坏公物等，这不仅是对校园公德教育而且也是对全社会的道德建设也提出了严峻考验。

礼仪小浪花3－1 **校园拾零**——镜头一：早上七点，第二教学楼。晨曦中的教室明亮干净，地面上、课桌里没有任何纸屑杂物。新的一天开始了。

镜头二：上午八点，第二教学楼里已是人声鼎沸。不久准会发现：一只只满是油渍的塑料袋悄悄地躲在课桌里，一个个还沾有牛奶的吸管正静静躺在地下。

镜头三：晚上十点，清洁工人正逐间打扫教室卫生，他们拾纸屑、吸管，收拾课桌里的果皮、瓜子壳、塑料袋等杂物。而此时走到每层楼面的两端你也会看见：饮料瓶杂乱地堆放在垃圾桶的周围，一团团废纸在桶盖上“傲视群雄”。

相信每位同学都曾天天目睹此怪现状；相信不少人也都曾对“个人利已主义”和“不讲环境卫生”现象抱怨过；相信同学们在课堂讨论这种现象时也进行过不遗余力的批评。但是，为什么没有实际行动、不从自己做起呢？

（资料来源：http：//www. shute. edu. cn/cdxb/xk308/CD3. HTM）

二、尊重他人

尊重他人，是现代社会里最重要的人格品质，是指尊重他人的尊严与个性，平等地对待与之交往的任何人，尤其是社会的弱势群体，如老人、小孩、残疾人等。在社会交往中，每个人都想得到他人的尊重，而要得到他人的尊重，必须先以尊重他人为前提。有些人自尊心很强，但不尊重他人，这种人终究也不会得到别人的尊重。尊重他人应该摆在前面，懂得尊重他人的人，才是真正懂得自尊与自重的人。比如说，你承诺了什么，你答应出席某个会议，答应了谁邀请，等等，若没有特殊情况，你一定要遵守诺言。即使有特殊情况，你也应该向对方打招呼并说明原因。最失礼的是你答应了而又不到场，车子等你、众人等你而你却压根就没打算去，这其实是捉弄人，比不尊重人还严重。当然，尊重他人并不等于用那种卑躬的神态、阿谀的语言。因为那样的话，不仅丧失自己的人格，而且会引起他人的厌恶。尊重他人，在行动上要做到表里如一，是发自内心深处对别人的恭敬、尊重，是出自个人品质的自然流露。真正懂得并坚持尊重他人的人，最终也会得到别人的尊重。在社会交往的过程中，尊重他人还体现在平等待人，即在交往中尊重人、理解人、关心人，把他人放在与自己平等的位置上，礼貌待人，平易近人。

三、遵时守信

现代社会里，时间以分秒计算，“时间就是金钱，时间就是生命”，珍惜时间，遵守时间，是社会交往的前提和基本条件。守时是信守诺言的一个重要方面，在现代社会中，遵守契约与否、信守诺言与否，已成为判定一个人的人格高下的标准之一。同时，信守诺言、遵守契约更是现代社会生活得以进行、人与人之间的交往得以继续的基本原则。不论是人们的日常交往，还是生意往来；不论是地区与地区之间的交流合作，还是国家与国家之间的往来，诚信都是重要的前提条件。没有诚信，任何交往都谈不上。一个言而无信的人，不仅无法受到人们的尊重，而且最终必将被排斥在正常的社会生活之外。正如街头那些知假贩假者，他们毫无诚信可言，他们知道自己的做法见不得人，是“一锤买卖”，因此，他们只好“打一枪，换一个地方”，不敢在一个地方久留。人与人之间的交往只有建立在相互真诚、相互信任的基础上，才是文明有效的。不论是患难之交，还是点点头的熟人，都应恪守人际交往的信条——诚实守信。它是人际关系得以维系和深化的保证。

礼仪小浪花3-2 **富兰克林谈“信用”** ————美国建国时期的政治家、科学家本杰明·富兰克林曾对一个青年人说：“切记，信用就是谁若是被公认是一贯准时付钱的人，他便可以在任何时候、任何场合聚集起他的朋友们所用不着的所有的钱。借人的钱到了该还的时候一小时也不要多留，否则一次失信，你的朋友的钱袋，就会永远向你关闭。”富兰克林所说的信用，不仅是从商的精明，也是一种伦理准则的人格气质。

（资料来源：http：//www. sunyunxiao. net. cn/sunyunxiao）

四、真诚友善

《周易》中说：“同心之言，其臭如兰；二人同心，其利断金。”从现代交际学的眼光来看，就是提倡人际交往要本着真诚的原则，以心换心，以赢得良好的人际关系，为成功营造必要的条件。真诚同时也意味着友善，善待自己也要善待别人。真诚地善待别人，才能够赢得别人的尊重和支持，从而建立融洽、宽松的人际关系。所以说，真诚友善是日常交往中一个重要的基本原则。真诚友善体现在很多方面，如不故意渲染对方的失误等。在社交过程中谁都可能不小心弄出点失误，或者念错了对方的姓名、职务，或者礼节有些失当，当我们发现对方出现这类情况时，只要是无关大局，就不必对此大加张扬，故意搞得人人皆知，使本来已被忽视了的小过失，一下变得显眼起来，更不该抱着讥讽的态度，来个小题大做，拿人家的失误在众人面前取乐。真诚友善的原则提倡在交往中对别人要坦诚相见，敞开心扉，推心置腹，做到为人处事不掺私心，敢讲真话、实话，力戒大话、空话，守时守约，履行诺言。这样才能在交往中取得别人信任、赢得理解和支持，在交往中给人以安全感和吸引力。

五、理解宽容

与人交往中，胸怀豁达、大度乐观、谦虚宽容，不仅可以赢得更多的朋友，而且能减少矛盾或消除隔阂。理解宽容包括经常设身处地为他人着想，遇到分歧，求大同，存小异，允许别人与自己看法不一，做法有别；不斤斤计较，能够容人。

1953年周恩来总理率中国政府代表团慰问在我国旅顺的前苏联驻军。在我方举行的招待宴会上，一名苏军中尉在翻译总理讲话时，译错了一个地方，我方代表团的一位同志当场作了纠正。这使总理感到很意外，也使在场的前苏联驻军司令大为恼火。因为部下在这种场合的失误使司令感到丢了面子，他马上走过去，要撕下中尉的肩章和领章。宴会厅里的气氛顿时显得非常紧张。这时，周总理及时地为对方提供了一个“台阶”，他温和地说：“两国语言要做到恰到好处地翻译是很不容易的，也可能是我说得不够完善。”并慢慢重复了被译错了的那段话，让翻译仔细听清，并准确地翻译出来，缓解了紧张气氛。总理讲话完毕后，在同苏军将领干杯时，还不忘同翻译单独干杯。

《三国演义》中也有一个著名的情节：周瑜被任命为东吴大都督，当时他很年轻，老将程普很不服气。周瑜点将时，他称病不去，而是让他的儿子代替，在当时，这是违反军法的，周瑜不但没有治他的罪，反而客观地肯定了老将程普的功劳，并准备亲自登门看望。程普被他的举动所感动，消除了对周瑜的偏见，并称赞周瑜说：与周公瑾交往如饮醇酒，久而弥香。周瑜的宽容显示了他的人格魅力，让老将军心悦诚服，维护了军中的团结。

六、热情大方

与人交往时，要热情、主动、大方。待人热情会使人感到亲切、自然，容易创造交流思想和情感的良好气氛。积极主动、笑脸常开就会有感染力，常给人春天般的温暖。大方，就是潇洒、豁达、文雅脱俗。人们一般都会对具有这种性格人的产生好感和信任，并愿意与他打交道。不过，对人热情应当有分寸，过分的热情，反而是一种无礼。比如用过分的语言吹捧别人；不管别人是否愿意接受，无休止地送这送那等，都会让人觉得厌烦，甚至怀疑你的诚意。在与人交往的过程中，应恰当把握热情大方的分寸，使自己成为一个受欢迎的人。

第二节　见面礼仪

见面是人与人交往中的第一步，其中第一次见面给对方留下的印象在心理学上称之为“首因效应”，它直接影响到今后与对方交往的深度和广度。要想让对方产生良好的第一印象，其中必不可少的就是要掌握见面时的礼仪规范。

一、握手

无论哪个国家、哪个民族的人，见面的时候都会运用某种特定的方式来表达相互的友好，如日本人见面时的鞠躬、西方人见面时的拥抱等。在多种多样的见面礼节中最常见的还是握手礼。

1. 握手礼的起源

关于握手礼是如何产生的，主要有两种说法：一种说法是在原始社会，人们外出为防止遭到野兽或他人的袭击，常常在手上握着石块、木棍等武器。如果两个人在路上相遇，相互不存在敌意的话，他们会主动放下手中的武器，让对方摸摸自己的掌心，以表示愿意和对方友好交往。另一种说法是在中世纪骑兵作战时，由于骑兵全身披戴盔甲只露出两只眼睛，因此，当双方骑兵相遇，若表示友好，就相互靠近，并脱下右臂的甲胄，伸出右手表示没有武器，这种方式沿袭下来，形成今天的握手礼。

不管握手最初究竟源于何处，它已经发展成为今天与人见面时的常用礼节。两人见面时，一般是面带友好的微笑，伸出右手与对方相握，以表示对对方的欢迎、问候和敬意。

2. 握手的样式

虽然握手是个很简单的动作，但是如果你仔细地观察，你会发现不同的人在握手时候的具体样式存在着或多或少的差别，再进一步去思考一下，会发现握手样式的差异性反映出的是握手者的不同性格和不同心理状态。

(1) 支配式握手

这种握手也称控制式握手，指的是掌心向下或是明显向左下的方向握住对方的手。以这种方式握手的人往往是想表达自己处于主动的优势地位，一般说来这种人很自信，说话干净利落，办事果断，在交往过程中地位高的人往往用这样的握手方式。

(2) 谦恭式握手

这种握手也称乞讨式握手，与支配式握手相反，指的是掌心向上或是明显向左上的方向握住对方的手。以这种方式握手的人往往缺乏自信，没有什么主见，容易受环境影响而迅速改变主意，用这种方式握手的人一般处于被动的劣势地位，表达的是对对方的尊重、敬仰甚至是畏惧。

(3) 平等式握手

这种握手也称标准式握手，指的是握手的双方不约而同地掌心向左握住对方的手。这样的握手多见于双方地位不相上下时，它表示的是一种很单纯的礼节性的问候。

（4）双握式握手

这种握手美国人也称政客式握手，据说在历届美国总统竞选中，总统候选人对上至亿万富翁下至普通贫民，都采用这种握手方式。它指的是在伸出右手握住对方右手的同时，再用左手加握上去，加握的部位可以是对方的手背、前臂、上臂或肩膀，一般来说，加握的部位越高，表明与对方的友好程度就越高。双握式握手要表达的是一种非常热情真挚的情感，以表示对对方的信赖。

（5）捏手指式握手

这种握手指的是握手者有意或无意地只捏住对方的几个手指或手指尖部，而不是像标准式握手那样虎口相对轻握。一般来讲，女性与男性握手时为了表现自己的矜持，会采取这样的方式，但如果用在同性之间，未免就显得有几分生疏。这种握手方式的热情程度与双握式握手形成强烈的对比。

3. 握手的礼仪规范

社交活动中，由于握手代表了一定的情感态度，表示对对方的友好尊重，因此，按照什么顺序握手？怎样握手？握手要注意哪些禁忌？这些问题就显得十分重要。

（1）握手的顺序

有很多人认为，在社交中，无论对方的性别和身份怎样，为了表达自己的真心实意，都应该先伸手与对方相握。其实这是一个误区。那么，握手到底应该遵照怎样的顺序呢？主要是把握“三优先”的原则。

① 长者优先的原则：只有年长者先伸出手，年幼者才可以伸手相握。这种做法，符合社会的“长者为尊”的伦理标准，表示对年长者的尊重。

② 女士优先的原则：只有女士先伸出手，男士才能伸手相握。女士优先的原则起源于西方所提倡的“lady first”，这种规范，体现了现代的文明意识，表达了对女性的尊重 。

③ 职位高者优先的原则：只有职位高的人先伸出手，职位低的人才能伸手相握。

（2）握手的姿势

握手的时候，右臂自然向前伸出，与身体略呈60度角，掌心略向左上，拇指与手掌分开，其余四指自然并拢并微向内屈，轻轻地紧握一下。如果是双握式握手，应先伸出右手，然后左手加握上去，加握的部位视双方的亲密程度和所表达情感的热烈程度而定。握手时，眼睛应注视对方，面带亲切的微笑，并应视不同的社交场合说诸如“您好”“见到你真高兴”之类的礼貌的话。

（3）握手的禁忌

握手是人们常用的见面礼，但握手作为一种礼节有不少的禁忌，却为许多人所不知。如果不注意礼仪的规范，就会给别人留下没礼貌的印象，甚至会由于这种行为导致别人的误解，很不利于社会交往的进行。因此，在行握手礼的时候必须先了解握手的禁忌。

① 忌不讲先后顺序。如前所述，在正式场合，握手必须遵照长者优先、女士优先、职位高者优先的原则。另外，还有一些细节也应引起注意：在家里待客，当客人进门时，作为主人理应先伸手与客人相握，以表示对客人到来的欢迎；当客人起身告辞时，应等客人先伸手（这时客人表达的是对主人热情款待的感谢），否则有“赶人”的嫌疑。

② 忌握手时心不在焉。与人握手时，眼睛应注视对方，这时如果东张西望，左顾右盼或忙着和别人打招呼，都是很不礼貌的。一只手与对方相握，另一只手应当自然下垂于体侧，不应该甩前甩后或夹着烟甚至插在口袋里。

③ 忌戴手套握手。有人喜欢戴手套握手，特别是在冬天，为了御寒不愿意摘下手套，其实这也是在握手礼节中比较忌讳的。在社交活动中，如果女士的手套是其服装的组成部分，允许戴着手套和他人握手，但男士必须在与他人握手前脱下手套。

④ 忌用力过重或过轻。在握手过程中，用力过重以致弄疼了对

方是不可取的，但用力过轻似乎又给对方感觉太敷衍了事。正确的做法应该是很自然地伸出手，轻重适中地与对方相握，然后微微上下晃动一下。

⑤ 忌握手时间太久。与他人握手特别是与异性握手，时间不宜过长，拉着对方的手说东道西，往往会让人觉得热情过了头，不一定会产生什么好的效果，一般握手时间控制在 3 秒钟左右。

⑥ 忌握手时手部不洁净。与对方握手之前，应该保持手部的洁净，手部粘着灰尘或黏糊糊乃至弄得很脏，这样都是对对方的不尊重，同时也应避免与他人握手以后用手帕擦手，这也是对对方的侮辱。

⑦ 忌用左手握手。特别是在涉外场合，千万要注意不要用左手与对方相握，因为某些国家如印度、阿拉伯，还有一些信仰穆斯林教的教徒都认为左手不洁，不能碰其他人。

⑧ 忌交叉握手。在社交场合，如果要握手的人较多，可以按照一定的顺序进行，或由近及远或从左到右依次与人握手。西方人尤其忌讳交叉握手，因为交叉握手时形成的十字架图案被认为是很不吉利的。

二、介绍

在社交中，两个不相识的人要想彼此认识，最简单快捷的方法就是进行介绍；如果你想让两个与你都很熟悉但他们彼此不认识的人交往，首先也要进行介绍。所以说，介绍是人际交往中不可缺少的重要环节。

1. 介绍的含义

关于“介绍”一词的来源，有这样的说法：在古礼中，宾方的辅佐人员为介，《礼记·聘义》载：“聘礼，上公七介，侯伯五介，子男三介。”主方的接宾人员为傧，有上傧、承傧、绍傧。《礼记·聘义》：“介绍而传命”，又“士为绍傧”。黄以周《礼书通故·觐一》："谓宾以命传介，介以命传绍。以次迭传上傧，以告主君。"黄以周认为，绍就是绍傧。后来，"介绍"两字相连成词，意指从中沟通，使双方产生联系的意思。

介绍，就其基本含义有：（1）使双方相识或发生联系，如介绍人、介绍信；（2）引进、带入；（3）使了解或熟悉，如介绍情况、介绍经验等。归纳起来，介绍就是从中沟通、使双方或多方相识并建立关系。

2. 介绍的作用

介绍在社交中具有极其重要的作用。

（1）介绍是进入社交大门的一把钥匙。如果你到一个陌生的单位去联系工作，你要带着介绍信，找到你要找的部门，你得作个简单的自我介绍，才会被接待；参加一个你不熟悉的人的聚会，或进入某人的"沙龙"，要有熟人的介绍才会被接纳。总之，只有通过介绍这把钥匙，才能打开各种社交场所的大门。

（2）介绍能缩短人们之间的距离。陌生人之间难免会有一种隔阂，这种隔阂只有通过介绍，互相认识之后，才会逐渐消失。比如，一位老师第一次走进一个新班的教室上课，如果这位老师一开始就用亲切而又风趣的语言作一番自我介绍，教室里紧张的气氛就会一扫而光，师生之间的距离就会大大缩短，就会为建立良好的师生关系打下基础。

（3）介绍能帮助人们扩大社交的范围，加快彼此之间的了解。当你进入一个陌生的社交场合，许多人你都不认识，看着别人谈笑风生，你却无从插嘴，这时你会感到局促不安。但如果通过别人介绍，你认识了其中的许多人，情况就完全不同了。这时你的社交圈子无形中就扩大了，你对那些本来陌生的人也开始有所了解，为今后建立联系和进一步的了解打下了基础。

（4）介绍还可以及时消除不必要的误会。《钢铁是怎样炼成的》这部小说中有这样一段描写：保尔深深地爱着安娜，两人的关系非常

密切。但是有一天保尔发现安娜房里来了一位陌生的男子，而且两个表现非常亲昵，于是保尔对安娜产生了误会，断绝了与她的来往，爱情也由此夭折了。其实这位男子是安娜的哥哥，如果安娜一开始就向保尔作了介绍，保尔也就不会产生误会了。

3. 介绍的种类

介绍是人与人相识的一种重要手段，根据介绍者所处位置的不同，可以将介绍分为自我介绍和为他人介绍两种。

（1）自我介绍

如果是两个素不相识的人想彼此认识，最简单快捷的方法就是进行自我介绍。自我介绍比较容易，一般来讲只要将自己的一些基本情况包括姓名、工作单位、身份以及与正在进行的活动的关系说清楚就可以了。但是，从礼仪的角度来看，这里也有一些应该注意的问题：在介绍之前，首先应该引起对方的注意，比如在说了“对不起”“您好”之后再开始介绍，就不显得非常唐突；特别是在对方正在与他人交谈时，更应该注意这个细节，一定要致歉在先，可以说“请允许我打扰一下，我是×××。”其次是做自我介绍时，要声音适中，吐字清晰，讲究语言的技巧。最后还要注意面部表情要自然，带着友善的微笑，眼睛注视着对方。

（2）为他人介绍

与自我介绍比较起来，为他人介绍所要注意的细节就多一些，有顺序问题、称呼问题和手势问题。

① 介绍的顺序

在社交活动中，面对两个彼此陌生但都与你很熟识的人，当你想介绍他们相识时，首要考虑的问题就是按照什么样的顺序进行。目前，国际上公认的介绍顺序是：第一，将男性介绍给女性；第二，将年轻者介绍给年长者；第三，将职位低的介绍给职位高的；第四，将客人介绍给主人；第五，将晚到者介绍给早到者。在这里，同样也体现出了握手时的“三优先”原则，即女性、年长者、职位高者享有了解他人的优先权。

② 介绍时的称呼

掌握介绍的顺序后，就可以进入正式的为他人介绍的环节，在这时着重要把握好介绍的称呼问题。一般地说，称谓随交情的递增而逐步随意化。对初识的称先生、女士、同志；近了就称姓名；再近就称小×、老×；再近一步就可以称兄道弟，称姐道妹了。目前运用在介绍中的称呼主要有五种：A. 职务性称呼：以交往对象的职务相称，以示身份有别、敬意有加，这是一种最常见的称呼。有三种情况：直接称职务、在职务前加上姓氏或在职务前加上姓名。B. 职称性称呼：对于具有职称者，尤其是具有高级、中级职称者，在工作中直接以其职称相称。称职称时可以只称职称，或在职称前加上姓氏或姓名。C. 行业性称呼：在工作中，有时可按行业进行称呼。为了表达对于从事某些特定行业的人的尊重，有时可直接称呼对方的职业，如老师、医生、会计、律师等，也可以在职业前加上姓氏、姓名。D. 性别性称呼：对于从事商界、服务性行业的人，一般约定俗成地按性别的不同分别称呼“小姐”“夫人”或“先生”，“小姐”是对未婚女性的称呼，“夫人”是对已婚女性的称呼。E. 姓名性称呼：在工作岗位上称呼姓名，一般限于同事、熟人之间。这有三种称呼法：可以直呼其姓名；只呼其姓时要在姓前加上“老、大、小”等前缀；只称其名，不呼其姓，通常限于同性之间，尤其是上级称呼下级、长辈称呼晚辈，在亲友、同学、邻里之间，也可使用这种称呼。

称呼被看作是人际关系融洽的晴雨表，在现实生活中有的人就为把握不准称呼的尺度而发愁。曾有几个青年人，到避暑山庄游玩，想抄近路去外八庙。于是他们向一位姑娘问路：“小师傅，请问去外八庙的路怎样走？”“回家叫你娘师傅！”姑娘怒目圆睁，愤愤而去。几个年轻人莫名其妙，找不出哪里得罪了姑娘。后来他们才清楚，当地人对尼姑、和尚才称师傅，一个年轻姑娘对这样的称呼能不发怒吗？所以说，在交际过程中，怎样称呼别人，是很有讲究的。得体的称呼，使人感到亲切，交往就有了一定的基础；称呼不得体，往往会引起对方的愠怒，让双方陷于尴尬的境地。

礼仪小浪花3－3 记住别人的姓名——美国交际语言大师戴尔·卡耐基曾经说过：“一个人的姓名是他自己最熟悉、最甜美、最妙不可言的一种声音”。

一个叫比特·杜波尔的美国老板说过：“如果你能记住一个人的姓名，他就可能给你带来一百个新朋友。”

（资料来源：秦启文．现代公关礼仪．重庆：西南师范大学出版社，1996）

③ 介绍时的手势

为他人介绍时，应该运用正确的手势，一般手指伸直并拢，手与前臂成一条直线，肘关节自然弯曲，掌心微向上，手掌自然平伸，左手、右手都可以。注意不要掌心向下，不要紧攥拳头，更不要用手去指指点点，这样是对对方极大的不尊重。同时要注意表情自然，语言流畅，表达简洁明了。

三、交换名片

在交际过程中，人们的相识可以借助于口头的自我介绍形式，也可以借助于另一种方式，那就是交换名片。名片一般长 10 厘米、宽 7 厘米，以白色为主，上面印有个人的姓名、职务、工作单位、电话号码、联系地址等信息，它已经成为现代交际中重要的沟通媒介，有人把名片称为另一种形式的身份证。

1. 名片的保管

随身携带的名片应放置在专用的名片夹里，对于男士，如果穿西装时，一般将名片夹放在西装的左胸内侧口袋里，一方面便于右手取物，另一方面左侧是心脏所在处，将名片紧贴心脏位置，表示对他人的礼貌和尊重。如果没有穿西装，就放置于随身携带的包中。将名片夹放在其他口袋、特别是放在后侧口袋是非常失礼的。

2. 名片的递送

在递送名片的时候，应该注意递送名片的顺序和方向。按照礼节来讲，应该是年幼者先向年长者递名片，男性先向女性递名片，地位低的先向地位高的递名片，如果面对的不止一个人，也判断不清楚年龄大小或职位高低的话，就按照一定的自然顺序进行。在向对方递名片时，双手的拇指和食指分别持名片上端的两角恭敬地递过去，注意将名片上的姓名正对着对方。

3. 名片的接收

接收他人的名片时，同样应该用双手的拇指和食指接住名片的下方两角，这里要注意的问题是名片拿到手中后，为表示对对方的尊重，不要把名片随处塞、随便放，更不要放在手中揉搓，根据需要可以先将名片上的内容浏览一下，然后将名片上的重要内容读出来，一般需要重读的是对方的职务、头衔、职称。当对方递送名片后，如果自己没有名片或恰好没带名片或名片已用完，应向对方表示歉意，并说明原因。

第三节　电话礼仪

随着电讯业的惊人发展，电话已渗透到了中国社会的各个角落。同样令人有点吃惊的是，还有不少人却还没有学会哪怕是最起码的电话礼仪，在面对面谈话时彼此间似乎是很普通的礼貌却未能用在电话交谈中。

一、打电话的礼仪

谈到打电话，可能大家都觉得这是一件非常简单的事情，但并不是人人都懂得怎样去打电话，怎样才能在给他人打电话的过程中给对方留下良好的印象。在日常生活中，也经常看到有人把电话当成“自家专线”一样，拿起电话就说：“喂，找×××！”这肯定会使对方心里不舒服甚至很反感。那么，到底应该如何去打电话呢？

1. 打电话前的准备

在打电话之前，首先应该弄清对方的电话号码、姓名、单位名称等基本信息，并准备好纸笔以备在通话中记录时用；再者，打电话一般都有一定的目的性，或者是托人办事，或者是与对方协商某事等，不管是哪种情况，事先都应该认真考虑一下究竟要在这次通话中解决怎样的问题，最好是将要与对方交流的事情列个提纲；最后，在打电话的时间选择上也应该有所注意，除了一些特别紧急的事件，一般尽量不要在早上7点之前或深夜10点之后给人家打电话，用餐或午睡时间打电话给人家也不妥当。

2. 通话中的礼仪

当电话打通后首先向对方问候，以“您好”开始，随后介绍一下自己，可以报出自己的姓名和单位，其他信息根据需要加以补充。接着立即通报自己要找的人的姓名，注意语言的文雅，如“麻烦您找一下×××接听电话，可以吗？”这时候可能出现两种情况：一种是接电话的正是你所要找的人，那么可以简明扼要地将你要讲的事情告诉对方，切忌重复啰嗦，没完没了地在电话里说个不停，防止引起对方的反感情绪；另一种情况就是接电话的并不是你要找的人，这时候也不能毫无回音地“啪嗒”一声将电话挂断，首先一般应该致歉：“对不起，打扰了！”接着要么说：“谢谢，我过会再打过来。”要么留下自己的联系号码，说：“麻烦您在他（她）回来后转告他（她）回这个电话，好吗?”要么请对方带个口信，说：“能不能麻烦您转告他（她）……”在后两种情况下，如果对方答应你的要求，应礼貌地表示谢意后再放下电话 。

二、接电话的礼仪

电话铃一响，如果没有特别紧要的事情，一般在铃响三声之内主动接听电话，假如这时恰好你有事情无法脱身或刚好不在电话机旁，应在接听后向对方客气地说明理由。一般来说，拿起话筒不要“喂，喂，喂”叫个不停，应同样以问候开场，再通报自己的单位和姓名，如：“您好，我是××单位的×××，有什么需要帮忙吗?”这样起码有双重作用，一方面向对方表示问候 ，另一方面也便于对方及时了解你这里是否是他所要找的单位，以及你是否是他所要找的人。这时候有的人可能会出现这种情况，如果当自己正是对方要找的人，往往会心平气和地通话，但是一听电话不是找自己，立刻变为另一种口气，显得很不耐烦。要注意，这样是很失礼的。当对方要找的人不在，如果你了解他（她）的去向，可以告知对方，并且可以提供合理的建议，比如说：“他刚离开，估计五分钟后回来，您过会再打，好吗?”或者说：“对不起，他出差去了，我能帮您转达一下吗?”。如果对方接受了你帮他转达的建议，这时候对于接听电话者来说应该详细地做好相关记录，特别是办公室文秘工作人员更应该引起重视，记录内容包括来电人姓名、单位、时间、联系电话、来电内容等，以便准确无误地传达信息。

三、通话中应共同注意的礼仪

不管是打电话还是接听电话，有些礼仪规范是应该共同遵守的，主要体现在通话中有声语言的运用上。具体来讲，在通话过程中语调应亲切、热情，让对方感到轻松愉快，如果你是个企业人员，可以使对方对你所在的企业产生良好的印象；语速要适中，太快了对方很可能会听不清楚你讲话的内容，太慢了会耽误别人的时间，也会让对方有烦躁情绪；同时还应该注意自己的姿势和表情，有人认为反正在电话中谁也看不到谁，无所谓以什么姿势，无所谓保持什么表情，其实完全可以从通话的声音中听出通话者当时的状态。正因为如此，很多企业对此作了严格的规定，比如松下电器商学院就规定：打电话的时候必须正襟危坐、聚精会神、面带微笑，并且要求新职员对着镜子打电话，以训练员工打电话时的姿势和表情。事实上也只有保持正确的姿势，面带微笑，声音才会动听。通话实际上应该是一个互动的过程，为了有效地呼应，表示对对方的尊重和理解，在倾听电话时要不时地视情况说“嗯”“好”“是”“行”等，以表示你在专心聆听电话并给予积极的反馈。当电话交谈结束时，同样也应该体现出礼仪修养，有的人刚一讲完话就挂机是极端不礼貌的，正确的做法应当是互致谢意后，由打电话一方先挂电话. 不过，这里也有一定的灵活性，如果接电话一方是女性、长者、职位高者，这时不妨让接电话者先挂电话，以体现对对方的尊重。

第四节　访送礼仪

访送礼仪包含两个方面的内容，“访”指的是你作为客人去他人家拜访的前前后后应当遵循的礼仪规范，“送”指的是你作为主人在接待他人来访时应当注意的礼仪规范。

一、拜访礼仪

生活中，去朋友或其他人家做客是常有的事，可并不是每个人都了解应当注意哪些问题。有的人在他人家里不注意自己的言行，让主人很反感，但有些人就能够成为受主人欢迎的客人，这里就存在着是否遵守拜访礼仪的问题。

1. 拜访前的准备

有的人可能要问："拜访就拜访，还要有什么准备呢?"其实情况并不是这样，去他人家拜访之前的准备工作主要体现在以下两个方面:

第一，时间上的准备。在去拜访之前，首先要考虑在什么时间拜访最适宜。从季节上来看，夏季由于穿戴方面的不便，一般没有什么紧要的事情，不适合频繁拜访；从星期来看，如果去办公室拜访，最好不要选择星期一和星期五去拜访，因为一般每周开始和结束的时候是最忙碌的；从一天来看，尽量回避被访者的用餐时间，另外中国人有午睡的习惯，所以也不要选择在中午时间去拜访。从具体时间上讲，最好的拜访时间应当是晚上七点半到八点之间，因为这时大家普遍收看的电视"新闻联播"节目刚刚结束，而"黄金剧场"又尚未开始。在拜访时间确定后，从礼仪的角度讲，应当与主人预约，预约用电话、书信或者让他人捎口信的方式均可。需要提醒注意的是预约时不要用强迫的口气，应当是征询地问："我准备在某某时间去您那，您看方便吗?"时间约定后，要准时赴约。如遇特殊情况，要事先与主人打招呼，重新约定拜访时间。

第二，仪表上的准备。出门拜访之前，应根据拜访的目的、对象等，在仪表上进行适当修饰。总的说来，仪表应整洁、庄重，着装要朴素大方，以表示对主人的尊重。有部分人可能会这样认为，在拜访不是很熟识的朋友时，由于彼此之间还有一定的距离，穿着太随意确实不太雅观，但去老朋友、老同事家就不必要如此拘束，因此往往忽视自己的仪表修饰。其实即使是去很熟悉的人家里，也不能很随便地穿着背心、裤衩或者拖鞋，因为特别当你去拜访时，如果恰好还有其他人包括他的亲友、其他拜访者在场，这时就显得你很邋遢，也是对主人的不礼貌。

2. 拜访中的礼仪

到达主人家门口，应轻声敲门或按门铃，切忌粗鲁地敲个不停。主人听到敲门或门铃声后的第一反应是询问："谁啊?"除非你是与主人天天见面的人，他一听你的声音肯定能判断出你是谁，否则不宜用"是我"来应答。特别是进行公务拜访，更应引起注意，一般在这时候应主动通报自己的单位和姓名。当主人到门口请你进屋时，应主动询问主人是否需要换鞋，如果遇上雨天应征询主人，雨具放在哪比较合适，以免影响主人家地面的整洁。进屋后，应礼貌地向主人的家人打招呼，即使是不认识的人也应当点头致意，随后可以在主人指定的位置坐下。这时候需要注意的是，在进入主人家之后，天气再热也不要脱掉自己的衬衫、长裤，天气再冷也应脱下自己的围巾、帽子，并且忌讳将屋里热或冷的话题挂在嘴边。

在主人家落座以后，主人一般要拿茶水招待，当主人递茶杯时应起身双手相接，如果茶水太烫，可以揭开杯盖让它自然变凉，不要边吹边喝，弄出响声是不礼貌的，同时也不要"牛饮"，应慢慢小啜。总之，不论是主人还是客人，都不应大口吞咽茶水，或喝得咕咚咕咚直响。遇到漂浮在水面上的茶叶，可用茶杯盖拂去，或轻轻吹开，切不可用手从杯里捞出来扔在地上，也不要吃茶叶。

对于男士来说，主人往往还要拿香烟来招待，不管你会不会吸烟，都应当道谢，随后表明你是否会吸烟。如果主人没有递烟给你，而你又特别想抽烟的话，应事先征得主人的同意。抽烟时将烟灰弹入烟灰缸中，并自觉考虑烟雾是否会影响邻座，特别是当邻座为女士或不抽烟的男士时就更应当注意。从礼仪的角度来看，吸烟的烟蒂要适度，以留1厘米左右为宜，一直吸到滤嘴才罢休的方式在社交场合是不得体的。烟头一定要掐灭后再放入烟灰缸内，不可让它在烟灰缸里自行熄灭。

在主人家做客时要特别注意自己的言行，如果碰到自己不认识的人而主人又没有介绍的话，不要去打听他们与主人的关系以及来访的目的，更不要动不动对别人的有关事情发表议论，特别是涉及一些隐私或秘密的事情。无论是到办公室还是到家中拜访，原则上要“客随主便”，主人没有邀请你参观其他房间或设施时，不应主动提出参观，特别是在拜访别人的家庭时更应该注意，因为一般的家庭都会有不愿意暴露在他人面前的卫生死角。有的人在拜访时喜欢乱翻乱动，这也是对主人的极大不尊重，如果要翻阅主人的书刊杂志，首先要征求主人的同意，更不要随意打开主人的衣柜和抽屉，也不要轻易打听主人的东西值多少钱。

拜访时间的把握，对能否达到良好的拜访目的，关系很大，只有恰当地掌握拜访时间，主人才会欢迎。总的来说，拜访的时间不宜过长，当宾主双方都已谈完该谈的事情、叙完该叙的情谊以后，你就可以起身告辞。此外，在出现下列情况的时候也应该及时离开：一种情况是双方明显感觉没有共同语言，即使你说话，主人反应也很冷淡；第二种情况是主人虽然口头没有说什么，但他总是不停地看手表或墙上的挂钟；第三种情况是主人将双肘支起放在椅背上；第四种情况是碰到主人有其他来客，也应该长话短说，适时起身告辞。

当你起身告辞时，一般应对主人的热情款待表示感谢，如果主人有相送之意，应请主人留步；若主人将你送到门口，这时应主动伸手与主人握别，并且在走出主人家后，应回头看看主人是否还在门口相送，如果主人还在目送，应挥手向主人致意，以表示最后的感谢。如果主人一直站在门口送别，而你是“一去不回头”，主人肯定会感到失望，因此，这也是一种失礼的表现。

二、待客礼仪

不仅到他人家里或办公场所拜访时需要注意礼仪规范，作为主人接待来访客人，同样要讲究一定的技巧，这样才能在他人心目中树立热情好客的主人形象。

1. 待客前的准备

如果你事先知道有客人来访，要提前打扫门庭，以迎嘉宾，并备好茶具、烟具、饮料等，也可根据自己的家庭条件，准备好水果、糖、咖啡等。客人在约定时间到来，应提前出门迎接。如在家中穿内衣、内裤，应换便衣，即使是十分熟悉的客人，也应换上便衣。如果客人和你事先有预约的话，应该准备好客人所需要的书籍、材料、报表等相关资料，以保证客人拜访目的的最终实现。同时，除了注重物质方面的准备之外，在心理上也要做好准备，这种心理准备主要指的是要根据客人预约的情况，想好要和客人交谈的事宜，防止在接待客人过程中出现尴尬。即使有些客人没有和你预约，也应事先对客人的来访目的进行猜测，以有利于双方交谈的顺利开展。

2. 待客中的礼仪

待客分为迎客、敬烟、敬茶、送客等基本环节。

（1）迎接客人

当有人到你家中拜访的时候，特别是客人如果事先跟你有预约的话，应当做好相应的迎接工作。一般情况下，只需要在家门口迎接客人。如果是上级或长者来访，可以让全家人到门口等候；如果有客人要从外地来拜访，视情况而定，可以去机场、码头、车站迎接。不管是在何处迎接，都要对客人的来访表示热烈的欢迎。客人进屋后，首先请客人落座，然后敬茶、递烟、端出果盘。

（2）敬烟的礼仪

敬烟是我国现代家庭待客的一种习俗，是待客时不可忽视的礼仪。在交际中互相传递香烟称作敬烟。在汉族和一些少数民族之间，客人来家，沏茶敬烟是中国民俗中最普遍的礼俗。在北京，旧时习惯抽旱烟或水烟。尤其到清代后期，皇宫及诸王府乃至民间，吸烟风气尤甚。北京旧式家庭中的老太太，手托长烟袋盘腿往炕上一坐，儿媳妇、孙媳妇侍立旁边装烟、点烟，那“谱儿”可就大了。“敬烟”在我国是知礼懂事的行为表现，晚辈敬长辈，下级敬上级，主人敬客人，其中都有很深的学问。敬烟礼俗的讲究，实际是传达了一种人类真诚、善良的愿望。

现代社会生活中，敬烟也同样作为一种社交礼节被继承下来，并形成了一些规矩，如：向长辈敬烟要双手捧上；对长辈递来的烟要双手接过；在向女客人敬烟之前，要先问对方是否抽烟，这样才不会冒昧；对信奉伊斯兰教、基督教的人则不要敬烟；对不吸烟的客人不能“强行”劝吸；给客人递烟时要双手递上，别人向你“借”火时，最好将烟头朝内、烟嘴朝外地递出，既礼貌又避免烫伤别人。作为主人，应该主动给客人点烟，这时也应该注意相应的礼仪规范，特别是在给多人点烟时，一般点亮一次打火机或划亮一根火柴只给一位客人点火，不应该一圈点到底。

（3）敬茶的礼仪

我国饮茶的历史，据说是从神农时代开始，距今少说也有四千七百多年了。茶礼有缘，古已有之。客来敬茶，这是我国人民重情好客的传统美德与礼节。直到现在，宾客至家，总要沏上一杯香茗以待客。沏茶时要注意事先把茶具洗干净。在倒茶时，要掌握好茶水的量。常言待客要“浅茶满酒”。所谓浅茶，即将茶水倒入杯中三分之二为佳。端茶也是应注意的礼节。按我国的传统习惯，应双手给客人端茶。对有杯耳的杯子，通常用一只手抓住杯耳，另一只手托住杯底，把茶水送给客人，随之说声“请您用茶”或“请喝茶”。切忌用手指捏住杯口边缘往客人面前送，这样敬茶既不卫生，也不礼貌。我国旧时有以再三请喝茶作为提醒客人告辞的做法，因此在招待老年人或海外华人时要注意，不要一再地劝其饮茶。

（4）送客的礼仪

客人告辞，一般应婉言相留。客人要走，应等客人起身后，再起身相送，不可客人一说要走，主人就站起来。送客一般应送到大门或弄堂口。有些客人常常会带礼物来，对此，我们送客时应有所反应，如表示谢意，或请求客人以后来访时不必携带礼品了，或相应地回谢一些礼物，决不能受之无愧似的若无其事，毫无表示。当主人送客人到门口时，不要当客人刚跨出自己的家门，就将门“砰”地一声关上，这样可能会使你刚刚一番热情款待的成果在这种响声中毁灭；作为主人应该在门口目送客人走出一段路后，才轻轻关上门回到家中，否则，客人如果走出后回头张望看不到主人，心里会感到特别失望。

第五节　馈赠礼仪

人们相互馈赠礼物，是社会生活中不可缺少的交往内容。中国人一向崇尚礼尚往来。《礼记·曲礼上》说：“礼尚往来。往而不来，非礼也；来而不往，亦非礼也。”馈赠，是与其他一系列礼仪活动一同产生和发展起来的。我们知道，礼起源于远古时期的祭祀活动。在祭祀时，人们除了用规范的动作、虔诚的态度向神表示崇敬和敬畏外，还将自己最有价值、最能体现对神敬意的物品奉献于神灵。也许从那时起，在礼的含义中，就开始有了物质的成分和表现了，即礼可以以物的形式出现。关于礼物这个概念，还有人说它最初来源于古代战争中由于部落兼并而产生的“纳贡”，也就是被征服者定期向征服者送去食物、奴隶等，以表示对被征服者的服从和乞求征服者的庇护。史书中曾有因礼物送得不及时或不周到而引发战争的记载。如春秋时期，因楚国没有按时向周天子送一车茅草，而引发了中原各国联盟大举伐楚的战争。还有人认为，最初的礼就是一种商业性质的物品的有来有往，原始的“礼尚往来”，实质上就是以礼品的赠与酬报的方式进行的产品交换。我们暂且不论这些考据是否正确可信，但有一点却是肯定的，即在礼的内涵中，除了有表示尊敬的态度、言语、动作、仪式外，还有一个重要的含义，就是礼物。从礼以物的形式出现的那时起，物就从礼的精神内核中蜕化出来，而成为人与人之间有“礼”的外在表现形式。随着社会生活的发展和演变，物能寄情言意表礼的观念已被人们普遍接受和认同，从而使馈赠在内容和形式上，逐渐融会在五彩缤纷的社会交往中，并成为人们联络和沟通感情的重要方式之一。在现代人际交往中，礼物仍然是人们往来的有效媒介之一，它像桥梁和纽带一样直接明显地传递着情感和信息，深深地寄托着人们的情意，无言地表达着人与人之间的真诚关爱，久远地记载着人间的温暖。

一、馈赠常识

世界各国，由于文化上的差异以及不同的历史、民族、社会、宗教的影响，在馈赠问题上的观念、喜好和禁忌有所不同。只有把握好这些特色，在交往馈赠活动中才能达到自己的预期目的。

1. 亚洲国家的馈赠

亚洲各国虽然在社会、民族、宗教等方面有很大的差异，但在馈赠方面却有很多相似之处。

（1）形式重于内容。对于亚洲国家人士的馈赠，名牌商品或具有民族特色的手工艺品是上好的礼品。至于礼品的实用性，则屈居知识性和艺术性之后。尤其是日本人和阿拉伯人，非常重视礼品的品牌和外在形式。对日本人而言，越是形式美观而又无实际用途的礼品，越受欢迎，因为日本人有送礼的癖好，送他这样的礼品，他好再转送他人。

（2）崇尚礼尚往来，而且更愿意以自己的慷慨大方表示对他人的恭敬。在亚洲，无论何地，人们都认为来而不往是有失尊严的，这涉及到自身形象问题。因此，一般人都倾向于先送礼品予他人。而且，收到礼品，在回礼时常在礼品的内在价值、外在包装上更下工夫，以呈现自己的慷慨和对他人的恭敬。

（3）讲究馈赠对象的具体指向性。选择和馈赠礼品时十分注意馈赠的指向性，这是亚洲人的特点。一般说来，送给老人和孩子礼品常常是令人高兴的，无论送什么，人们都乐于接受。如果是给他人妻子赠送礼品，则需要考虑交往双方的关系及对方的忌讳。如阿拉伯人最忌讳向其妻子赠送礼品，这被认为是对其隐私权的侵犯和对其人格的侮辱。

（4）忌讳颇多。不同国家对礼品的数字、颜色、图案等有诸多忌讳，如日本、朝鲜对“4”有忌讳，把“4”视为预示厄运的数字，而对 7、5、3 等奇数和 108 等数则颇为青睐，其中朝鲜对“9”及“9”的倍数尤其偏爱。阿拉伯人忌讳动物图案，特别是猪等图案的物品，而日本人则忌讳狐狸和獾等图案。

2. 西方国家的馈赠

西方国家与东方国家不同，在礼品的选择喜好等方面没有太多讲究，其礼品多姿多彩。

（1）实用的内容加漂亮的形式。西方人对礼品更倾向于实用，一束鲜花，一瓶好酒，一盒巧克力，一块手表，甚至一同游览、参观等，都是非常好的礼品。当然，如果再讲究礼品的品牌和包装，那就更好了。

（2）赠、受双方喜欢共享礼品带来的欢快。西方人馈赠时，受馈人常常当着赠礼人的面打开包装并表扬赞美后，邀赠礼人一起享受或欣赏礼品。

（3）讲究赠礼的时机。一般情况下，西方人赠礼常在社交活动行将结束时，即在社交已有成果时方才赠礼，以避免行贿受贿之嫌。

（4）忌讳较少。除忌讳“13”和“星期五”这些灾难数字，或在一些特殊场合（如葬礼）对礼品的种类、颜色等有一定讲究外，大多数西方国家在礼品上的忌讳是较少的。

二、赠物礼仪

日常交往过程中，人们经常会互赠礼品，以增进了解和友谊。因此我们应当将公开赠礼、正常的人际交往送礼与收受贿赂、腐蚀拉拢、歪风邪气、腐败风气区别开来。礼品是传情达意的形式，是情感的象征和媒介。送礼要恰到好处，恰如其分。这就要求送礼人必须根据对象，精心选择最能表达情意的礼品，让对方见物如见人，起到人走茶不凉的社交功效。要使交往对象愉快地接受馈赠，并不是件容易的事情。因为即便你是在馈赠原则的指导之下选好了礼品，如果不讲究赠礼的艺术和礼仪，也很难发挥馈赠的社会交往功能，甚至会适得其反。那么，馈赠时应注意哪些艺术和礼仪呢？

1. 注意赠礼的对象

送礼不能盲目地送，不能根据自己的好恶来选送礼品。各人情况不同，爱好也不同，只有送礼前弄清对方的身份、性格、爱好、习惯，才能做到“有的放矢”。礼品的选择要“因事”而异。选择礼品价值应考虑送礼的目的，使所送礼品恰如其分，千万不可强求礼品价值昂贵。应记住，礼品贵在精神价值而不在于物质价值，礼轻情义重，只要能表达深切情意，“礼轻”也可起到同样的作用。在我国，人们送礼倾向于考虑受礼者的实际，以实用性为基础，兼顾艺术性、趣味性、针对性和纪念性等方面，礼品多为食品、文具、服饰、鲜花、书籍和工艺品等。

2. 注意礼品的包装

精美的包装不仅使礼品的外观具有艺术性和高雅的情调，显现出赠礼人的文化和艺术品位，而且还可以使礼品产生并保持一种神秘感，既有利于交往，又能引起受礼人的兴趣和探究心理及好奇心理，从而令双方愉快。好的礼品若没有讲究的包装，不仅会使礼品逊色，使其内在价值大打折扣，使人产生“人参变萝卜”的缺憾感，而且还易使受礼人轻视礼品的内在价值，而无谓地折损了由礼品所寄托的情谊。

礼品的包装被看作馈赠礼仪中的一个环节，包装的作用，主要体现在以下几个方面：其一是包装后的礼品，要让受礼者有一种神秘感，从而带来他在受礼过程中的惊喜感，有利于人际交往活动的进行；其二是经过包装后的礼品，在外观上要具有一定的艺术性，以便增加它的审美价值和欣赏价值；其三是包装的礼品表明你对赠礼相当重视，也就随之表达了你对受礼者的尊重。

礼品的包装是一门学问。在实际生活中，许多送礼人通过“署名”包装以使他们的礼物可让人认出来。白宫或美国国务院发出的官方礼物，用白色或金色箔纸正式而又雅致地包扎，纸上用“国玺”装饰。受礼人若是女士，则另加上一小束丝质紫罗兰。不过有些人送礼的方式比较随意，报纸往往也可派大用场：挑选合适的报纸版面做礼品包装。许多送礼人干脆就把他们的名字或姓名的第一个字母写在丝带上，并用这些丝带做各种包装用。记住，在礼品上写上表达自己情感的几句话有时比单单签上你名字更受欢迎。

3. 注意赠礼的场合

赠礼场合的选择，是十分重要的，尤其那些出于酬谢、应酬或有特殊目的的馈赠，更应注意赠礼场合的选择。通常情况下，当众只给一群人中的某一个人赠礼是不合适的，因为那会使受礼人有受贿和受愚弄之感，而且会使没有受礼的人有受冷落和受轻视之感。给关系密切的人送礼也不宜在公开场合进行。既然是关系密切，送礼的场合就应避开公众而在私下进行，以免给公众留下你们关系密切完全是靠物质的东西支撑的感觉。只有那些能表达特殊情感的特殊礼品，方才在公众面前赠予。因为这时公众已变成你们真挚友情的见证人，如一本特别的书，一份特别的纪念品等，最好当着受礼人的面赠礼。赠礼是为巩固和维持双方的关系，赠礼也必须是针对对象的。因此赠礼时应当着受礼人的面，以便于观察受礼人对礼品的感受，并适时解答和说明礼品的功能、特性等，还可有意识地向受礼人传递你选择礼品时独具匠心的考虑，从而激发受礼人对你一片真情的感激和喜悦之情。

4. 注意赠礼时的态度、动作和言语表达

平和友善的态度和落落大方的动作并伴以礼节性的语言表达，会令赠、受双方心里坦然。那种做贼似的悄悄将礼品置于桌下或房中某个角落的做法，不仅达不到馈赠的目的，甚至会适得其反。送礼时不可当着外人的面或在公共场所送礼。一般将礼品送至受礼人家中，且在与受礼人相见或分手道别时，起身双手捧送，目视对方说明送礼原因、表达自己的心愿，如“祝你生日快乐”“区区薄礼，不成敬意，请笑纳”“这是我们的一点心意，请您收下”等。忌讳将礼品放在桌脚或角落处，而不直接交送受礼人；也不能在受礼人面前过多说明礼品的贵重或用途，令人感到俗气。如有价格标签应取下，送出贴有价格标签的礼物是失礼的举动。礼品上可写上或贴上自己的祝词与签名。收下礼品后，应向送礼人致谢。但不可在送礼人面前打开礼品，否则，将是失礼的。

5. 赠礼的技巧

在经济日益发达的今天，人与人之间的距离逐渐缩短，接触面越来越广，一些迎来送往及喜庆宴贺的活动越来越多，彼此送礼的机会也随之增加。但如何挑选适宜的礼品，对有些人来说还都是较费神的问题。懂得送礼技巧，不仅能达到送礼的效果，还可增进彼此感情。

（1）选择的礼物，你自己要喜欢，你自己都不喜欢，别人怎么会喜欢呢？

（2）为避免每年选同样的礼物给同一个人的尴尬情况发生，最好每年送礼时做一下记录为好。

（3）千万不要把以前接收的礼物转送出去，或丢掉它。不要以为人家不知道，送礼物给你的人会留意你有没有用他所送的物品。

（4）切勿直接去问对方喜欢什么礼物。一方面可能他的要求会导致你超出预算，另一方面即使你照着他的意思去买，也可能会出现这样的情况："呀，我曾经见过更大一点的，大一点不是更好吗？"

（5）切忌送一些将会刺激别人感受的东西。

（6）不要打算以你的礼物来改变别人的品味或习惯。

（7）必须考虑接受礼物人的职位、年龄、性别等。

礼仪小浪花3－4 **馈赠布什"吉祥如意"**——美国总统布什携夫人劳拉访华期间，在一次用餐中，总统夫妇对我国瓷都景德镇生产的"吉祥如意"套餐具赞不绝口。于是江泽民总书记回访美国时便带上一套精美的"吉祥如意"作为礼品馈赠布什夫妇。这让布什夫妇大感意外，如获至宝。

这套餐具共有48个品种达200多件，其中包括碗、盘、壶、碟、盅、罐、缸、匙、筷架等，器型新颖多样，是与现代人饮食习惯结合最佳的中西式套餐具。该餐具均以金黄色为主体颜色，配以红、蓝、绿、淡绿四种色彩，由蝙蝠、莲花、祥云、寿字、回纹边和"吉祥如意"的字样等组成精美的图案，极显高贵。

（资料来源：何浩然．中外礼仪．第1版．大连：东北财经大学出版社，2002）

（8）即使你比较富裕，送礼物给朋友时也不宜太过破费，送一些有纪念意义的礼物较好。如你送给朋友的礼物贵过他父母送他的礼物，这自然会引起他父母的不快，同时也会令这份礼物失去意义。让你的朋友接受一份他难以承受的精美礼品，他的内心会很过意不去。

(9) 谨记除去价格牌及商店免费提供的袋装，无论礼物本身是如何不名贵，最好用包装纸包装一下，因为有时一些细微的做法更能显出送礼人的心意。

(10) 考虑接受者在日常生活中能否方便地使用你送的礼物。

6. 赠礼的禁忌

送礼要送得双方皆高兴可不容易！有时候你辛辛苦苦寻觅的一份礼物，却因为触犯了对方的禁忌，而让对方不悦甚至生气，那真冤枉！

送太贵重的东西给还不熟悉的朋友，会让对方觉得还不了你这个人情，甚至怀疑你别有所图。

送私密的礼物给不太熟的朋友，最好不要送一些有“暗示性”的礼物，如贴身衣物、领带等。因为贴身衣物适用于亲密关系的朋友，领带则会让人误以为你想“套牢”他。

送给公务员朋友和老师的礼物，最好不要太贵重，送礼时最好直接送到对方居所，不要在工作场所赠礼，以免有“贿赂他人”之嫌。

切莫送一些会刺激别人感受或禁忌的东西，例如送给一位基督徒一尊佛像，就算那是一件古玩也是不妥的；送给长者钟（与终谐音）也在禁忌之列。

不过新一辈的人对于送“钟”、送“伞”这类物品的忌讳不大，若真想避免这类不吉利的谐音字，有人说可以在送礼时，向受礼者要一块钱，表示这份礼是他用一块钱“买”的，避开“送终”“送散”的意思。

三、赠花礼仪

赠花是一门艺术，因为送花的目的是以花为礼、联络情感、增进友谊。因此什么时候送什么花，什么场合选什么花，什么人喜欢什么花，都需要根据具体情况，因时因地因对象而精心设计。否则因考虑不周而闹出误解，就会失去馈赠的目的。

1. 赠花要区别不同事宜

按照我国民间习惯，凡花色为红、橙、黄、紫的暖色花和花名中含有喜庆吉祥意义的花，可用于喜庆事宜；而白、黑、蓝等偏冷色的花，大多用于伤感事宜。因此在通常情况下，喜庆节日送花要注意选择艳丽多彩，热情奔放的；志哀悼念时应选淡雅肃穆的；探视病人要注意挑选悦目恬静的。

（1）春节期间，给亲友送花要选带有喜庆与欢乐气氛的剑兰、玫瑰、香石竹、兰花、热带兰、仙客来、水仙、蟹爪兰、红掌、金橘、鹤望兰等，具体送哪种还要根据对方爱好和花开时期而定。

（2）祝福长辈生日时，可依老人的爱好选送不同类型的祝寿花，一般人可送长寿花、百合、万年青、龟背竹、报春花、吉祥草等。若是举办寿辰庆典，可选送生机勃勃、寓意含情、瑰丽色艳的花，如玫瑰花篮，以示隆重、喜庆。祝贺中年亲友生日可送石榴花、水仙花、百合花等。

（3）祝贺产妇，适合送色泽淡雅而富清香的花，象征温暖、清新、伟大。

（4）祝贺热恋中的青年男女或友人新婚，一般要选送朱红色或粉红色的玫瑰花、郁金香、热带兰配以文竹、天门冬、满天星等；或选送月季、牡丹、紫罗兰、香石竹、马蹄莲、扶郎花等配以满天星、南天竹、花叶常春藤等组成的花束或花篮。这些花既寓意火热吉庆，又显得高雅传情，还象征新婚夫妇情意绵绵，白头偕老，幸福美好。

（5）慰问探望病人，可选择恬静又具有幽香的兰花、茉莉、米兰等。

（6）庆贺开业庆典或乔迁之喜，应选择鲜艳夺目，花期较长的花篮、花束或盆花，如大丽花、月季、唐菖蒲、红掌、君子兰、山茶花、四季桔等，以象征事业飞黄腾达，万事如意。

（7）丧事用花，可选用白玫瑰、白菊花等素色花，象征惋惜怀念之情。

（8）圣诞节赠友人花，应以菊花、玫瑰花、圣诞红为主。

2. 赠花要区别不同对象

（1）朋友。在朋友过生日时或拜访好久不见的朋友时，为表达祝福之意，可根据对方喜爱的花或颜色来选择。平日可多观察对方喜欢或讨厌的花和颜色，就能投其所好。如果清楚对方的喜好，也可以选择对方喜欢的观叶型的植物或者可以养在室内的小盆栽，不过，要注意的是，盆栽最好容易养活，您的心意才能保持长久。

（2）长辈。送花给个性比较保守的长辈，最好避免整束都是白色或黄色的花，因为它会触犯到某些人的禁忌。菊花在大陆是品格高逸、有君子之风的花，但是在台湾，菊花是丧事用的花，不宜用于送礼；不宜送易凋谢的花或难种植的盆栽；赠花给男性，不宜送康乃馨，不然容易引起对方误会，以为你指他“娘娘腔”、“婆婆妈妈”。

（3）病人。送花给病人最好不要送盆栽以及浓香的花。在日本，送盆栽意味着“根留医院”，病人当然想早点出院。也不要送有花粉或有浓厚香味的花。像百合花，要小心剪除花蕊，以免花粉散落，引起病人过敏或其他不良反应；像风信子、玫瑰、百合等都有颇浓的香味，不太适合送给病人。如果病人喜欢有香气的花，可以送他兰花、郁金香等有淡淡香气的花。

（4）上司。下属赠花给上司，无论是异性还是同性，都不要送玫瑰，以免上司误会你对他有意思。

（5）同事。同事方面，特别是对异性要小心。若贸然送黄玫瑰给对方，或者在对方生日时送他（她）洋水仙，就不礼貌了。因为黄玫瑰代表嫉妒（包括在工作上和感情方面），洋水仙则指对方自大、虚假。

（6）老人。送花给老人，不宜送难种或易凋谢的花卉；最好避免送一年生的花卉，如矮牵牛、三色堇、报春花等。可选送小盆栽，如松柏、福建茶或者送一些寿命较长的花卉，如长寿花、报岁兰、万年青、常春藤等。在颜色方面，尽量送有喜气、热闹颜色的花卉，不要送全白或太过素雅的花卉。

3. 赠花的禁忌

不同国家不同民族对于鲜花的喜好差别很大，甚至同一种花由于颜色不同送到对方手中都可能会产生截然不同的效果，这使我们在赠花的时候必须注意对方对花的忌讳，以达到赠花的初衷。

在德国和瑞士，对朋友的妻子或普通异性朋友，不要送红玫瑰给他们，因为红玫瑰代表爱情，会使他们误会。

意大利、西班牙、德国、法国、比利时等国，菊花象征着悲哀和痛苦，绝不能作为礼物相送。

百合花在英国人和加拿大人眼中代表着死亡，绝不能送。

墨西哥人和法国人忌讳黄色的花。

德国人视郁金香为“无情之花”，送此花给他们代表绝交。

巴西人忌讳绛紫色的花，看望病人时，不要送那些有浓烈香气的花。

在国外，给中年人送花不要送小朵，因为小朵意味着他们不成熟。送菊花给日本人的话，只能送那种只有 15 片花瓣的。

在俄罗斯、南斯拉夫等国家，若送鲜花的话，记住一定要送单数，因双数被视为不吉祥。

四、探病礼品

探望病人所带的礼品要根据对象和病情而定，选择探望病人的礼品，应更多地注重精神效应。如一本美丽的画册、一封充满情意的信，都能使病人享受到生活的乐趣，增强战胜疾病的信心。无需人照顾的各种植物也是送给住院病人的很好礼物。不过，在送花草之前得先问明白，有些医院是不准给病人送花草的。病人康复回家后可以送些插花。

探望病人时准确地选择可以相送的礼品很不容易，现将适合各类病人的礼品列举如下，供选择时参考。

发烧病人：病人需要清热补液之品，一般适宜选各种新鲜水果、水果罐头或果汁等。如果病人处于恢复期，则可选送不油腻的营养食品。

痢疾和急性肠胃炎病人：不宜送生冷、粗硬、油多、胀气的食物，而应送有收敛、杀菌作用的上等绿茶、果汁及易消化的速溶奶粉、苏打饼干等。

胃病病人：宜送咸味面包、鸡蛋、水果罐头等，因这些食物能中和胃酸，保护黏膜。

慢性肝炎和肺结核病病人：需要各方面的高营养食品，如奶粉、蜂蜜、香蕉、鸡、鱼罐头等，对结核病人还可以送富含钙的排骨和沙丁鱼罐头。

心血管病病人：病人需要大量维生素和无机盐，以送新鲜水果为最佳，不应送油腻、过咸的食品，不宜送糕点。

贫血病病人：病人食欲较差，需要补养，以送芳香味浓的水果、大枣为最佳。

糖尿病病人：病人平时不能过多食用水果和糕点之类含糖食品，因此，需要补充微量元素锌，以送鱼罐头最好，像凤尾鱼罐头、沙丁鱼罐头等。

甲状腺病病人：病人总是处于饥饿状态，送些奶粉、糕点、水果都可以。

外科手术病人：手术后病人一周内很少能吃东西，送些鲜花再好不过。

烧伤病人：病人失去皮肤，需要创面尽快愈合，需要补充大量新鲜水果、奶粉等。

癌症患者：患者心情很压抑，食物对他们不是主要的，如果送束鲜花或送患者平时喜欢的小饰物、小玩意、小宠物等会更好。

本章小结

日常交往礼仪主要介绍的是与我们日常生活紧密相关的一些礼仪规范。在把握日常交往基本准则的基础上，分别对日常生活中常见的一些活动如见面礼仪、电话礼仪、拜访礼仪、馈赠礼仪作了简单的介绍，让学生在了解这些主要日常交往礼仪的同时，注重自身素质的提高，培养高尚的道德品质，自觉完善礼仪修养。

实训内容

1. 运用电教设备播放社交礼仪碟片。

2. 组织学生进行情境模拟，将理论运用于实践。

3. 开展讨论会或交流会，从礼仪的角度探讨“如何使自己成为受别人欢迎的人”等论题。

本章练习

讨论题

1. 正确处理师生关系或同学关系应遵循哪些交往原则？
2. 社交场合如何为他人作介绍？
3. 在生活中为什么要讲究电话礼仪？
4. 如何成为受主人欢迎的客人？如何成为热情好客的主人？
5. 送礼与人际交往的关系如何？

复习题

1. 在日常交往过程中应该遵循哪些基本原则？
2. 握手时有哪些做法会违背礼仪规范的要求？
3. 如何正确地进行自我介绍？
4. 接电话的时候应该注意哪些礼仪规范？
5. 向不同对象赠送鲜花时应注意哪些问题？

自测题

1. 介绍时（　　）。

A. 先把男士介绍给女士　　B. 先把成人介绍给儿童

C. 先把主人介绍给客人　　D. 先把地位高的介绍给地位低的

2. 赠送礼品时要注重（　　）所表达的情意。

A. 送礼者　B. 礼品　C. 受礼者　D. 收礼者

3. 打电话时首先要说出自己的姓名这一礼仪用在（　　）。

A. 通话过程中　　B. 开始通话时

C. 中止通话时　　D. 结束通话时

4. 到主人家拜访时，有违礼节的是（　　）。

A. 在主人未让座之前，不能自己随意坐下

B. 主动参观主人的居室、设施，以示关心

C. 未经主人同意，不能拿走主人的任何东西

D. 拜访时间不宜过长，应及时起身告辞

第四章

语言表达礼仪

本章导学

学习目标

知识目标

（1）了解语言表达礼仪在现代社会的意义；

（2）明确语言表达礼仪的基本特征；

（3）掌握语言表达的礼仪要求及基本准则；

（4）掌握语言表达的方法和技巧。

能力目标

（1）能够运用语言表达礼仪要求及方法技巧，开展求职面试；

（2）能够运用语言表达礼仪要求及方法技巧，进行各种主题的演讲；

（3）增强和提高日常交往的语言表达能力；

（4）具有特定场合下的语言表达能力。

素质目标

（1）培养学生具有语言表达礼仪的意识和愿望；

（2）培养学生语言表达兴趣和能力，提高其自律精神；

（3）培养学生具有良好的言行举止；

（4）提高学生内在气质，展示当代大学生的精神风貌。

学习环境

多媒体教室，多功能演示厅。

第一节　语言表达礼仪基础

日常生活中，人们运用语言进行交谈、表达思想、传递信息、交流感情，从而达到建立、调整和发展人际关系的目的。语言表达是人类区别于动物的一种社会活动，也是人类思维的结果，它以随机应变的方式为人类所专有。在现实社会中，如何巧妙地、艺术地运用语言表达，真正发挥语言表达的功能，这是一个值得研究的问题。

一、语言表达礼仪的意义

语言表达是在人类实践中产生、发展起来的，它存在于整个社会之中，并被每个社会成员所运用。

语言表达是以语音为外壳，以词汇为材料，以语调、语音为结构规律而构成的体系。

语言表达礼仪是指语言表达应具有的礼仪规范。规范的礼仪表达将给人以美的感受，从而使个人或个人所代表的社会组织与社会公众相互理解、尊重、协调和友好，达到树立良好的个人形象或社会组织形象的目的。

语言表达礼仪是当今社会人人都应该掌握的一项技能。不仅要有丰富广博的知识，而且还要有把知识表达出去的才能，也就是有一个能把知识“送”出去的表述能力。如果不具备这种表达能力，那么即使他是一个满腹经纶的人也是很难求得发展的。因为他不善于去表现和“推销”自己，也就不可避免地会失去很多机会。可见语言表达礼仪对一个人来说是何等重要。

语言表达礼仪是通过语音、语调、语速、语态来传递感情、事情、工作等方面的信息，给人以尊重、友好、平等、美好的感觉。从而影响别人接受你的观点、信念、意愿。语言表达礼仪与一般语言表达的不同点就在于它不能使用侵犯他人的攻击性语言，应坚持平等、信用和相容的原则。

平等原则是指人与人交往时应处于平等的社会地位，享有相同的权利，受到同等的尊重；语言表达时一定要尊重他人的自尊心和感情，不干涉他人的私生活，不践踏他人的人身权利；相互之间人格是独立的，没有依附关系。

信用原则包括两方面内容：一是要讲真话，不讲假话，做到“言必信”；二是遵守诺言，实践诺言，做到“行必果”。

相容原则就是人与人之间要心胸坦荡、宽容，具有忍耐性，能容下言；多理解、体谅别人，设身处地为别人着想；大事讲原则，小事不斤斤计较；严于律己、宽以待人，即使对方错了，也让三分，以相容之心予以谅解；千万不要相互间恶语中伤，一句不让，那样只会两败俱伤，威风扫地，有失人格和风度。

二、语言表达礼仪的形式和方法

人际交往中，一个深情的问候，一个体贴的动作，一个亲切的微笑，一段热情洋溢的话语，都会使人心里暖融融的。人们总是渴望对方有一个友好的态度，大家能在和谐、愉悦的环境中相处。语言表达礼仪就是通过语言表达建立起感情的纽带，在使用轻松、诙谐、明快、委婉、庄严、赞美的语言所营造的自然、愉悦、兴奋、亲切、真诚、舒畅的氛围中，彼此培植情感，增进友谊。

1. 语言表达礼仪的形式

语言表达礼仪的形式归纳起来有两种，即有声语言表达礼仪和无声语言表达礼仪。这两种语言表达礼仪形式在人际交往、沟通中被广泛且经常使用，可以说是两者相互交替使用，才使人类准确而充分地表达自己的思想感情成为现实。尤其是无声语言，更是以它神奇的功力，弥补有声语言沟通的不足，揭示了有声语言的深层涵义，使交流、沟通的双方进入“此时无声胜有声”的佳境。为了使语言表达发挥更大作用，除了用词达意外，我们还应以语言表达的礼仪吸引他人，以语言表达之美说服他人。

（1）有声语言表达礼仪

有声语言也称自然语言，是发出声音的表达语言，它是以说和听为形式的语言。我们通常讲的口语就是指有声语言。有声语言是语言表达礼仪修养的外在表现。它包括礼貌语、称呼语、介绍语、交谈语、电话语和演讲等。这里着重谈谈礼貌语、称呼语的礼仪、礼节。演讲礼仪在本章第二节中专门介绍。其余的语言表达礼仪在本书的第三章“日常交往礼仪”中已作介绍。

①礼貌用语表达礼仪。礼貌语言是人类文明的要求，其用途十分广泛，内容非常丰富。说话是否有礼貌，会导致截然相反的两种结果。所以我们要根据不同的情境，针对不同的对象，灵活使用礼貌用语。既要彬彬有礼，又要不落俗套。日常礼貌用语主要有：问候语、请托语、致谢语、道歉语、礼赞语、告别语、祝贺语等。这里只介绍前四种礼貌用语表达礼仪，后三种在本章中将专门介绍。

问候语：常用的问候语有“您（你）好”、“您（你）早”、“早上好”、“上午好”、“早安”、“下午好”、“午安”、“晚上好”、“晚安”等。在表达这些问候语时，应有时间概念，不同的时间段有不同的问候语：8：00之前是“早安”，8：00~10：00是“早上好”，10：00~12：00是“上午好”，12：00~14：00是“中午好（午安)”，14：00~18：00是“下午好”，18：00~21：00是“晚上好”，21：00以后是“晚安”。

我国常用的见面问候语还有“您（你）吃过了吗”“您（你）到哪里去”“最近忙些什么”等。

这类问候语言本身一般不强调具体内容，只表示一种礼貌。问候语不仅适用对相识的人、熟人，也适应对不相识的人。当你遇到不相识的人时，也可以问候一声：“您好!”“需要帮忙吗?”若比较熟悉的人还可以寒暄几句：“今天天气真好!”“听说您孩子病了，好了吗?”“您爱人不在家，您一个人很忙吧？需要帮忙的话，言语一声。”

致谢语：在现代社会生活中，当别人向你表示问候时、请您共进晚餐时、热情地为你让座时，等等，就是别人为你提供了帮助，哪怕这种帮助非常微不足道，你都应诚恳地向别人表示感谢，礼貌地说声“谢谢”。

作为致谢语“谢谢”“多谢”“有劳您了”“难为您了”“劳您费心了”等，是礼貌用语中最基本、最简单的词语，忽略这一点，就是非常失礼的行为。

日常生活中，如果你请求别人帮忙，别人没帮上，你也要谢谢他。如果某些事情你认为没什么值得向人道谢的，也要说声“谢谢”。发表演说，大会发言结束时，习惯地说声“谢谢大家”，意思为谢谢大家耐心地倾听你的发言或演说。

致谢语的表达不分时间、地点、人物，无论在什么时间、什么地点、什么人之间，只要别人想到了你并为你付出了劳动、精力，你都应说声“谢谢”。有时甚至口头表达“谢谢”还不足以表示你的感激之情，往往需要辅助一些其他形式，如送束鲜花、请吃饭、请喝茶等。

请托语：请托内容包括两方面，一个是请托别人，另一个是别人请托你。

请托语有“请”“劳驾”“拜托您了”“请多关照”等。

人们在社会生活中，没有不求人的事，我们在请托别人时就需要将以上请托语运用自如。这些看似简单的词语，实际上反映了一个人的自身修养，也反映了人与人之间的相互尊重、相互平等的关系。

请托别人时语气要诚恳，不要低三下四，更不要居高临下，而应不卑不亢地提出请托。对于一些重大事情的请托还要注意把握时机。

即使遭到拒绝，也应当给予理解，同样要表示感谢，否则就失礼了。

别人请托你时，无论在什么场所，无论是熟悉的人还是陌生的人，我们都应本着互助的精神，尽力给予帮助。别人请托你，可能是请托你办一件事，也可能是询问某一个问题。请托你办一件事，要尽自己的最大努力办好这件事，如果在你力所能及的范围内办不到，也要向别人表示歉意，说明原因，以求得对方谅解。如果是遇到询问，回答问题要有耐心，尽量细致周到。比如别人向你问路时，你若知道怎么走，就应详细告知行走线路，必要时用笔写下交给对方；对不易找到的地方，你可以根据自己的情况送对方到达目的地。千万不要不耐烦，也不要不负责地随手一指，让人感到不知所措。

道歉语：主要有“对不起”“请原谅”“非常抱歉”“打扰了”“失陪了”“失礼了”“给您添麻烦了”等。

在日常生活中，我们会因某种原因而打扰别人、影响别人或是给别人带来麻烦，有时甚至给别人造成了损失或伤害，这时候我们应及时向别人表示道歉。

向别人表示道歉并非耻辱之事，相反的是体现了一个人本身的修养。证明你是一个懂得尊重别人的人，是一个胸怀坦荡、明白事理的人，同时也证明你的真挚诚恳和你具有承认错误的勇气。

及时使用道歉语，可以大事化小、小事化了，甚至可以化干戈为玉帛。从另一个角度说，如果别人对你有不礼貌的地方，而没有向你表示道歉，你也应该以积极的态度对待，冷静处理，因为这样可显得你有风度和修养。

以上礼貌用语在表达时，要让人感到亲切、自然、真诚，要面带微笑、精神饱满、目光温和，要声音大小适当、语调平和沉稳。

②称呼语表达礼仪。在一般比较正规的场合，称呼是否得体、规范，不仅反映出一个人综合素质的高低，也会影响到对方的心情。

称呼语包括尊称、泛称等。

尊称就是指对别人尊敬的称呼。日常交往中需经常而广泛地运用尊称，尤其是对长辈、师长和地位、身份较高的人或者是对初次打交道的人、不太熟悉的人。

现代汉语中常用的尊称有“您”“请”“阁下”“尊夫人”“贵方”“贵姓”“贵庚”等。另外称呼对方的亲属常使用“令”“尊”“贤”“老”，如“令尊”“令堂”“令兄（弟、妹）”“令郎”“令爱”等。“尊”和“贤”使用时有区别。习惯上，只有称对方长辈时才能用“尊”字，如“尊大人”“尊夫人”等；“贤”字则用于平辈或晚辈，如称对方的兄弟姐妹为“贤姐”“贤妹”“贤弟”“贤兄”等，称对方配偶为“贤内助”“贤妻”。“老”专指德高望重的老人，如“您老近来可好”，又如“张老”“王老”“李老”“郭老”等，这是在人的姓后面加“老”，也可在名字中间一个字后加“老”，如对著名语言学家陈望道先生尊称“望老”。

泛称就是对人的一般称呼。按不同的场合来划分，常用的泛称有如下规律：

表 4－1

场　合	称呼的表达规律	举　　例
社交场合	姓＋职称 姓＋职务 姓＋职业 姓＋头衔 姓＋爵位	张教授、王工程师 李董事长、钱经理 刘医生、周老师 赵司令员、郑上将 爱德华公爵
正式场合	姓名 泛尊称 职业称	张晓艳、李国庆 王先生、张女士 大使先生、公关小姐
非正式场合	姓＋辈分 辈分 姓＋同志、名＋同志 老＋姓、小＋姓	王阿姨、张伯伯、 叔叔、阿姨、伯伯、 武同志、大宇同志 老王、小张

称呼语用得是否得当是个十分敏感的问题，有的人非常在乎别人如何称呼他。称呼得当会使人与人之间相处变得非常融洽顺利，反之会使双方心理产生障碍，甚至导致话不投机半句多，彼此相处变得不自然、别别扭扭的。

称呼语的语义受人际关系的亲疏和社会变迁的影响。人际关系比较亲密，可直呼其名，如果称同志就有一种陌生感。人际关系比较疏远的可称同志，或用姓＋职称（职务、头衔等）的称呼语。称呼语的语义受社会变迁的影响，也就是指社会环境变了，称呼语也要相应变化。如我们国家在计划经济年代，对人的称呼主要是“同志”“师傅”等。改革开放后，尤其是上个世纪90年代以后，受外来影响，“先生”“女士”“小姐”一类称呼流行起来。这类称呼包含了人格的平等和对他人的尊重。

在一些公共场合，尤其是社交场合，应当避免不恰当的称呼语。如刚才提到的“师傅”这一称呼，假如对教师、医生、记者等职业的人称“师傅”，就会引起他们的不愉快，造成情感上的障碍。又如称女性老年人为“老婆子”“老太婆”，就带有蔑视对方的感情色彩，应称“老人家”“老太太”“老同志”等。再如你到某单位找门卫老大爷打听事情，门卫恰好不在那里，假如你是这样问旁人：“看门的到哪去啦?”就显得很没风度，甚至有些粗鄙。你应该礼貌地说：“请问门卫老大爷哪去啦?”

（2）无声语言表达礼仪

所谓无声语言是指不发出声来传递信息表达感情的语言。无声语言的寓意非常丰富，能明确地表达一定意思，即使不使用语汇也可起到沟通作用。无声语言具有连续性、可靠性、辅佐性、调适性等特征和功能。具体包括沉默语和体态语。

①沉默语。沉默语是指语言表达中短暂的停顿，就像书面语言中的省略号。沉默语是一种超越语言力量的高超的语言传播方式。它所表达的意思是丰富多彩的，它以语言形式的最小值换来最大意义上的交流，既显示了语言的作用，又显示了运用语言的精彩艺术。

②体态语。体态语是以人体的动作、表情、姿态和服饰等发出的无声信息。

在社交活动中，体态语和有声语言一样，在传递信息的过程中发挥着重要作用。心理学家认为，人在交往时，无声语言所显示的意义要比有声语言多得多，而且也深刻得多。美国心理学家艾伯特·特拉别恩通过实验总结出这样一个公式：传递信息的总效果等于7%的文字+38%的音调+55%的面部表情。在这里，面部表情这种体态语，以其微妙的形式传递着微妙而很重要的信息。

体态语的运用，可以把人与人之间在交往中无法或不适用言辞表达的意思表达出来，可以自觉或不自觉地表露出交往者的真实心态。

2. 语言表达方法

语言表达礼仪是通过优化语言来提高表达效果的。它的具体方法可因人、因事、因时、因地而异。一般说来，语言表达礼仪的方法主要有委婉法、幽默法、模糊法和暗示法。运用这些方法来表达语言，是人的礼仪修养的外在表现。

（1）委婉法。委婉，是修饰的一种方法，体现在日常交往中，是含蓄处理问题的一种方法。因为日常交往中，总会有一些使人们不便、不忍或者语境不允许直说的内容，因此就需要借助一些与本意相似或相关的事物来烘托本来要直说的意思。这是语言交流的一种缓冲方法，意在让听者容易接受，感觉措辞得体、文雅。委婉法根据表达本意所需要的语言特点来分，有三种方式，即讳饰式、借用式和曲语式。

①讳饰式。它是用委婉的词语表示不便直说或使人感到难堪的含义的方法。例如恩格斯在《在马克思墓前的讲话》中写道："3月14日下午两点三刻，当代最伟大的思想家停止了思想……他在安乐椅上安静地睡着了——但已经是永远地睡着了。"这里用"停止了思想"、"睡着了"、"永远地睡着了"表达对马克思逝世的沉痛心情。

②借用式。它是借用一事物或他事物的特征来代替对事物实质问题直接回答的方法。例如，一位外国记者问周恩来总理：中国的公路为什么叫"马路"？周恩来说：因为中国走的是马克思主义的路。实际上，这种回答是对提问者的一种委婉拒绝，其效果是使问话者不至于尴尬难堪，使交谈继续进行。

③曲语式。它是用曲折含蓄的语言和商洽的语气来表达自己观点的方法。

（2）幽默法。幽默法是一种以愉悦的方式让别人获得精神上的愉悦，从而祛除忧虑和愁闷的说话方式。幽默的力量不仅仅是博人一笑，更重要的是协调人际关系，提高生活情趣，针砭某种社会弊端。所以幽默法是语言表达礼仪最高级的艺术形式。构造语言幽默意境的技法有：自我调侃法、歪打正着法、一语双关法、反逻辑思维法等。

①自我调侃法。自我调侃有两种：一是嘲弄自己的短处；二是以嘲弄的态度来对待自己的优点。自我调侃和通常人追求自我尊重的心理惯性相反，因而显得怪异，但它并不是自尊心的贬抑和作践自己的无奈，而是以主动贬抑来体现自己心灵的纯净，或用一句曲折的反语暗示语意的反差。这就增添了幽默的微妙程度。

②歪打正着法。歪打正着法就是使歪因和正果之间有一种貌以紧密的联系。某西餐厅的顾客与服务员有这样一段对话：

顾客："我的菜还没做好吗？"

服务员："您点了什么菜？"

顾客："炸蜗牛。"

服务员："噢，我去厨房看一下，请您稍等片刻。"

顾客："我已经等了半个小时啦！"（生气地说）

服务员："这是因为蜗牛是行动迟缓的动物……"（两人都笑了）

③一语双关法。一语双关就是利用一个词的语音或语义同时关联两种不同意义并进行曲解的方法。例如：在某商场，购买者很多，争先恐后，秩序混乱，一位顾客愤然对营业员说："幸好没打算在这里找礼貌，我看这儿也根本找不到。"营业员听了以后说："请让我看看您所需要的'礼帽'的样品！"那位顾客愣了一下，笑了。这里的"帽"和"貌"就是双关谐音，达到了幽默效果。

④反逻辑思维法。反逻辑思维法就是通过反逻辑思维的方式造成笑料的方法。例如，有位领导在做完报告以后，向群众征求对报告的意见，有这样一个对话：

领导：你对我的报告有什么看法？

群众：很精彩。

领导：真的！精彩在哪里？

群众：最后一句。

领导：为什么？

群众：当你说“我的报告完了”，大家都转忧为喜，热烈鼓掌。

礼仪小浪花4-1 **王蒙妙答记者问**——在一次记者招待会上，一名外国记者问著名作家王蒙：“请问50年代的王蒙与80年代的王蒙有什么相同与不同？”

王蒙答道：“50年代我叫王蒙，80年代我也叫王蒙，这是相同之处；不同的是，50年代王蒙20多岁，而80年代的王蒙50多岁。”

（资料来源：谢伦灿．说话艺术．第1版．北京：石油工业出版社，2002）

（3）模糊法。波兰语言学家沙夫在《语言学引论》一书中说：“交际需要语词的模糊性，这听起来似乎是很奇怪的，但是，假如我们通过约定的方法完全消除了语词的模糊性……那么我们就会使我们的语言变成如此贫乏，就会使它的交际和表达的作用受到如此大的限制，而其结果就是摧毁了语言的目的，人们交际就很难进行，因为我们用以交际的工具遭到了损害。”

模糊法是运用不确定的或不精确的语言进行交际的方法。如汉语中的概数词“上下”“多少”“左右”等，副词“刚刚”“马上”“永远”“曾经”“非常”“略微”等，时间名词“黄昏”“拂晓”“现在”“过去”等都是模糊词。

模糊法的运用要注意语境。一般有三种表达形式，即宽泛式、回避式和选择式。

①宽泛式。宽泛式就是用含义宽泛、富有弹性的语言传递信息的方法。其语言表达结构表现为：较明确的词语＋模糊词语。如在一定的外交场合，邀请一个国家领导人访问时，常常说：“请您在您合适

的时候访问我国。”这既表达了友好的意愿，又表示了尊重对方安排的姿态。这比非常明确的语言，确定某年某月某日来访的命令语言效果要好得多。

②回避式。回避式是根据某种场合的需要，巧妙地避开确指性内容的方法。如气象节目中，播音员在预报恶劣气候时，时常说：“希望有关方面注意!”这里的“有关”就是高度概括，避免“挂一漏万”。这种模糊处理的方法，语言表达效果很高。

③选择式。选择式就是根据不同的目的，用具有选择性的语言来表达的方法。如有的药品包装后面附有“每次2至3粒或遵医嘱”等。

（4）暗示法。暗示法是通过语言、行为或其他符号把自己的意向巧妙传递给他人并引起他人反应的方法。它可以通过人的语言、手势、表情和情境视觉符号、声音符号施授给对方。

礼仪小浪花4－2 **主人的尴尬**————主人有一天请客，早早备好了酒菜。三位客人来了两位，还有一位左等右等也不来。主人一着急，说了一句：“该来的还不来。”他说这句话的原意是：“怎么搞的，是时候了，怎么还不见人呢?”可是这句话，因其模糊性，引起当中一位客人的疑心：“莫不是我不该来?”于是起身告辞：“对不起，我还有点事，失陪了。”主人送走这位客人后回来叹息道：“唉！这是怎么弄的，不该走的倒走了。”他的原意是：“唉，我是诚心诚意请他来吃饭，他不该没吃就走啊!”哪知，剩下的这位客人听了心里很不是滋味：“就我们两个客人，他不该走，莫不是该走的是我?”于是愤怒地说：“我该走了!”拂袖而去。主人这两句模糊话把客人都撵走了。

（资料来源：谢伦灿．说话艺术．第1版．北京：石油工业出版社，2002）

三、语言表达艺术

人们常常这样评价一个人：×××很会说话。通常这里讲的“会说话”是指语言表达技巧高明。

所谓语言表达技巧，是指为了传达说话的目的而采取的巧妙地应对对方的表达方式。语言表达技巧必须以表达内容和区别对象为前提才能发挥适当的作用，如果不注意表达的内容和别人的感受，而只是注重表达“艺术”的话，就有可能给人留下只善于玩弄表达技巧、花言巧语、华而不实的印象。

语言表达能力是和个人的知识、涵养相联系的。它不仅要有一定的表达方法，还需要以流畅的语言、温和的态度、耐人寻味的内容相配合。

语言表达艺术，按照人际交往的内容，有交谈艺术、表达不同意见的艺术、批评和拒绝的艺术、赞美与恭维的艺术。

1. 交谈艺术

交谈时表情应当自然平和，使对方有亲切感和轻松感。谁都愿意与和蔼、随和的人交谈，听这样的人讲话，心里会感到很舒服。讲话时应当表现得泰然自若、落落大方，这样不仅容易引起别人对自己的重视，往往还让人觉得这样的人很有魅力。

交谈时声音要适中、抑扬顿挫，使你要表达的内容有声有色，充分吸引听者的注意力。因此交谈时把握自己最能吸引人的音调和语速，是交谈成功的一个重要因素。

交谈时眼睛要注视着对方，表明你在认真讲，并相信对方也在认真听，而且有助于调动听者的注意力。讲话时切忌左顾右盼。这种心不在焉的样子会使对方感到不高兴，因为听者会觉得你轻视他。

微笑的表情是交谈制胜的法宝。微笑能够缩短人与人之间的距离，能够使人感到轻松愉快。面带微笑与人交谈，你会体验到令你愉快的情感，也会赢得更多的知音。

交谈时切忌支支吾吾，畏畏缩缩。这种难受的样子会让人感到很不舒服，也会使人由此轻视你，低估你的能力。讲话速度不要太快，声调不要太高。尤其在公共场合，更不可旁若无人地大声讲话。交谈时还应忌争辩、忌质问、忌固执、忌虚伪、忌妄言。

2. 表达不同意见的艺术

如果我们与人交谈，对他人的每一句话都随声附和，不说一个“不”字，久而久之，不免会被人认为是滑头。那种到处随声附和而无主见者，也是没有人看得起的。那么，怎样才能诚恳地表达自己的不同意见而又不得罪人呢?

首先我们应该明白，得罪人的不是我们的意见本身，而可能是我们对别人提出意见时的态度。如果我们细心地观察社会和人生，就会发现，只要我们的方法得体，尽管意见相左，也不会得罪人，而且还可能大受欢迎，使别人有“与君一席话，胜读十年书”之感。相反，如果我们在表示不同意见时，把自己的意见视作绝对正确的，而把别人的意见视为愚蠢幼稚、荒诞无稽的，那就会严重地伤害别人。

其次，我们在表达自己的意见的时候，要承认自己的意见也可能有错。我们不能强迫别人立刻接受和相信我们的意见，而要允许别人考虑我们的意见。若要别人也像我们自己一样相信我们的意见，我们就必须给对方充分的资料和足够的理由使之相信我们的意见。

再次，我们还要表示愿意考虑别人与我们不同的意见，请对方提出更多的解释和证明。假使别人有能够使我们相信他的意见的根据，那么我们就应表示立即抛弃自己原来的看法。这样一方面老老实实地说出自己的真正看法，一方面又诚诚恳恳地尊重别人的观点和见解，这才是理想的表达不同意见的方式。

3. 批评和拒绝艺术

常言道：“人非圣贤，孰能无过?”人都免不了会犯这样那样的错误，而纠正他人错误又往往是一种容易得罪人的事。

的确，并不是每个人都能始终很乐意倾听别人的意见，接受他人的批评。有的人做错了事，不但不会坦然地承认，反而还会找出种种理由为自己辩护。从心理学角度看，即使是一个极小的错误或疏忽，别人指出后，也不可能是每一个人都能坦率地、不作任何解释地接受。但在现实生活中，每个人都有纠正错误、批评别人、接受批评的义务。只要方法得当，态度中肯，问题肯定会解决的。总的原则是要讲究策略，才能获得成功。

首先要有极大的同情心，不要吹毛求疵。其次说话要温和委婉，不使用让人听了不舒服的词或带刺激的过激语言。再次，语言尽可能简练，不要拖泥带水。最后可采用旁敲侧击的办法，策略地指出别人的缺点、错误。这样可以保留对方的自尊心，使他自觉地改正过失。

在日常生活中，经常会出现这样的情况：当别人有求于你，而你出于各种原因，不能接受请求，又不便直说“不行”“办不到”，怕伤害对方的自尊心。这时候，你就要学会拒绝的艺术，根据不同的情境巧妙地说“不”，让“不”有一副可亲可敬的面孔。具体有以下方法：

①彬彬有礼法。当别人邀请你出门，而你又不愿去时，可以彬彬有礼地说：“非常抱歉，已经有人约了我，无法享受您的美意了，我很感谢您的盛情。”

②不明理由法。有时候拒绝别人时，不要明确表达拒绝的理由，因为怕节外生枝，事与愿违，也为减少麻烦。比如别人向你借钱不还，又来向你借钱，你就可以这样表示：“实在对不起，我恐怕帮不上您的忙了。”如果他一再纠缠，可再重复一遍，他就会知难而退了。

③幽默含蓄法。这种方法是通过巧妙而含蓄的诱导，使对方知难而退，从而达到拒绝的目的。美国前总统罗斯福，当他的好友问及美国新建潜艇基地的情况时，他就问他的朋友：“你能保密吗?”得到的回答是：“能。”于是罗斯福笑着说：“我也能。”对方笑笑，不好再问了。再如，一外国人访问中国时，问周恩来总理：“中国的银行共发行了多少人民币?”这是国家机密，不能泄露，于是周总理幽默地说：“一共十八元八角八分。”对方先是不解，经周总理一解释，全部清楚了，不禁佩服周总理的智慧。原来当时我国发行的人民币面值分别为拾元、伍元、贰元、壹元、伍角、贰角、壹角、伍分、贰

分、壹分，加在一起正好是十八元八角八分。

④妥协应付法。当别人提的要求使你心有余而力不足时，可以妥协应付地说“这事以后再说吧”“您的病慢慢会好的”之类的话。拒绝别人的方法有很多，总的原则是以不伤害别人、不损害别人的自尊心为前提。

4. 赞美与恭维的艺术

喜欢得到别人的赞美，这是人的天性。每个人对他人都有一种心理期待，希望得到尊重，希望自己应有的地位和荣誉得到肯定，谁也不愿在人群中被冷落。得到赞美和恭维，人的心情格外愉快。如果我们每一个人能多说些赞美和恭维的话，生活将变得更加美好！但在我们的生活中，很少能够听到别人的赞美。这是因为人们要么怕赞美别人而降低自己的身价，要么害羞或担心别人说自己拍马屁而害怕赞美别人，要么怀疑赞美背后的动机而无法欣然接受赞美。其实，这种认识未免有些过于片面。固然，有的人为达到不可告人的目的而溜须拍马，来赞美他人，但应该看到更多的人是为了协调人际关系，表达对别人的尊重，增进相互了解和友谊而进行的赞美和恭维。

赞美和恭维也不是一件容易的事，运用得体，可以加深双方的友谊，使一个人的人生、事业更加顺利、辉煌；运用不当，也会适得其反。具体说在赞美与恭维时要注意：

①因人而异，要有针对性。

②选择适当的话题，借题发挥。

③注意抓住赞美的时机。

④态度要中肯，增强其可信度。

⑤措辞要得当，不要违心迎合。

⑥注意场合，不要使旁人难堪。

四、如何提高语言表达水平

有的人出口成章，语言表达极具感染力，有的人却有“货”倒不出，语言表达断断续续，难以连贯。原因是多方面的，其中自身的综合素质和语言表达能力是最主要的原因。那么语言表达需要哪些素质，如何提高语言表达水平呢?

1. 语言表达者应具备的素质

语言表达技巧不是一蹴而就的，而是需要长时期有意识地自我培养、锻炼才能形成的。除此之外，语言表达者还应具备这样一些素质：

(1) 具有“T”形知识结构

所谓“T”形知识结构，就是说，在横的方面，具有广博的知识，在纵的方面有较深的专门学问。广博、专业、严谨的知识结构是表达者口若悬河、妙语连珠、谈笑风生的基本条件。

(2) 具有完美的人格和良好的心理素质

语言表达的宗旨是说明自己，说服对方。没有完善的人格是不能使人心悦诚服的。这就要求我们要加强思想情操与道德修养，要实事求是，光明磊落，言行一致，表里如一。

良好的心理素质不仅是语言表达的前提，也是取得满意语言表达效果的可靠保证。良好的心理素质包括敏锐的观察力、充分的自信心、良好的记忆力、丰富的想像力和大胆的创造力。

(3) 有流利而连贯的语速

一个句子还没说完，突然萌生了另一个念头转而再重新组织语言，这是语言表达最忌讳的事。这往往是因为选题不当，或者所表达的内容缺少趣味性，也可能是准备不充分造成的。在任何场合说话都要有一股激情、有一股动力驱使，这样就会极少出现不流利、不连贯的语言表达。

（4）有语言表达的自信和具有独特的表达风格

在大众场合讲话时，必须用自己的方式向听众表明，自己很高兴能在他们面前讲话，并希望得到他们的喜欢，让人产生一种友好融洽的感觉。语言表达要具有活力，这种活力来源于自身的自信和交流的风格。激情的语言表达都具有活力，如果将声音和动作有效地结合起来，那么还会产生意想不到的效果。

（5）具有谦虚和威严的仪表

当一位年轻人在长辈或那些资历较深的人面前讲话时，没有谦虚的态度，就可能失去听众。听众越是反对你的观点，你就越应尊重他们的意见。如何表现谦虚的态度呢？首先说话者的目光要与听众交流，不要将目光投向窗外，投向地板或天花板，而应时刻使自己的眼睛与听众的眼睛保持接触；其次在语言表达时，有时需加重语气，有时需要表情、手势辅助；再次要面带微笑，给人以亲切感、真诚感；最后要尊重听众的观点，尊重听众的人格。

语言表达时的仪态也很重要，身体要坐如松，站如钟，不要让人感觉到你显得很懒散，不要后仰或两脚过于分开。

2. 提高语言表达水平

语言表达水平，是一个人口才、学识和智慧的集中表现。具体可从以下几方面着手加以提高：

（1）平时注意积累语言素材。积累语言素材主要是指积累词汇。积累词汇的方法是处处留心。平时读书看报、与人交谈、听课、听广播、看电视等，随时都能获得新的词汇。尤其是多阅读中外名著等优秀的文学作品，从中获得丰富多彩的词语。在词汇的学习和积累过程中，要尽量避免粗俗的用语，不使用低级淫秽的字眼。

（2）要经常辨析词语的特点。词语的妙用，有许多微妙复杂之处，语感的敏锐意味着用词造句又快又准，这就要求平时对每个词的词性、程度、色彩以及相互搭配的特点等都要加以分辨。如果忽视了词语细微的差别，如把贬义词当作褒义词或中性词，把适用于书面的词语用在口头上，就有可能闹出笑话。例如中国人见面时常说的："你吃了吗?"如果将其换成："你进餐了吗?"别人就会感到别扭、不自然。

（3）养成遣词选句的习惯。培养遣词选句的习惯主要是要多听多读多写，经常接受良好的语言刺激和熏陶。如果我们多读多写多听，经常接受符合规范、质量较高的语言刺激和熏陶，那么无形中就养成了一种良好的遣词选句的习惯。

（4）语言表达要善于运用易懂的口语。能用易懂的口语来表达深奥思想内容和丰富情感的人，往往是受公众欢迎的人，也是真正有语言表达能力和思想水平的人。那种在公众场合只会咬文嚼字，用专业术语或行话表达的人，只能给公众留下自命清高、酸腐十足的印象。因为口语化的语言表达注重词汇的通俗化，其所表达的思想内容和情感心理常体现出雅俗共赏的特点，所以易与大众心理相吻合，这样也易于为大众接受、运用和传播。

（5）语言表达要声情并茂，抑扬顿挫。言为心声，体表其情，口体相辅，只有动之以情，晓之以理，语音抑扬顿挫，有节奏感，才能达到表达效果。

第二节 演讲礼仪

演讲，又称演说、讲演，是"讲"与"演"相结合的语言表达方式。它既要运用表演、手势、姿态等体态语给人以表象，又需要运用语言进行论述和论证。两者之间，以"讲"为主，"演"为辅。"演"是为了衬托、加强"讲"的效果。所以演讲是一门语言的综合艺术，它是声形同步、以声带形、说服力强、鼓动性大的一种极具感

染力的语言表达方式。

一、演讲礼仪要求及基本准则

演讲，就是一个人讲，很多人听的一种说话方式。演讲者除了其思想、感情能够得到充分的表现外，个人仪表也是演讲者情趣、气质、修养的外在展示。

1. 演讲者的礼仪要求

演讲者应适度讲究其仪表，着装得体、大方、整洁。男士要具有绅士风度，女士要有淑女风范。切忌头发蓬乱，胡子拉碴，衣衫不整，或浓妆艳抹，花枝招展。

演讲的语言礼仪主要是语义准确，简单明了，不故作高深，夸夸其谈；语言规范、标准，适当考虑当地或听众的方言、俚语、歇后语等地方语言特色；语音清晰、流利，音量要大一些，让听众不费力就能听清楚；语气要抑扬顿挫有节奏感，还应富有变化，重要的词语要适当加重语气或适当重复强调。

演讲是通过演讲者的语言和姿态的结合来获取演讲效果的，因此体态语在演讲中处于非常重要的地位。一般演讲者站立台前，挺胸直腰，端正庄重，可以前后左右地进行一些小范围的步伐移动，适当配合一些手势以加强表达效果，偶尔单手插入口袋，也不失翩翩风度，但口袋里最好没有丁当作响之物，也可双手交叉胸前或拥抱胸前。表情自然大方，精神饱满，面部表情随演讲内容的变化而变化，有时略带微笑，有时严肃有加。目光温和、慈祥，正视全场的每一个角落，不要忽视某一角落，也不要集中于某部分听众。

演讲结束要向听众致谢，感谢大家耐心听你演说，并反馈其掌声、笑声。

演讲还应把握好时间，提高演讲时间的有效性。在 45 分钟的演讲中，对听众最有效的时间是前 15 分钟，之后的 30 分钟则收益极浅。因此演讲时间控制在 15 分钟至 20 分钟之内比较好，若要超过，应在演讲 20 分钟后休息一会儿或换一个人演讲。一般来说，演讲时间越短，收益越大。如果是一个较长的演讲，演讲过程中可以穿插些生动活泼的对话。

2. 演讲的基本准则

一个成功的演讲者，在演讲过程中，能掀起一个又一个高潮，全场掌声、笑声此起彼伏。要达到这样的要求，在演讲中就必须注意：

（1）演讲过程千万不能冷场

演讲者在演讲之前要充分调整好自己的情绪，放松心情，千万不能紧张，尽可能让自己愉快起来，可以适当地开开玩笑，说说笑话等。

即将登台时，缓缓地吸一口气，使两肋张开，憋气数秒，再慢慢地把让你“心神不定”的气吐出来、吐完，这样反复多做几次，以缓解紧张的情绪，尽量让自己处于放松状态。要树立信心，运用“精神胜利”作心理暗示，想自己曾经获得的成功，自己的优势所在，稳住“我比你们强”的心理定势，使自己站在台上能泰然自若。

在走上讲台的那一刻，切莫期待什么“轰动效应”，想到的应是大局已定，只有万念俱空、全身心地投入进去才有成功的希望。一开口，语调可以高一些。响亮有力的开场白一出口，既稳住了现场，也稳住了自己。讲的时候，要思路先行，把握整体，大胆地、毫不犹豫地讲下去。当演讲进入良性循环状态时，演讲成功已见曙光。

（2）演讲要实事求是，不要过分夸张

有的人好大喜功，事情还没有做，就把它想像得很顺利，夸大其词，夸夸其谈，真正做的过程中又不过如此，最后出现不理想的结局，落下一个讲大话、眼高手低的不好名声。

（3）演讲要尽量通俗，不要过多使用专业术语或穿插外语单词

演讲中要尽量使语言表达通俗易懂，不要过多地使用专业术语或穿插外语单词，这样会让听众感到演讲者肤浅、华而不实。

记忆心理学上有一个“凝视效果”。我们若将一个特殊符号放在一大堆数字当中，则这个特殊符号一定会特别醒目，这就是所谓的凝视效果。演讲中要讲究这个凝视效果，适当地运用一些专业术语或外语单词，以引起听众注意，激发他的兴趣，让人感觉你的演讲内容有档次。但用多了，则不但凝视效果会越来越淡，而且让人感觉演讲者肤浅，有卖弄之嫌，给听众留下不好的印象，因此要适可而止。

（4）演讲中不要轻易否定别人

在演讲中，如果需要否定别人，不要轻易去做，要考虑周到，谨慎而为。因为我们否定了别人，就可能树立了一个敌人。此时我们可以找一些借口否定，如借用某名人、伟人的话，向对方表达自己的意思，这样一来，别人的感受往往就不会那么强烈，而我们否定的目的也达到了。现实中，既不伤害感情又达到否定的目的，这样两全其美的事办起来是相当困难的，要慎之又慎。

（5）演讲结尾要干练，不要拖沓。

演讲的结尾要简洁、干净利落，切忌画蛇添足，节外生枝，生怕别人听不懂。俗话说“余音绕梁，三日不绝”“声音在耳，情形在目”。这是最好的效果。

结尾是为主题服务的，离开了主题，结尾就失去了意义。围绕主题，结尾可采用名言警句、决心誓言、希望号召、情景借用、幽默诙谐等结束语来收拢全篇，揭示题旨，加深认识，要注意措辞新颖、铿锵有力、富有感染力。

有的演讲者，在结束演讲时，不考虑演讲内容结构的完整性，不考虑演讲效果，匆匆收尾，突兀生硬，让听众摸不着头脑，或者运用一些游离主题的华丽词藻来结束，这都是不可取的。

也有的演讲者在结束演讲时，喜欢套用一些程式化的客套，表现自己谦虚，其实这也没必要。

二、演讲技巧知识

演讲的效果，受多方面因素的制约，如演讲的内容、演讲的环境、听众的素质、演讲者本身的表现力等。其中最重要的是演讲的内容。

演讲的内容应具有美的吸引力或美的感染力，能在演讲者与听众之间引起审美共鸣。因此演讲者在演讲之前，要做充分的准备。这些准备主要有如何选题、怎样开头、正文应安排哪些内容等。

1. 如何选题

凡是演讲都有一个演讲范围，也就是演讲选题。演讲选题的范围很广，如一些为听众所喜爱、所关心的话题；一些带有浓厚的专业色彩，像军事、外交、法律、学术等专业话题；一些比赛性的演讲话题；一些社会热点、焦点或与自己职业有关的话题等。无论对哪一种选题，我们都要做到：立足时事热点，抓住社会焦点，适合听众论点，寻求奇特的激发点，讲出新颖独特的观点。

关于选题，很多人往往认为只有那些令人兴奋、让人刺激的话题才值得一谈，因而搜肠刮肚，想一些奇闻或惊心动魄的事迹，或是令人神经错乱的经验，以及不堪入目的情形。这类话题，虽然能让一部分人感觉很有趣，可能会获得一定的演讲效果，但毕竟有限。其实生活中演讲的题材很多，只要我们稍加留意，题材可以信手拈来。比如可以讲食物、讲天气、讲生命、讲爱情、讲理想、讲同情心、讲责任感、讲流行服装、讲足球、讲岗位等。

2. 怎样开头

开头也就是开场白、起始语，是演讲中的“第一印象”。一般来说，演讲开始的前几分钟是听众思想最易集中的时候。所以开头肩负着重要的职责。开头必须尽快吸引听众，基本的技巧就是别出心裁、

语出惊人，或者运用沟通演说者与听众情感的话语来抓住听众。开头除了要吸引听众以外，还应考虑如何引入正题。美国语言大师卡耐基和中国的邵守义分别在他们的著作《语言的突破》和《实用演讲学》中，谈了七种开头的表达方法。

表 4－2

方法＼著作 序号	卡耐基 《语言的突破》	邵守义 《实用演讲学》
①	以事件、事例展开	由演讲的题目讲起
②	制造悬念	由演讲的缘由讲起
③	陈述一件惊人的事实	由演讲的主题讲起
④	要求听众举手作答	由当时的形势讲起
⑤	答应听众告诉他们如何获得他们想要的	由具体事例讲起
⑥	使用展示物	由惊人的或意外的事件讲起
⑦	以某著名人物提供的问题开始	由时间或当场情景讲起

3．正文的安排

正文是演讲的主要内容，它代表着演讲者的思想和个性。安排正文的内容要广泛搜集材料，精心组织材料，而且这些材料要始终围绕着鲜明的主题。演讲正文材料的组织有以下方法：

（1）剥笋展开法。剥笋展开法就是以演讲题目为中心，一层一层像剥笋子皮一样，逐层展开。

（2）正反事例法。正反事例法是围绕主题选用一至两个正反事例，交错着组织材料。

（3）平行组合法。有些演讲题目，立足理论角度难以展开，可多用事例来组合。对较多的事例，应将它们按照一定顺序排队，有条不紊地一个个地说出来，然后总结，上升到理论。

（4）层层递进法。层层递进法，就是运用一些连贯的词语将材料组织起来以展开内容。如《浅谈尊重》一题可以这样来组织材料：尊重在道德品质中的地位；尊重的内容——尊重自己、尊重他人、尊重社会、尊重自然、尊重知识；最后总结。

（5）纵向扫描法。围绕主题或情境从纵向的角度，按时间的变化或空间的变化顺序组织材料，例如过去如何，现在如何，将来如何。

在组织正文时还需要注意找“题眼”，也就是演讲正文中要抓住的关键词，然后借题发挥。比如有位教师应邀参加某个新专业第一批学生举行的班级元旦晚会，会上主持人要求他给同学们讲几句话。他巧妙地破题，抓住“题眼”——“第一”这两个字进行发挥：亲爱的同学们，节日好！你们是我院第一批××专业的学生。“第一”是个吉祥的数字，也是一个令人向往的数字。更是一个梦寐以求的数字，值此新年到来之际，衷心希望你们以第一的努力、第一的风貌，永争第一；以第一的精神、第一的行动，永创第一；以掌握第一的知识、增加第一的技能，取得第一的成绩。相信大家在毕业之年，将以第一的姿态、第一的风采展示在父母、朋友、社会的面前，那时你们可以骄傲地说：“第一的生活又开始了！”

三、几种专题演讲礼仪

前面已经介绍了演讲的题目很多，只要善于观察，演讲题目无处不在，无时没有。不能一一详述，这里只介绍几种常用的专题演讲。

1. 竞选演讲

在与人沟通的过程中，语言表达是十分重要的，而表达者的角度、感受、方式如果能够达到与听众一致，那么这种心灵的沟通就有可能成为现实。一个竞选演讲者要想达到与听众心灵的互通，就要让别人相信你是他们心中的一员。如果你能够做到这一点，他们将毫不犹豫地支持你。

竞选演讲是竞选者为了实现竞聘某一职位的目的而发表的演说。竞选演讲的适用范围很广，如企业、学校、国家机关等单位招聘干部、工作人员、技术人员，往往都采用竞选演讲来选拔人才。尤其在我国民主和法治逐步完善和加强的今天，竞选演讲更是被广泛运用，并发挥着重要的作用。

竞选演讲就是竞选者为了推介自己，制造舆论，争取大家的支持，达到竞聘某一职位的目的而进行的广泛演说。

竞选演讲要在“竞”字上下工夫，“竞”即竞争、竞赛的意思。竞选者在演说时，要表现出自身的自信、自强，要客观公正地阐述自身条件，千万不可锋芒毕露，大吹大擂。对自己的优势和不足要含而不露，引而不发，表明观点时要具体、清晰、明了。演说时要语言简练，表达流畅，不可吞吞吐吐，不说大话空话。

竞选演讲稿主要由两部分构成，即称谓和正文。称谓是对竞选主管人员（听众）或主办单位的称呼。正文部分包括：竞选的原因和愿望；自己所具备的应聘条件，具体有学历、资历、思想水平、业务水平、学习情况、曾经取得的成就等才、学、胆、识各方面的客观条件；表明自己竞选的决心和信心；简略地写出竞选上以后的工作思路和工作打算。

竞选演讲者在演讲时要遵守前面所讲的演讲准则和应达到的礼仪规范。

2. 商业演讲

随着全球经济一体化的发展，商业活动也越来越具有巨大的社会影响力。一些世界著名的企业家们已日益成为人们心中学习的榜样，他们的一举一动都备受世人关注，在这种情况下，商业演说已突破了它本身的意义，而将对社会、对世界产生越来越广泛的影响。

商业演说具有一定的专业性，因此演讲者在演讲时切忌将那些深奥的经营术语和管理理论运用到演讲中去。因为听众中绝大多数不是经营管理者，他们来听演讲的目的是要获取通常意义上的宝贵经验和人生启迪。一旦你讲一些他们听不懂的专业术语，就会让他们大失所望，那么你的演讲也就不可能有很好的效果。要尽量避开那些深奥的专业名词、专业术语，可从企业的发展历史入手，从总结世界知名企业经营管理的经验教训入手，讲讲独特的企业文化，讲多年来对经营管理经验的理解，讲某些技术上的惊人突破，讲对现有管理体制的独特看法以及对未来世界企业发展趋势的分析等。这样的演讲能够吸引听众，让听众感到上了一堂生动的企业发展简史课。

3. 即兴演讲

世界上从来就不会什么事都按规定好的时间、地点和方式发生，因此，在人们的生活中就经常会出现即时发表演讲的场合。在这种场合演讲难度是很大的，既要符合自己的身份，又要符合听众的口味。对于即兴演讲，关键要抓住两点，一点是要讲真话、讲实话，另一点就是要通过你的演讲积极地调动听众的情绪和情感，也就是我们常说的要会“煽情”。

即兴演讲如果不讲真话、实话，而讲假话、套话，不但不能得到听众的共鸣，反而会引起听众喝倒彩，有时甚至是轰你下台。

即兴演讲如果只讲真话实话，不注意调动听众的情感，那么你的演讲也会显得干巴巴的、不丰满，达不到演讲目的，收不到即兴演讲效果。

礼仪小浪花4-3 圣诞节庆典即兴演讲

各位为自由而奋斗的劳动者和将士：

我的朋友、伟大而卓越的罗斯福总统，刚才已经发表过圣诞前夕的演说，已经向全美国的家庭致了友爱的献词，我现在能追随骥尾讲几句话，内心感觉无限的荣幸。

我今天虽然远离家庭和祖国，在这里过节，但我一点也没异样的感觉。我不知道，这是由于本人母系统和你们相同，抑或是由于本人多年来在此地所得的友谊，抑或是由于这两个文字相同、信仰相同、理想相同的国家在共同奋斗中所产生出来的同志感觉，抑或是由于上述三种关系的综合。总之我在美国的政治中心地——华盛顿过节，完全不感到自己是一个异乡之客。我和各位之间，本来就有手足之情，再加上各位欢迎的盛意，我觉得很应该和各位共坐炉边，共享这圣诞之乐。

但今年的圣诞前夕，却是一个奇异的圣诞节前夕，因为整个世界都卷入一种生死的搏斗中，正在使用科学所能设计的恐怖武器来互相屠杀。假如我们不是深信自己对于别国领土和财富没有贪图的恶念，没有攫取物资的野心，没有卑鄙的念头，那么我们在今年的圣诞节中，一定很难过。

战争的狂潮虽然在各地奔腾，使我们心惊胆跳，但在今天，每一个家庭都在宁静的肃穆的气氛里过节。今天晚上，我们可以暂时把恐惧的忧虑心情抛开、忘记，而为那些可爱的孩子们布置一个快乐的晚会。全世界说英语的家庭，今晚都应该变成光明的和平的小天地，使孩子们尽量享受这个良宵，使他们因为得到父母的礼物而高兴，同时使我们自己也能享受这种无牵无挂的乐趣，然后我们担起明年艰苦的重任，以各种的代价，使我们的孩子所应继承的产业，不致被人剥夺，使他们在文明世界中所应有的自由生活，不致被人破坏。因此，在上帝的庇佑之下，我谨祝各位圣诞节快乐。

（资料来源：刘　林. 说话高手. 第1版. 北京：华艺出版社，2001）

第三节　求职面试礼仪

对于求职面试，有人说这是一门艺术，也有人说这是一门科学。其实两者都不是，它只是通过学习而获得的技巧，就如同我们获得其他专业技巧一样。面试技巧可以通过自学获得，也可以在实践中摸索。无论用哪一种方式来获得求职面试技巧，都必须要掌握以下知识。

一、求职面试礼仪要求及基本准则

当今人才市场是一个竞争激烈的市场，当用人单位对你挑三拣四时，你需要花大气力从各个角度来增加你的竞争力，其中首先要对求职面试礼仪要求及基本准则有所了解和掌握。

求职面试首先要有优雅的形象，优雅的形象能给人带来健康和自信，给人留下良好的第一印象。这第一印象往往是你求职能否成功的关键。因此求职面试以前，要从衣着、表情、姿态、言谈等方面着手，进行形象设计，以便给人留下良好的第一印象。有关仪容、仪表及姿态、言谈方面，前面各章节均已谈到过，这里只谈谈求职面试的基本准则。

1. 面对现实，适应环境，实事求是地对待自己

求职者尤其是年轻的求职者，应该有理想、有抱负，甚至有梦想，这些都无可厚非，但必须以现实为基础。避开现实、不顾客观实际、不考虑就业的困难和问题、盲目地追求理想，这在求职过程中肯定会碰壁，从而影响自己的自信心，延误就业。因为我们是生活在现实社会中，而不是生活在理想中。要想在事业上成功，必须认清当前面临的就业形势和就业政策，确定正确的人生价值目标，保持健康的心理和正常的心态，以适应社会环境，使自己在择业过程中处于主动地位。

人贵有自知之明，这是区别正常与异常心态的标志之一。求职者的自知之明就是指在求职时，是否能客观公正地评价自己的能力、优点、缺点。对自己的评价过高，会使自己脱离现实，意识不到自身条件的限制，容易滋长狂妄自大的心态，使自己的自信变成自负；过低地评价自己，过分地自谦，不实事求是，会使人感到你这个人虚伪，同时也影响自己的自信心，从而产生自卑心理。实事求是地对待自己、评价自己，就是对自己的现状、性格、特长有个全面的了解，有个正确的认识，承认现实的自我，不去期望改变那些事实上无法改变的现实。只有实事求是地对待自己，才能心安理得，才能避免心理冲突，避免因个人的自命清高而遭挫折或产生忧虑。

2. 淡化享受心理，强化吃苦意识，勇于战胜挫折，增强心理承受能力

人的一生，谁都希望幸福、快乐。每个人都有享受的欲望，这是人之常情。但是，享受一定要建立在自己艰苦创业的基础上，这一点恰恰是我们当代年轻求职者容易忽视的。对艰苦的工作环境和较大的工作压力考虑不足，或根本不考虑，这是就业大忌。对在校学生来说，应当淡化享受的意识，多参加一些社会实践和劳动锻炼，先就业再择业，同时做好艰苦创业的心理准备。

求职过程中遇到困难和挫折是不可避免的，因为求职本身就是一种竞争，就看我们怎样来对待这些困难和挫折。有的人一遇到挫折和困难就感到脸上无光，心里蒙上一层阴影，感到心灰意冷，这正是心理承受能力差的表现。困难和挫折是不以人的意志为转移的客观生活现象。在面对这些困难和挫折时，切不可因此而自卑，更不能自暴自弃，因为世界上事事顺利、时时顺利的人是不存在的。困难和挫折并不可怕，可怕的是被困难与挫折压倒，从而失去了信心，失去了生活的勇气。遇到困难和挫折要认真思考、总结，多动脑筋，多想办法，不可一意孤行。要把困难和挫折当成锻炼意志、增强承受力的好机会。调整好自己的心态，坚定信念，争取新的机会。

3. 了解和掌握求职单位的生产经营状况，以积极的态度参加求职面试

俗话说："知己知彼，百战不殆。"求职面试之前，要主动调查了解所求职单位的基本情况。这些基本情况可以通过报纸、广播来了解，也可以通过银行、税务、工商等部门的有关资料来了解，还可以通过熟人或这家公司的工作人员来了解，甚至可以通过一些小道消息来了解。然后将你了解的这些情况经过分析、整理，再与自身条件结合起来考虑。在这方面你做的越细、问题考虑得越周到、付出的努力越大，那么你在求职竞争中的优势就越明显。了解和掌握了所求职单位的基本情况以后，在求职面试时要以充满自信的姿态而不是以畏首

尾的姿态去参加。你要相信，你的充分准备，再加你的自信心一定会让你成功。千万不要泄气，不要失去信心。

求职面试时，不要因为各种繁杂的手续而厌烦，也不要因为主考官过分的提问而产生偏见，应将应聘过程看作是锻炼自己、考验自己的机会，要以积极的态度、饱满的情绪去面对。

4. 要具有良好的仪态形象并满怀激情

这里讲的仪态是指求职者在应聘面试时的表情、见面礼节等，前面已有介绍，这里不再重复。需要特别指出的是，应聘者在应聘面试时要表现出充满激情，要自信自己是主考官所遇到的最有价值的求职者，因为这一点是主考官非常看重的。没有激情的人，就不可能有所作为。激情可从很多方面表现出来，如你讲话时的口气、语调、体态、面部表情等，还有你在描述自己的职业抱负、对求职单位的了解、对未来发展的看法时表现出来。激情可以为你的个性增光添彩，也是求职成功不可缺少的重要组成部分。

5. 谨慎回答主考官问题，尽力获得主考官好感

回答问题时，话不要太多，要简练，尽量不谈与工作无关的问题，谨慎涉及工资报酬问题。尽可能地释放自己的主观能动性，博得主考官好感。

二、求职面试的形式

求职面试有很多形式，选择哪一种形式，要依实际情况而定。

1. 电视求职面试

电视求职就是通过电视这个媒体进行求职面试，这种求职面试形式适合一些重要和特殊的职业。

2．选择求职面试

选择求职面试就是求职者通过几轮淘汰挑选后而进行的复试，这种形式，适合一些对高薪、高职岗位求职的人。

3．接见求职面试

这种形式是比较大众化的，也是当前运用较多的一种求职面试形式，即通过与主考官面对面地交谈、提问来求职的一种方式。

4．问卷求职面试

问卷求职面试就是主考官通过事先设计好的问卷，来调查了解求职者的基本情况及综合素质的一种求职面试形式。

三、求职信和履历表

撰写一份得体的求职信，往往是求职过程中最重要的事情之一。求职信切忌空洞，内容要具体而且全面，同时又必须是相互关联的一个整体。一封理想的求职信应按照以下内容来构思：

（1）陈述你的兴趣爱好和应聘动机；

（2）对自己的知识水平、能力、素质进行客观公正的评价；

（3）对应聘单位、应聘职业和用人方面情况的了解及自己的看法；

（4）写一份专业水平的简历；

（5）申请参加面试；

（6）开头要有称呼，结尾要有问候语、落款。

除了求职信外，履历表也是求职面试时需呈递的书面资料。那么求职履历表包括哪些内容呢？一般有姓名、受教育背景、工作经验、曾加入过的相关团体、个人资料、待遇、获奖情况、备注等。填写履历表要注意：

履历表不要太长；切忌按时间顺序记流水账；应展示个人的价值和成就；主次要分明；要美观整洁；要显示个性。

第四节　特定场合下的语言表达礼仪

某些特定场合也要注意语言表达礼仪的运用，如人们在迎来送往时，常以一些美妙的言辞表示欢迎、欢送、答谢等意思，单位之间、亲朋好友之间遇到重要事情也要互相慰勉、祝贺等。

一、欢迎、欢送、答谢语言表达

欢迎、欢送语言表达是在迎接宾客或欢送宾客的仪式或集会上，对宾客的到来或离去，表示的一种社交礼仪演讲。它有利于双方情感的沟通，增强相互间的友谊，相互更好地合作或开展工作。欢迎词、欢送词的内容有三部分：首先是开头部分，包括称谓以及表示欢迎、欢送、感谢之类的客套话。其次是主体部分，说明来访的意义或主客双方的关系或主客双方合作的成果等。最后是结尾，可再次表示欢迎或谢意，也可说些祝愿、希望之类的话。

不管是欢迎词还是欢送词，在致词时都要彬彬有礼，让人感到亲切、自然、真诚，因此表情要与言语统一，不能虚假。

答谢是指交际的双方在进行一次友好、成功的交往过程中或结束时，一方对另一方的安排、接待等友好行为表示谢意的致词。在当今经济活动和社会生活中，答谢词广泛运用于各种社交场合。它有利于双方更好地沟通情感，巩固友谊。

答谢词由称呼、开头、主体、结尾四部分组成。称呼就是对答谢

对象的称谓，如“尊敬的院长阁下”“在座的各位来宾”“女士们”“先生们”等开头讲明致词的缘由；主体主要是全面地向对方表达友好的致谢，可选择最有说明性、最有说服力和充分表达情感的细节，进行有感受、有分析、有认识的语言表达；结尾就是总结概括主体部分，并再次表达真诚的谢意。

答谢词是社交场合中使用频率很高的一种演讲方式，语言表达时，要诚心诚意，发自内心，语言注重得体，文句简洁精练。

二、祝酒、祝贺语言表达礼仪

祝酒、祝贺的礼仪要求与欢迎、欢送、答谢的礼仪要求一样，但形式和内容稍有区别。祝酒、祝贺的形式有长篇、较短篇和更短篇三种。无论哪一种，它的内容都不外乎说明祝贺、祝酒的目的，叙述双方友谊，互致美好祝愿等。

祝辞要区别对象，不同的对象有不同的祝辞，如对在工作中刚刚获奖的青年人，应祝他们“再接再厉，更上一层楼”；对老年朋友，要祝他们“健康长寿，青松不老”“老当益壮，贡献余热”等。

致祝词时要仪表自然、大方，亲切热情，谦逊文雅，举止端庄，语气和婉，音量适度。如果是祝酒的话要有顺序，先长辈、再同辈、后晚辈，也可按职位顺序以示尊重。为了活跃气氛，祝酒词要尽可能诙谐有趣，引起满堂欢笑。

三、毕业典礼、开学典礼语言表达礼仪

毕业典礼上语言表达的内容包括称呼、正文、结尾。正文包括对在校学习期间师生及同学之间的友谊的回顾，对母校的评价，发表自己的感慨，提出今后的努力方向。毕业典礼上的讲话很容易既让人伤感，又令人沉思，所以要艺术地表达自己的这份感受。

开学典礼上的语言表达，正文应谈谈自己对所在学校的看法、今

后的打算，发表决心或誓言等。

本章小结

本章主要阐述语言表达礼仪的基础知识，从语言表达礼仪在现实生活中的作用、意义着手，叙述了语言表达礼仪的两种形式，即有声语言和无声语言及其表达的方法。探讨了语言表达艺术和怎样提高语言表达水平的方法。语言表达艺术包括交谈艺术、发表不同意见的艺术、拒绝与批评艺术、赞美与恭维艺术。提高语言表达水平，主要是要在平时注意语言素材的积累，掌握词语辨析特点，养成遣词造句的习惯。语言表达要通俗易懂、声情并茂、抑扬顿挫。

“演讲礼仪”一节阐述了演讲礼仪的要求及基本准则，介绍了演讲应具备的技巧和一些专题演讲礼仪。

求职面试是当代大学生普遍关注的问题，本章介绍了求职面试礼仪要求及基本准则、求职面试的形式、求职信的结构及履历表的内容等。

除以上内容外，本章还对一些特定场合下的语言表达礼仪的内容、要求、格式进行了介绍。

实训内容

1. 演讲训练和演讲比赛。

（1）竞选演讲。

（2）商业演讲。

（3）即兴演讲。

2. 求职面试模拟。

3. 各种特定场合下的语言表达训练。

（1）确定一个主题，致欢迎词、欢送词、祝酒词、答谢词。

（2）在毕业典礼、开学典礼上的讲话。

本章练习

讨论题

1. 结合实际谈谈语言表达方法的运用。
2. 谈谈还有哪些特定场合下的语言表达礼仪。

复习题

1. 有声语言与无声语言的礼仪特征是什么?
2. 竞选演讲的礼仪及内容分别有哪些?
3. 一个成功的演讲者应具备哪些素质?

自测题

1. 礼貌用语包括（　　）。

   A. 称呼　　B. 问候语　　C. 致谢语　　D. 沉默语

2. 语言表达方法有（　　）。

   A. 委婉法　　B. 回避法　　C. 选择法　　D. 一语双关法

3. 演讲的开头可以是（　　）。

   A. 竞选演讲　　B. 商业演讲　　C. 层层递进　　D. 即兴演讲

第五章

会务仪式礼仪

本章导学

学习目标

知识目标

（1）掌握会务礼仪的规范和要求；

（2）掌握开业、剪彩和签约仪式的礼仪基本规范和要求；

（3）了解舞会礼仪的规范。

能力目标

（1）能够正确掌握参加和主持会议的礼仪，并具备较好地主持一般会务的能力；

（2）能够熟练主持工作会议和新闻发布会；

（3）能够较熟练地进行开业仪式、剪彩仪式和签约仪式的组织工作；

（4）能够了解舞会礼仪的基本要求，能够正确地主持或参加舞会。

素质目标

（1）培养学生在公共场所具有良好的礼仪规范意识；

（2）使学生掌握会务、仪式和舞会等活动的礼仪规范，为今后的发展打下基础；

（3）提高学生在公共场所的道德修养、气质风度和应变能力。

学习环境

会议厅，多功能演示厅和舞厅。

第一节　会务礼仪

会议是人类文明的产物。在现代社会，会议已成为各个国家、政党以及企业、事业单位等开展政治活动、经济活动、文化活动和其他活动的重要方式之一。会议同时也是实现各级领导布置任务、检查工作、统一认识、落实政策、调查情况、交流经验、统筹协调、纠正错误、解决问题的重要手段。会议礼仪通过特定的礼貌、仪式，对与会人员在参加各类会议时的行为加以指导、约束，以提高会议的质量，保证会议的顺利进行。

一、会议准备礼仪

要开好一个会议，准备工作是十分重要的，会前周密详尽的准备，是会议圆满成功的基础。会议的准备工作，包括以下几个方面：

1．建立组织

召开一个会议，要有许多人参与会议的组织和服务工作。这些人应有明确的分工，各负其责。建立各种小组，可以使他们在统一领导之下，各自独立地开展工作。一般会议由大会秘书处负责整个会议的组织协调工作。秘书处下设：（1）秘书组，负责会议的日程和人员安排以及文件、简报、档案等文字性工作。（2）总务组，负责会场、接待、食宿、交通、卫生、文娱和其他后勤工作。（3）保卫组，负责大会的安全保卫工作。根据会议规模的大小、性质的不同还可以增设其他必要的小组。

2. 明确任务

全体工作人员，应当明确本次会议的目的，主要解决什么问题，更要明确自己的工作任务及具体要求，以保证不出差错，不耽误工作时间。

3. 安排议题和议程

秘书处要在会前把会议要讨论、研究、决定的议题搜集整理出来，列出议程表，提交领导确定。根据确定的议题，安排日程，以保证会议有秩序地进行。

4. 确定与会人员

确定与会人员是一项很重要的工作。该到会的，一定要通知到；不应当到会的，就不该参加。如果这里出现了差错，后果是很严重的。确定与会人员，可以采取以下方法：（1）查找有关文件、档案资料；（2）请人事部门提供帮助；（3）征求各部门意见；（4）请示领导。大型会议，还要对与会人员进行分组，便于分头讨论，组织活动。

5. 发出通知

与会人员名单确定后，即可发出通知，便于他们做好准备工作。有时准备工作量比较大，而距离开会时间还远，可以先发一个关于准备参加会议的通知。在开会前，再发出开会通知。

通知一般用书面形式，内容包括：会议名称、开会的目的、内容、与会人应准备什么、携带什么、开会日程、期限、地点、报到的日期、地点、路线等。

与会人员接到通知后，应向大会报名，告知将参加会议，以便大会发证、排座、安排食宿等。

6. 会场布置与形式

会场布置和安排是会议的又一项重要工作。会议的气氛主要靠会场的布置来渲染，会议室应当根据会议的内容来安排，或庄严肃穆、郑重朴素；或明快大方、热烈欢快。总之，会场的布置应与会议内容相协调。

选定会场要考虑会议规模、等级、人数。会小场大，不易集中，形不成气氛；会大场小，又过于拥挤，彼此干扰，使人感到压抑。因此，选择会场时，座位的数量要适中。会场的布置，要庄重、朴素、大方，反映会议内容。大中型会议，可根据情况分别悬挂国旗、国徽、党旗、会标，根据会议内容摆放鲜花，悬挂横幅；一般小型会议、工作会议、紧急会议等，会场应简单朴素，座次排序应考虑参加者职务、身份。大中型会议，组织者要亲自查看主要座次的人名卡或席卡摆放次序是否正确，以免引起误解或猜疑。

会场形式依会场的大小、形状和会议的需要以及与会人数的多少而定，还要符合美学原理和与会者的审美观，通常有以下几种类型：

（1）圆桌型、方桌型

在圆桌或者方桌的周围安排座位，领导和会议成员可以互相看得见。大家可以无拘无束地自由交谈。这种形式适合于召开 15 人至 20 人左右的小型会议。

（2）“口”字型

如果出席会议的人较多，可以把桌子摆成“口”字型，在四周安排座位。

（3）“⊔”字型、“V”字型

摆成“⊔”字型、“V”字型时，要注意主席的位置，要有黑板或屏幕，要让与会者不必挪动座位就可以看到黑板和屏幕。

（4）教室型

教室型是目前我国最通行的开中型、大型会议的会场形式。其特点是容纳的人多、有气势，容易布置，容易选择场地。

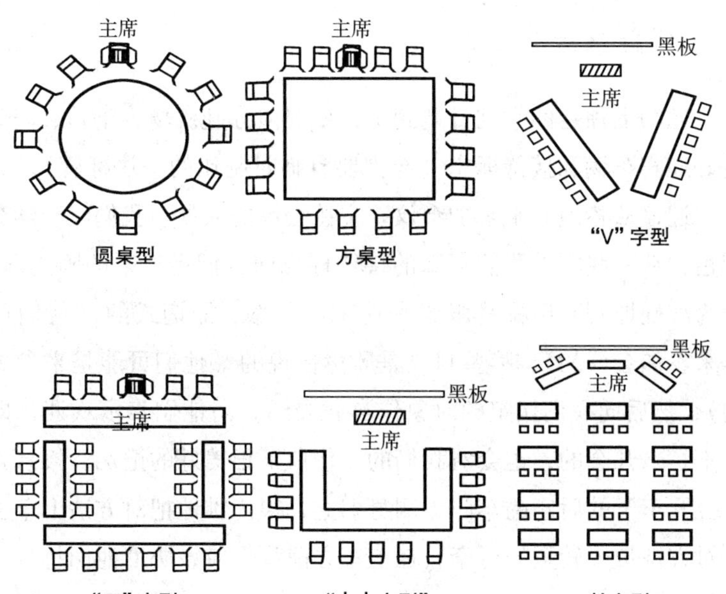

7. 正确设置主席台

大型会议的会场，大多设有主席台，主席台设成同与会人员成面对面的形式。由于大型会议多在礼堂、会堂、影剧院等场所召开，所以主席台一般设在舞台上。中型会议的主席台设在舞台上面或下面均可，如设在台下，要离与会者近一点，下面稍微垫高一点。小型会议可不设主席台。

主席台，通常设在与代表席对面的地方，现在一般在主席台前还设有讲台，用于发言人讲话，主席台上可适当摆放鲜花点缀，主席台背后悬挂会标或旗帜。会议名称的标语悬挂在主席台上方。主席台座次按职务高低排列，一般如下图：

10	6	4	2	1	3	5	7	8	9
主　席　台									

8. 迎接与会人员

通知上预定的报到日期到了，要提前分赴机场、车站、码头，准备好迎宾车辆和接待标志（至少要有临时制作的一块标牌），穿戴整齐，迎接从各地赶来参加会议、主持会议的人员。我们应当学会察言观色，从一些盯着我们高擎的接待标志向我们走过来的陌生面孔中，较为准确地判断出哪些眼光是迷茫、疑惑、征询式的（他们可能不是来参加会议的），哪些目光是欣然愉悦的（他们可能是来参加会议的），然后向我们认定的对象作自我介绍，向他们表示欢迎，即使对方不是来开会的，也会对我们的工作留下很美好的记忆。接着是由我们拉开车子的后座的车门，侧身躬立，很优雅地把对方请上车去。如果对方携带了较重的行李，在上车之前我们应该协助他们将行李安放在行李箱中。

二、会议过程礼仪

会议过程礼仪是指会议准备工作就绪，组织者在开会之前到会议结束之后的具体活动。

1. 会前检查会场

会前，会议组织者应认真检查会场，如姓名卡和席卡摆放是否正确，文件材料是否配齐摆正，音像设备是否有问题，横幅书写有无差错，会徽、会标是否端正、清洁等。任何细节都不能放过，发现问题要及时处理。

2. 会场签到

这是会议组织人员在会前统计参加会议人员到会情况的一种手段。签到处要有标志显示，组织者要提前达到，要热情、主动地请与会者出示证件，按顺序签到。对年老、体弱、行动不便者，要热情上前搀扶并送到座位上；对代表询问的问题要认真解答，不能推辞、拒绝，更不能示以白眼；对口音不清、语言不通者询问的问题，可以用笔谈或找翻译帮助解决。使与会者心情舒畅地步入会场。

3. 安排发言

大会发言要事先确定人选和次序，秘书处可以对人选和次序提出初步意见，请领导确定。确定发言人应注意三个平衡：

(1) 领导人之间的平衡。对上一级领导或主要领导的发言，如果是开幕词，且是动员性的、启发性的，应安排在第一发言；如果是总结性的、综合性的，则安排在最后发言；如果是讨论发言、座谈发言，应交叉安排，以使会场气氛更生动活泼。

(2) 单位平衡。发言单位的选择，应首先注意典型性，其次才照顾单位与单位之间的平衡。

(3) 内容平衡。发言人的发言内容应都是围绕着一个主题内容。不同的内容安排在一起不便于集中思考和会后讨论，因而效果不好。如果内容相同，可以安排一个人发言。

4. 作好会议记录

会议记录是会议现场情况的写实，一般会议特别是重要会议都应有记录。相关工作人员在会场记录时要注意以下几个方面：

(1) 注意所在位置。规模、种类不同的会议，记录人员的位置也不相同。一般来说记录人员不能靠得太前，以免出现喧宾夺主现象，也不能太靠后，应该坐在台下会场两侧能听清发言内容、能观察会场全貌的位置上。有的例行工作会议、办公会议，记录人员座坐在主持人身后或身旁；有些会议，所在位置由主持人临时指定。因此，记录人员要注意自己在不同会议中的记录位置，不能盲目乱坐。

(2) 要集中注意力。记录人员必须精力高度集中，对发言人的原话，要注意听清、记准、记全。记录时，可将会场气氛记录下来，比如欢迎、鼓掌、笑声等。记录时，切忌残缺不全，断章取义，马马

虎虎或记录人主观发挥，搞错发言人本意。

（3）记录内容要详细。会议名称、时间、地点、参加人、主持人、发言人、会议内容、形成的决议都要记下来。同时还要注意格式和发言人的先后顺序，字迹要清楚、美观、大方。

（4）传递会议消息。大中型会议期间，为了交流情况，传递信息，在会议进行期间要迅速及时地撰写简报、快报，会议结束后，一般要编写、印发会议纪要。上述稿件印发前，会议有关人员要主动送交有关领导、主管部门审批。通过后，方能印发。对于间接听到，有待查实的内容，要亲自考证，获得第一手资料。

礼仪小浪花5－1 **会后工作**———在送别与会人员之后，参与组织大会的公务人员，不能立即跳上汽车，长驱而去。应该清楚，如果我们把一大堆善后工作都丢下来不管，那是十分失礼的。我们还有下面一些细小的工作要做：

（1）对会议给予帮助和支持的有关人士，要及时寄出感谢信表示谢意，感谢信的措辞要热情诚恳。

（2）也许能在会场或招待所发现与会者遗忘的物品，此时要将它保管起来，还要尽快与失主取得联系，及早送还或寄去。

（3）要组织专人取走会场所剩余的物品，向单位接待员或大会组织者汇报全部用品的使用情况，做好会务账目统计，迅速上报有关部门。

（4）要委派专人负责整理好会议记录。

（5）最后开个总结会，肯定成绩，找出存在的问题，布置对会议精神贯彻执行情况的检查和反馈工作。

（资料来源：刘毅政．实用礼仪大全．第1版．呼和浩特：内蒙古人民出版社，1998）

三、与会人员礼仪

1. 主持人

主持人是会议的组织者、领导者。主持会议，事先要对会议内容、程序、时间和人员的安排做到心中有数。主持时要严谨、认真。不同性质和不同内容的会议，可以表现不同的主持风格，如庄重严肃，或轻松活泼，还要把握会议的气氛和进行节奏。主持人要处处尊重听众，尊重发言人，防止出现不礼貌的语言和表情。

2. 主席团成员

主席团成员首先要明确自己的身份和责任，严格要求自己，以身作则，率先垂范，成为所有与会人的楷模。出席会议要守时，绝不可迟到，确实不能按时出席的必须及时请假，通知主持人或有关工作人员。入场要按照顺序井然入座，不可临时推推让让，故作姿态。如果会场有掌声欢迎，主席团成员应鼓掌微笑致意。

在会议进行中，不得任意离开、左顾右盼、交头接耳，要精神专注地倾听发言人的发言。需要鼓掌时应当及时鼓掌，鼓掌要随众而起，随众而止，动作要适当节制，不要显得漫不经心。散会时，要和大家一起起立，不要提前，也不要落后，然后依次退场。

3. 发言人

发言人是会场的中心人物，对会议的质量起首要的作用。发言人的发言要言之有的、言之有理、言之有物、言之有味，使听众能了解主旨，有所收获。发言人要尊重听众，尊重主持人，遵守会议纪律。

发言人要注重自己的仪表和举止姿态。要衣着整洁、举止庄重、表情自然、精神焕发。

发言前，要环顾全场，向听众致意，如有掌声，亦应鼓掌还礼。

发言时，要讲究语速，不快不慢；讲究音量，不高不低；讲究节奏、语气、声调；始终要保持充沛的感情，重要的地方，要加重语气、提高音调，形成高潮。如果会场出现气氛松弛、听众精神涣散时，应考虑调整语气、稳定情绪，必要时应调整内容、压缩时间。

报告结束时，要向听众和主持人致谢。

4. 会议嘉宾

会议嘉宾与主席团成员一样，在会场中占有重要位置。作为嘉宾参加会议，除了必须像主席团成员那样讲究礼仪外，还应当注意了解会议内容、程序和对本人的要求；了解会议时间、地点和有关规定；参加会议要守时、礼貌，客随主便，听从主持人安排。切不可马虎了事，敷衍应付，甚至高傲自负。

5. 会议代表

参加会议的代表，要遵守纪律、讲究礼仪。进入会场，动作要严谨轻缓，发言人开始和结束发言时，要鼓掌致意，重要的贵宾讲话时，可以全体起立，并报以掌声。发言人发言时，要认真倾听，必要时要做记录。不要交头接耳，左顾右盼。一般不应离席，确实必须离开时，应当向有关人讲明原因，离席时要弯腰、侧身，尽量少影响他人，并表示歉意。

四、几种常见会议的礼仪

会议的种类和形式很多，在此我们以几种常见会议的礼仪要求为例，通过比较，阐明特点，以便我们对各种不同的会议礼仪能准确把握。

1. 工作会议的礼仪

工作会议是由不同方面的人聚集在一起，为达成同一目标、得到统一结论而召开的会议。工作会议的礼仪，主要有以下几点：

（1）工作会议的通知，应着重写明会议的目的，以便对方慎重选派代表参加。如有必要，还应该写明会上计划讨论的事项，以便会议参加者准备资料。

（2）工作会议人数不宜过多，人多嘴杂，效果反而不佳。会场宜小，座位安排宜采用“圆桌型”或“方桌型”。

（3）工作性会议遇到意见分歧，裁决时虽然也要“少数服从多数”，但会议主持人应冷静慎重地对待少数人的意见，尊重这些意见并交付全体人员反复推敲。

2. 代表大会的礼仪

代表大会包括人民代表大会、党员代表大会、共青团员代表大会、职工代表大会、妇女代表大会等类型。举行代表大会的礼仪，主要有以下几点：

（1）代表的产生要符合各种代表会议本身的规定。

（2）代表会议可以设主席团。会议正式开幕时，主持人（或主席）要向全体代表宣布整个会议议事日程，并分发文件（会议报告等）。在会议过程中，还可以印发简报。

（3）代表们对于会议报告所提出的意见，主席团应认真听取。

（4）代表会议一般都要进行选举。选举要尽可能采取差额选举的形式，更要充分尊重选举人的意见。

3. 报告会的礼仪

报告会是邀请专家学者、先进人物、领导干部或其他人士进行专门报告的会议。常见的有形势报告会、学术报告会、劳模报告会和英模报告会等。其礼仪主要有以下几点：

（1）选定的报告人一般是既有名望而且其报告内容又有真知灼见的人。对这样的人，我们应当尊重他、敬爱他，会前会后宜派专车迎送，还应有相应的组织人员陪同，要妥善安排其衣食住行。

（2）报告会要设主席台。报告人作报告时，主持人要在场作陪，而且必须同所有与会者一起认真倾听，不能分心去看报刊杂志等，也不能显露出疲惫、焦灼等神情。

（3）报告会如要录音，必须事先征得报告人同意。

（4）报告会的参加人数不限，但不能太少，座位可按“教室型”

排列。

（5）有的报告会，听报告的人可以递“条子”发问，由报告人作答，形成“对话”的形式。只要组织得好，口头提问也行，但提问者一定要注意礼貌，问题无妨尖锐，措辞却要温婉。

4．例会礼仪

例会的开会地点、参加人员一般是早已固定下来的，开会时间也是周期性的。会议的内容以传递信息、交流情况，讨论、安排、布置工作为主。例会的礼仪主要有以下几点：

（1）例会无需事先发通知，但如临时取消一次，反而应该及时通知全体人员。如果其中有谁不能参加，也必须事先请假，以免让其他人久候。

（2）座位多安排成“口”字型或“圆桌型”，会议时间力求简短。

（3）例会一经形成制度，非遇十分特殊的情况，一般不能取消或改期。

5．座谈会的礼仪

座谈会是一种形式自由、参加人员没有一定标准的讨论型会议。座谈会的礼仪主要有如下几点：

（1）通知要明示开会的时间、地点、座谈的内容及对与会者的具体要求，并及时发送到被通知对象手中，使与会者早做准备。

（2）座谈会要在平等的气氛中举行，主持人要同与会者围坐在一起，在介绍与会者相互认识后即迅速引导发言，防止出现“冷场”的现象。

（3）座谈会要鼓励插言和争论，活跃会场气氛，使与会者知无不言，言无不尽，真正实现讨论、研究的目的。

6. 表彰会的礼仪

表彰大会是以组织的名义表彰某些集体或个人先进事迹并宣布给予奖励的会议，其总的特点是要求开得隆重热烈。表彰会的礼仪主要有以下几点：

（1）讲究会场的布置，若布置在室内，门口可以悬挂大红横幅，两边可以设置彩旗；若布置在室外，应高搭主席台，会场四周遍插彩旗。规格较高的表彰会，还可以敲锣打鼓，安排欢迎的人员等。

（2）当被表彰人员或集体的代表走上主席台时，会场内要播放欢快的乐曲，条件许可的还可以放鞭炮，全体与会人员则报以祝贺的掌声，会议结束时为表彰者送行也是如此。

（3）表彰大会的仪式程序一般是：首先由主持人宣布大会开始，接着欢迎被表彰者上主席台、有关领导宣布表彰决定、颁奖、宣读祝词、被表彰者代表致答词、自由讲话，最后是欢送被表彰者、散会。

7. 经验交流会的礼仪

经验交流会是请在某一方面有突出成绩的单位代表或个人介绍其成功经验的会议，其礼仪主要有如下几点：

（1）安排发言的人数至少要有两人或两人以上，人数太少，容易变成“报告会”。

（2）对经验交流的角度应有所选择，最好每一个发言者各侧重于一个方面，体现其与众不同的特点。

（3）会场形式安排为“教室型”，主持者应与所有发言人比肩坐在主席台上。每一发言人发言前，主持人均应将其介绍给全体听众，并带头鼓掌表示对他的尊重。每一发言者发言完毕，主持人都要微笑起立，带头鼓掌，表示感谢。

（4）听众应尊重发言人，不能在下面交头接耳，不要随便退场，因为这些行为对发言者来说都是极不礼貌的。

8. 纪念会的礼仪

纪念会要求开得既隆重又庄严。其礼仪主要有如下几点：

（1）会场布置要素雅，不宜色彩缤纷。

（2）纪念个人的，一般邀请其家属参加；纪念某个事件的，一般邀请与其关系密切的人员参加。

（3）当被邀请者进入会场或走上主席台时，全体起立行注目礼。

（4）会议仪式程序一般是：首先由主持人宣布会议开始，与会者起立，向被纪念者默哀；接着是主题报告，报告应简单介绍被纪念者的生平和主要事迹，阐明纪念的意义，或者是介绍被纪念事件发生的背景、经过和历史意义；然后是各界人士发言，共表纪念的心愿。

（5）与会者在纪念会全过程中都要认真严肃，不能随便走动，更不应该自由议论，以致影响全场肃穆的气氛。

（6）会议结束时，主持者要对被邀请者表示慰问。被邀请者也可以致答词，但内容应该是表达自己的感情和愿望，不能提及尚存在着争议的一些实际问题。

9. 新闻发布会的礼仪

新闻发布会是党政机关、企业或各社会团体为公布与解释重大新闻而公开举行的会议，因闻讯或应邀赶来参加的人员以记者为主，故又称为“记者招待会”。其礼仪主要有如下几点：

（1）新闻发布会在某件有重大新闻价值的事件发生时，由单位文秘人员协助主要领导干部及时举行。

（2）小型新闻发布会布置成“圆桌型”会场形式，大型新闻发布会采用“教室型”会场形式。会场力求安静、舒适。

（3）单位或部门主要领导干部担任主持人。主持人简单介绍情况后，由文秘人员作详细发言。发言者要头脑清醒，口齿清楚，应答能力强，有风度。

（4）某一新闻发布到何种程度，发布单位或部门内部先要统一认识，因为意见不一致会影响会议效果。

（5）会议主办单位发言人要尊重记者提问，不能用任何动作、语言或表情阻止记者发言。但主持人可以凭自己的才能把握会议主题，引导记者深入提问，避免重复提问。

（6）会议可以根据需要，向与会人员提供各种文字、图表、音像资料，会前会后还可以组织现场参观，但时间不宜过长。

（7）记者在发布会上要注意本身的仪表举止，提问要遵守秩序，提问完毕，要向发言人致谢，不要提别人已经提过的问题，不应提与发布会主题无关的问题。有的新闻发布会规定由发言人发布新闻，记者一般不应提问。

（8）电台、电视台的记者参加新闻发布会，要防止视听设备破坏会场的气氛。

10. 庆祝会的礼仪

庆祝大会一般在节日里或节日前夕以及某项工作取得显著成绩、某项重大工程竣工时召开，要开得欢快、热烈、隆重。其礼仪主要有如下几点：

（1）布置好会场，同表彰大会一样，要显示出热烈的气氛。

（2）要组织做好迎送上级领导和其他来宾的工作。对上级领导和兄弟单位的代表，一般由主办单位的领导亲自迎送。

（3）会议要组织各个阶层的人物发言。发言要一个接着一个，不要造成冷场。每一个人的发言都不宜过长，人数则可以多安排一些。每当一个人上台发言及发言完毕，主持人都要引导与会人员热烈鼓掌。

（4）发言过程中可以穿插宣读捷报、喜报、贺电或贺信等内容，以便造成一浪高过一浪的气势。会议可以安排文艺演出或其他娱乐活动。

第二节 仪式礼仪

随着企业的蓬勃发展和其业务的逐步扩大，围绕着商务活动开展的各类仪式活动也频繁起来。有明确目的的商务仪式，不仅可以表明企业对相关部门、贸易伙伴以及广大客户的真诚、郑重的态度，同时又因有媒体介入和社会各界的参加，扩大了企业影响，树立了企业形象，既让社会了解了企业，也起到了很好的公关效果。这里主要介绍开业仪式礼仪、剪彩仪式礼仪和签字仪式礼仪。

一、开业仪式礼仪

开业仪式是现代商务活动中，各类公司、商场、酒店等企业在正式营业活动开张时，经过周密策划，精心安排，按一定程序专门举行的一种热闹庆典。开业仪式是企业在社会公众面前的第一次亮相。宣传企业特色，扩大传播范围，塑造良好形象，争取更多客户是举办开业仪式的目的，因此要按照礼仪要求，搞好这个“第一次”。

1. 开业仪式的准备

开业仪式的准备工作是极其重要的，它关系到开业仪式的成功，进而关系到企业开张的顺利、企业业务的开展和企业的社会形象，因而，是一项重要的基础性工作。准备中要注意下列几个方面的工作：

第一，做好舆论宣传工作。事前企业应利用传媒多作报道，发布广告，企业也可派人在公众场合散发宣传品，造成一定的舆论声势，引起公众的广泛关注。公关活动及宣传广告等活动宜安排在开业仪式前三至五天进行，最多不过一周，过早和过迟都难以收到良好效果。同时还应提前向媒体记者发出邀请，请其届时光临现场进行采访、报道，以便于进一步扩大影响。

第二，拟出宾客人员名单。除上述媒体记者外，参加开业仪式的人员还应包括：①政府相关部门领导。主要是表达企业对上级机关的感谢及希望能继续得到支持。②社会知名人士。通过他们的名人效应，更好地提升企业的形象层次。③同行业代表。希望能与他们同舟共济、彼此合作、促进友谊、共谋发展。④社区负责人及客户代表。搞好企业与社区关系，求得与社区的共同繁荣，表明企业与客户的亲密合作关系。同时也应列出本企业参加开业仪式的领导、员工代表和服务人员的名单。

第三，布置开业仪式现场。开业仪式的现场一般选在企业、商场、酒店的正前门。现场布置要突出喜庆、隆重的气氛，标语、彩旗、横幅、气球大多必有。此外，有的企业还准备鼓乐、飞鸽等加以烘托渲染。要注意的几点是：①现场应有开业仪式的主横幅，如"××商场开业大吉""××公司隆重开业"等字样；②现场需有摆放来宾赠礼如花篮、贺匾、纪念物等的位置，③遵守城市管理规定，在不允许放鞭炮的城市里，举办开业仪式时应自觉遵守规定；④音响或鼓乐声在节奏上和音量上要加以控制，不可因此引起邻里的反感及社区群众的投诉；⑤预见开业仪式的场面规模，若可能会妨碍交通正常运转，应约请交通部门来人协调指挥。

第四，具体事项不可忽视。在准备工作中，上述大的方面落实以后，还有不少具体事务要做，各方面分工到位后应认真落实，不可忽视。任何一个环节的具体工作都不能出差错，如请柬的准备和发送务必落实到被邀请人手中，并有确切的回复；贺词（或答词）的撰写、讨论和审定要慎重，字体要大，内容要简练，话语要热情；现场接待人员应年轻、精干且形象要好，佩戴的标志（胸卡、绶带等）要突出，贵宾到场时还应由企业主要负责人亲自相迎；工作人员事前要调试好设备（如音响、摄像机等），千万不可临场出错；还有来宾的胸花、席卡、饮品、礼物等都要一一准备好。

2. 开业仪式的礼仪程序

一般来说，开业仪式所进行的时间并不很长，但事关重大，必须有相应的礼仪程序，才能达到举办仪式的预期效果。开业仪式的程序追求完整、协调、合理，主要由这样几项构成：①迎宾。接待人员现场迎接来宾，请其签到，引导其到座位上就座。若不设座位，则告诉来宾其所在的具体位置。②开始。主持人宣布开业仪式正式开始，全体起立（不设座位应立正），奏乐，介绍各位来宾。③致贺。按主持人的安排，由上级领导和来宾代表先后向企业致贺词，以表达本单位的良好祝愿；若有贺电、贺信，应现场公告单位名称和个人身份。④致谢。由本企业负责人代表企业向来宾致谢，并简单介绍本单位的经营特色、经营目标以及表示渴望各界支持的态度。⑤揭牌。由上级领导和本单位负责人一道，揭去盖在公司标牌或商场匾牌上的红布，宣告公司或商场正式开业。在场全体人员在音乐声中热烈鼓掌祝贺同庆。⑥迎客。揭牌后，会有大批顾客随出席开业仪式的嘉宾一道进入公司或商场，边参观边采购或进行业务接洽。公司或商场的工作人员应恭敬热情地欢迎他们，并赠以开业纪念小礼品（如印有公司名称、电话、开业日期的购物袋，印刷品，小挂件等）。当日销售，大多数企业都实行让利优惠。⑦结束。如有必要可安排来宾就餐、看文艺节目等。

礼仪小浪花5－2 **劳模的风采** ————位于安徽省合肥市的“商之都”是安徽省商业厅和安徽省烟草专卖局联合投资兴建的国有大型商厦。在开业之初，商厦搞了一次别开生面的开业典礼活动，他们从北京请来了王淑贞、刘淑琴、董克禄、邓传英等九位劳动模范，来商之都进行“传”“帮”“带”活动，现场传经，柜台示范，解决了商之都新职工经验不足的难题。

开业那天，劳模们穿上各自的店服，胸戴奖章、身披绶带，开业典礼上他们与安徽省领导一起剪彩。开业典礼结束后，人群立即随劳模拥向柜台，争相目睹劳模工作时的风采，人们对劳模工作时的服务赞不绝口。

开业后的商之都一直热闹非凡，并由此架起了京、皖商业的交流之桥。营业额大大超过了预期目标，社会效益也非常显著。

（资料来源：杨眉．现代商务礼仪．第1版，大连：东北财经大学出版社，2000）

3．开业仪式的礼仪

开业是企业的大喜事，开业仪式自然隆重热烈。宾主双方都应围绕着这一特点，遵守相应的礼仪规范，把好事办好。

（1）开业仪式组织者礼仪

第一，仪容要整洁。参加开业仪式的本企业人员，无论是负责人员，还是工作人员都应做适当修饰。男士应理发剃须，女士可适当化妆，不能因企业人员的仪容不整而给企业造成形象损失。第二，着装要规范。有条件的企业可统一着装，以显示企业特色。一般不宜任其自然随意着装。第三，准备要充分。请柬要及时发放，席位安排要符合礼仪规范，迎宾车辆要检测好，保证安全运行，迎宾人员要提前教育和培训。第四，要遵守时间。本企业参与开业仪式人员均应严格遵守时间，不得无故缺席，并自始至终地参加仪式，不可中途退场先走。开业仪式应准时开始，按时结束。如果嘉宾中主要人员晚到片刻，出于礼貌应稍等（当然来宾自己也不应迟到）。第五，态度要亲切。迎接嘉宾到场之后，仍应保持主动、热情，不要公式化地迎宾后就冷落客人，还可介绍来宾相互认识。来宾致贺词后，应主动鼓掌表示感谢，不能对来宾的形象、讲话及其代表的公司评头论足。对来宾的提问，不论其公司大小，都应真诚友好地回答。第六，行为要自律。开业仪式的每一环节，都应慎重认真，不可在仪式开始后东张西望、垂头丧气、嬉戏打闹、反复看表，表现出敷衍了事、心不在焉等一付不负责任的样子，这样会给来宾造成极为不好的印象，也不利于企业的进一步发展。

（2）宾客参加开业仪式礼仪

作为应邀参加企业开业仪式的宾客，无论是来自上级主管部门，还是来自同行兄弟企业，都应注意自己的礼貌礼节，不辱使命，准确表达本单位的祝贺意愿。要注意做到：

第一，宾客要修饰仪容，特别是上级领导切不可因分管之故，大大咧咧，吆三喝四，随随便便。第二，要准时到场，一般来说可提前半小时左右。过早或过迟，对于主办单位而言，都会造成不便。如遇特殊情况无法到场，一定要尽早通知对方做好变动准备。第三，参加开业仪式时，常规都应带上贺礼（比如花篮、牌匾、楹联或实物礼品等）以示祝贺之意，在贺礼上别忘了写上祝词和落款、时间。第四，宾主相见，来宾应主动对主人表示恭贺，多说吉祥、顺利、发达等话语，对同是来宾的其他单位代表应主动招呼，相互结识，交流攀谈，不应只顾和主办单位人员讲话，无视别人的存在。第五，在主人讲话时，应表示赞同、点头，认真听讲中不时鼓掌。不可无休止地和左右讲话，或闭目养神等，更不可剔牙、搓手、长时间地接拨手机等。第六，仪式结束后，宾客应起立离座，与主办单位领导、主持人、服务人员等握手话别或听从主办单位的安排。不可迫不及待地表现要离开（特殊情况除外，但要说明），也不可悄悄地不辞而别。

二、剪彩仪式礼仪

剪彩仪式在许多领域都适用，常见的有庆贺新组织成立、企业开张、大型建筑物落成、道路通车、桥梁竣工等。

1. 剪彩仪式的准备

剪彩仪式可以单独举行，也可以在开业庆典中进行，是整个庆典仪式的高潮。剪彩仪式的准备工作与前面介绍的开业仪式的准备工作相类似，如舆论宣传、拟定人员、请柬发送、现场布置等，但剪彩仪式也有自己特殊的准备工作，应缜密细致地提前做好。

第一，剪彩物件的准备。①红（彩）色的缎带、绸带，应具有一定的宽度，根据需要结成等距离的若干彩球。为节约起见，不必选用整幅的长带，一般使用约两米左右的红带与彩球联结而成即可。有的单位用质地较好的彩纸取代，效果也很好。②剪刀应选用新的，为显示隆重热烈，讲究的单位选用金色的剪刀。但要注意事先应试一试刀口的锋利，剪彩时一刀两断将寓意着开张的吉祥顺利，一帆风顺。因此要避免剪彩现场出现差错。③托盘和剪刀、彩球的数量应与剪彩的人数相一致。托盘供接（剪下）彩球之用，应该华贵而醒目、大小适中、质地考究。每个盘中放置新剪刀一把，白色薄纱手套一副，用红绒布衬垫。使用时由礼仪小姐双手托上递送给剪彩者。

第二，剪彩人员的确定。剪彩人员主要在应邀的来宾中产生，其身份和影响应与剪彩仪式的内容和规格相统一。一般为上级领导、部门主管、社会名流以及专家顾问、合作伙伴和本单位代表，视情况确定一人或多人参与剪彩。剪彩人员确定后，对本单位以外的剪彩人员，必须由本单位的负责同志亲自出面或委派代表前往邀请，只打个电话或发个请柬显得过于草率。现场剪彩人员如果不只一位，应在邀请时向被邀请人员讲清，征得几位剪彩人员同意共同剪彩时，这些人员才能被正式确定下来。

第三，礼仪小姐的选定。礼仪小姐是剪彩仪式中负责引领宾客、拉牵彩带、递剪接彩等工作的服务人员，在仪式中担任着重要角色。礼仪小姐，既可从公关公司、旅游公司及礼仪公司中聘请，或向社会招募，也可以在本单位女职工中挑选。条件一般是容貌姣好、仪态端庄大方，还要有一定的文化素养和气质、比较年轻和健康等。对挑选出的礼仪小姐，应该进行必要的教育和培训，让大家懂得剪彩仪式的意义和自己的责任，熟悉剪彩仪式的程序和应有的礼节，落实各自的分工和位置，以确保仪式有条不紊地进行。

2. 剪彩仪式的程序

在开业庆典中的剪彩仪式，只是整个庆典的一个组成部分。如果是单独举办剪彩仪式，一般应有以下程序：①嘉宾入场。剪彩仪式开始前五分钟，嘉宾便应在礼仪小姐的引领下集体入场。一般来说，嘉宾中的剪彩者应前排就座，座位上应事先放好席卡，中央级的来宾只写“首长”，其他人可直接写姓名。②仪式开始。由举办单位主要负责人宣布仪式开始，奏乐、鸣炮（有的地方禁鸣则可免鸣炮），然后介绍到场的嘉宾，对他们的到来表示感谢。③宾主讲话。由主办单位代表、上级主管部门代表、合作单位代表以及社会知名人士先后发言。讲话内容应具介绍性、鼓动性、祝贺性，做到短小精悍、言简意赅。④进行剪彩。礼仪小姐在欢乐的乐曲声中登场，引领剪彩者按主办单位的安排站立在确定的位置，这时拉彩者拉起红绸及彩球。在剪彩者剪断红绸、彩球落盘时，全体人员热烈地鼓掌。⑤后续活动。剪彩过程结束，主办单位可安排一些文艺演出、参观、联谊、座谈、签名、题词、就餐等后续活动，具体做法可因剪彩内容而定。最后可以向来宾赠送一些纪念性礼品，热情欢送他们的离去。

3. 剪彩仪式的礼仪

剪彩仪式中，剪彩者和仪式上的礼仪小姐是最突出的人物，剪彩仪式的礼仪也主要通过他（她）们表现出来。具体来说：

（1）对剪彩者的礼仪要求

剪彩者是剪彩仪式的主角，由于他们的特殊身份，更易于为人们和媒体关注。他们在仪式上的举止行为，要特别注意做到符合礼仪规范。主要表现有：第一，修饰自己的仪表着装。剪彩者的仪表要庄重、整齐，着装要正规、严肃。着中山装、西装或职业制服均可，以剪彩内容的需要而选定。头发要梳理，颜面要洁净，给人以容光焕发，干净利落的好印象。第二，注意剪彩中的举止行为。剪彩者在仪式全程中，应始终保持稳重的姿态、洒脱的风度和优雅的举止。起身剪彩时，应面带微笑地稳步走向待剪的彩带，从礼仪小姐的托盘中自取剪刀，并向礼仪小姐及两边的拉彩带者微笑示意，然后严肃认真地将彩带一刀剪断。如果剪彩者不只一人，还应当兼顾各位，彼此尽量同时开剪。剪完后，将剪刀放回托盘，并举手向人们致意或鼓掌庆祝。第三，尊重主办单位，尽力配合仪式进程。剪彩者一定要按照约定的时间提前来到仪式现场，应当理解此时主办单位盼望嘉宾到位的心情。到现场后，可与主办单位或其他先到一步的嘉宾交流谈心，不宜独坐一隅。仪式开始后，则应专心听取别人发言，关注仪式进展程序，不宜喋喋不休地与人谈笑。剪彩归来回位之前，应先和主办单位的代表握手致贺，礼节性地谈几句，或与他们在一起长时间地鼓掌。在后续活动中，也应善始善终，听从主办单位的安排。切忌因自己单位大或自己地位高等而指手划脚、自以为是，令主办单位为难。

（2）对礼仪小姐的礼仪要求

剪彩仪式上，通常都有礼仪小姐参加，她们承担着装点仪式、具体参与仪式的服务等重任，在仪式上虽说是配角，但却体现着举办单位的形象和员工的素质，礼仪在她们身上显得尤其重要。

首先是仪容要高雅。剪彩仪式上的礼仪小姐，多数情况下统一身着中华民族传统的礼仪服装——旗袍（也有穿西式套装的），脚穿黑色高跟皮鞋，化上淡妆，盘起头发，面带微笑，步履轻盈。要争取一举一动，一颦一笑，都能给人以美的感受，做到典雅大方，光彩照人。其次是举止行为要规范。在仪式进行中，礼仪小姐应训练有素，走有走姿，站有站相，整齐有序，动作一致。尤其应注意做到的是，始终保持应有的微笑，这一点最重要，又最不容易做得好，主办单位必须加以强调。如果在仪式进行中有点小意外（比如剪了几次，仍未能剪断彩带）发生，礼仪小姐应平静地处理，不可手忙脚乱、大呼小叫，以确保仪式顺利进行。最后是工作责任心要强。礼仪小姐在剪彩仪式中，应以规范的举止在服务中展示本单位的形象和风采，她们应当意识到，自己在仪式上的一点点粗心大意都会给来宾留下深刻的印象，给本单位带来损失。所以礼仪小姐的工作需要有坚强的自控力和高度的责任心。如果在仪式进行中，礼仪小姐却不知去向或丢三落四或毫无表情等，势必破坏剪彩仪式的热烈气氛，影响仪式的最终效果。

礼仪小浪花5-3 **剪彩的由来** ——1912年，美国的圣安东尼奥州的华狄密镇上有一家大百货公司要开张，老板威尔斯严格地按照当地的风俗办事，在早早开着的店门前横系着一条布带，万事俱备，只等开张。这时，威尔斯10岁的女儿牵着一只哈巴狗从店里匆匆跑出来，无意中碰断了这条布带。这时在门外等候的顾客及行人以为正式开张营业了，蜂拥而入，争先恐后的购买货物，真是生意兴隆。不久，当老板的另一个分公司又要开张时，想起第一次开张时的盛况，又如法炮制。这次是有意让小女孩把布带碰断，果然财运又不错。于是，人们认为让女孩碰断布带的做法是一个极好的兆头，因而争相效法，广为推行。此后，凡是新开张的商店都要邀请年轻的姑娘来撕断布带。后来，人们又用彩带取代色彩单调的布带，并用剪刀剪带代替撕带，有讲究的还用金剪刀。这样一来，人们就给这种做法正式取了个名字叫“剪彩”。

（资料来源：晓燕. 公关礼仪. 第1版. 南昌：百花洲文艺出版社，1998）

三、签约仪式礼仪

商务活动中，双方经过业务洽谈、讨论，就某项重要交易或合作项目达成一致，就需要把谈判成果和共识，用准确、规范、符合法律要求的格式和文字记载下来，经双方签字盖章形成具有法律约束力的文件。围绕这一过程，一般都要举行签字仪式。签字仪式中的礼仪应注意：

1. 签约仪式的准备

签字仪式是由双方正式代表在有关协议或合同上签字并产生法律效力，体现双方诚意和共祝合作成功的庄严而隆重的仪式。因此，主办方要做好充分的准备工作。

（1）确定参加仪式的人员。根据签约文件的性质和内容，安排参加签约仪式的人员。参加签约仪式的人员有的涉及到国家部委，有的涉及到地方政府，也有的涉及到对方国家，因此要作相应的安排，原则上是强调对等。人员数量上也应大体相当。一般来说双方参加洽谈的人员均应在场。客方应提前与主办方协商自己出席签约仪式的人员，以便主办方作相应的安排。具体签字人，在地位和级别上应要求对等。

（2）做好协议文本的准备。签约之“约”事关重大，一旦签订即具有法律效力。所以，待签的文本应由双方与相关部门指定专人，分工合作完成好文本的定稿、翻译、校对、印刷、装订等工作。除了核对谈判内容与文本的一致性以外，还要核对各种批件、附件、证明等是否完整准确、真实有效以及译本副本是否与样本正本相符。如有争议或处理不当，应在签约仪式前，通过再次谈判以达到双方谅解和满意方可确定。作为主办方，应为文本的准备过程提供周到的服务和方便的条件。

（3）落实签约仪式的场所。落实举行仪式的场所，应视参加签约仪式人员的身份和级别、参加仪式人员的多少和所签文件的重要程度等诸多因素来确定。大至著名宾馆、饭店，小至企业会客厅（室）都可以选择。既可以大张旗鼓地宣传，邀请媒体参加，也可以选择僻静场所进行。无论怎样选择，都应是双方协商的结果。任何一方自行决定后再通知另一方，都视为失礼的行为。

（4）签约仪式现场的布置。现场布置的总原则是庄重、整洁、清静。我国常见的布置为：在签约现场的厅（室）内，设一加长型条桌，桌面上覆盖着深冷色台布（应考虑双方的颜色禁忌），桌后只放两张椅子，供双方签字人签约时用。礼仪规范为客方席位在右，主方席位在左。桌上放好双方待签的文本，上端分别置有签字用具（签字笔、吸墨器等）。如果是涉外签约，在签字桌的中间摆一国旗架，分别挂上双方国旗，注意不要放错方向。如果是国内企业之间的签约，也可在签字桌的两端摆上写有企业名称的席位牌。签字桌后应有一定空间供参加仪式的双方人员站立，背墙上方可挂上“××（项目）签字仪式”字样的条幅。签字桌的前方应开阔、敞亮，如请媒体记者应留有空间，配好灯光。

2. 签字仪式的程序

商务活动中的签字仪式有一套严格的程序，大体由以下步骤构成：

(1) 参加签字仪式的双方代表及特约嘉宾按时步入签字仪式现场。

(2) 签字者在签约台前入座，其他人员分主、客各站一边，按其身份自里向外依次由高到低，列队于各自签约者的座位之后。

(3) 双方助签人员分别站立在自己签约者的外侧。

(4) 签字仪式开始后，助签人员翻开文本，指明具体的签字处，由签字人签上自己的姓名，并由助签人员将己方签了字的文本递交给对方助签人员，交换对方的文本再签字。

(5) 双方保存的协议文本都签好字以后，由双方的签字人自己郑重地相互交换文本，同时握手致意、祝贺，双方站立人员同时鼓掌。

(6) 协议文本交换后，服务人员用托盘端上香槟酒，由双方签约人员举杯同庆，以增添欢乐气氛。

(7) 签约仪式结束后，双方可共同接受媒体采访。退场时，可安排客方人员先走，主方送客后自己再离开。

3. 签约仪式的礼仪

谈判不成当然无须签约，签约是洽谈结出的硕果。签约仪式上，双方气氛显得轻松和谐，也没有了洽谈时的警觉和自律，但签约仪式礼仪仍不可大意。

(1) 注意服饰整洁、挺括。参加签约仪式，应穿正式服装，庄重大方，切不可随意着装。这反映了签约一方对签约的整体态度和对方的尊重。如因一时轻松而忘乎所以，可能招来对方的不快。

(2) 签约者的身份和职位双方应对等，过高或过低都会造成不必要的误会。其他人员在站立的位置和排序上也应有讲究，不可自以为是。在整个签约完成之前，参加仪式的双方人员都应平和地微笑着直立站好，不宜互相走动谈话。

（3）签字应遵守“轮换制”的国际惯例。也就是，签字者应先在自己一方保存的文本左边首位处签字，然后再交换文本，在对方保存的文本上签字。这样可使双方都有一次机会首位签字。在对方文本上签字后，应自己与对方签字者互换文本，而不是由助签者代办。

（4）最后，双方举杯共饮香槟酒时，也不能大声喧哗叫喊。碰杯要轻，稍后高举示意，浅抿一口即可，举止要文雅有风度。

第三节　舞会礼仪

参加舞会是现代社会人们进行交际活动的重要方式。懂得舞会的基本情况和礼仪规则，是人们在进行交际活动中首先要把握的内容。只有懂得舞会的基本礼仪规范，才能在这样场合的社交活动中风度翩翩、挥洒自如，才能加深旧友之间的情感联络，才能结识更多的新友，才能在尊重别人的同时，赢得别人对自身的尊重。

一、舞会的着装礼仪

在西方，正式的舞会对服装有严格的规定和要求，一般要在请柬上注明服饰的要求，非正式舞会虽然没有正式舞会那样严格，但也要求客人穿戴整齐、大方，如果穿着不当，则会破坏舞会的高雅气氛，令主人感到不快，也会使其他的客人感到尴尬。

1. 男士参加舞会的服饰要求

男士参加正式舞会时，必须穿西装（或衬衫），系上领带或领结。西装里面的衬衫的袖子比西装袖口略长一点，穿深色的袜子与深色皮鞋。发型要大方得体，给人以庄重潇洒的印象，如果略微洒上香水，则更增添男士的风采。

参加社交舞会的男士根据不同季节，穿西装要有所不同。夏季、秋季可选凉爽的薄面料做成的西装；冬季、春季则宜选用保暖的厚面料做成的西装。如果西装是格子、条纹或花点面料，领带就要用单色的；反之，如果西装外表为单色，则领带应选用条纹、格子、花点图案的。男士参加舞会，不论是否着西装或礼服，一般说来，都应当穿皮鞋，外交场合的正式舞会，应穿系带皮鞋，而不能穿运动鞋、塑料鞋或皮凉鞋。

2. 女士参加舞会的服饰要求

女士参加交际舞会，要尽力打扮自己。一般说来，女士应该以所出席舞会的档次和场合而选择穿晚礼服。参加舞会时，女性常常是以服饰引人注目。女士必须穿裙子（以呈A字型的长裙为佳），色彩可以根据自己的兴趣、爱好去选择，要求色彩艳丽明快，款式应简洁流畅、端庄大方。发型适应服装的需要，与服装和谐为一体，首饰佩戴要高雅、庄重；化晚妆（比淡妆的色彩略浓）洒上少许香水，更添女性的魅力。妇女一般不能穿便裤参加社交舞会，如果这种便裤又肥又长，剪裁得像一件长长的舞会礼服，那就另当别论了。

参加舞会的女士可以根据不同季节，分别选用不同质地的面料，并在领袖、开衩和前襟处加以变化。夏季是着装的好时机。轻盈飘逸、朦胧透明的丝绸面料闪烁着梦幻般的光泽，用它们做成的荷叶袖多褶的连衣裙，罩在玫瑰色尼龙绸或其他艳而不俗的软质面料外，轻如云霞，美如彩虹；小格、素色的两件套露出白衬衫，配以适宜的丝巾，则能衬托出现代女性的气质。东方女士如能穿上四季吐芳的上品旗袍，则会因旗袍造型优美、腰身妥帖合体，而显露出东方女性特有的优雅气质。旗袍不仅在中国受到女士们的欢迎，而且在国际时装舞台上，也占有重要的位置。

3. 舞会的着装应考虑舞步需要

舞会的着装还应注意是否合体，过肥或过瘦的服装都会影响轻盈的舞步和旋转。如果跳节奏缓慢、抒情优雅的“华尔兹”，则宜穿合体紧身的服装。如果跳具有连续节拍、热情奔放、动作激昂的“探戈”“迪斯科”，则最适宜穿连袖式、蝙蝠式一类的宽松服装。

参加舞会者的服饰，还要注意色彩和环境的搭配变化。一般说来，过于灰暗的服饰，与舞会的气氛不大协调，应以红、橙、黄等颜色为主调，辅以浅蓝、浅绿等色彩。女性服装既要美观醒目，以吸引别人来邀请自己跳舞，又要结合自身条件，显得和谐自然和落落大方。在这方面，最能突出人的体型美的服装是针织服装，其不同的色泽、图案和编织结构，会产生不同的艺术效果，引起人们无限的遐想。苗条的女士，尤其是姑娘，可以大胆地以粉红、霜白、珍珠色一类透明、鲜亮的色泽作为基调；较丰满的女士则可以利用墨绿、绛紫等较深的色调来收缩体型；高个子的人宜穿尺码短些的服装；肥胖和个子小的人，应选择以细腻针法织成纵向图案、线条简洁流畅的服装。

二、邀舞的礼仪

在舞会上，不管男女双方是否相识，都可以共舞。通常是男士请女士跳舞。邀请和被邀请都有严格的礼仪规定，必须遵守，否则会给人带来误会和不愉快的感觉。因此，每一个参加社交舞会的人都必须遵循以下规则：

1. 邀舞时的正确姿势

舞曲响起的时候，男士应庄重地走到女士面前，弯腰鞠躬，微笑而有礼地说："能请您跳个舞吗?"或"请您跳舞，行吗?"弯腰以15度为宜，不应过分地屈身。当对方同意后，则两腿并立，稍弯腰，右手臂微弯曲，做一个请的手势，然后与女士共下舞池。女士面对男士邀请，应以微微点头来表示接受邀请，既不能表现出措手不及，也不能表现得高傲瞧不起人。女士们如果是在其父母或弟兄的陪伴下参加舞会的，接受邀请时，还须征得家人的同意。如因某些原因不愿接受某人的邀请，她应事先告诉家人，以便那位"不幸运者"前来邀请时，家人可替她拒绝："请原谅，这位女士现在不想跳舞。"一般情况下，女士接受邀请时，不应拒绝。而女士邀请男士跳舞时，男士是一定不能拒绝的。如果拒绝一位女士的邀请，那么，这位男士在很多情况下，将被看作是缺乏教养和有失礼节的。

2. 邀请有男朋友或丈夫陪伴的女士跳舞时的注意要点

当一位男士邀请一位素不相识的女士跳舞时，必须先认真观察她是否有男朋友或丈夫陪伴。如果一位女士与她的男朋友或丈夫一同参加社交舞会，那么，舞会的第一支曲子和最后一支乐曲，最好不要去邀请她，而应该让给她的男朋友或丈夫去邀请她。如果一位男士着实热切地想邀请她跳舞，那么，也不可连续请她跳，要让她的男伴也有和她跳舞的机会。

3. 在社交舞会上，两个女性可以同舞，但两个男性却不能共舞

在欧美国家，两位女士同舞，意味着她们在现场没有男伴，而两位男士同舞，则意味着他们不愿邀请在场的女伴跳舞，这是对女性的不尊重，也是很不礼貌的。如果两位男士在社交舞会上显得过分亲密，则被认为有同性恋的倾向。所以，只有当两位女士已在舞池内旋

转起舞时，两位男士才可采取共舞的方式，追随到她们身边，然后共同向她们发出邀请，继而分别组合成两对，然后再翩翩起舞。

4. 男士邀请女士跳舞，应有明确的选择目标，并有所表示

如果遭到某位女士的拒绝，应邀请远离此位女士的另外女士跳舞。男方邀请女士跳舞，应首先选择好跳舞对象，然后去邀请。假若在途中发现有其他的男士也同时走向同一邀请的女士，应互相谦让。到达女伴的面前，应向她点头或微微鞠躬，请她起舞。不要往前一站，什么也不表示。有些男士，由于舞会中的人数过多或者由于自己不注意的缘故，站到了两位女士的中间，使她们不清楚究竟你是在请谁跳舞。有时两位女士都站立起来，有时两位女士都不动，出现尴尬的局面。如果一位男士邀请女士跳舞遭到拒绝后，不能为挽回面子而再三邀请这位女士，如果确实喜欢这支曲子，应到远离这位女士的另一边去邀请其他女士跳舞。不能在被拒绝之后，马上邀请这位女士身旁的其他女士，因为没有哪位女士愿意作“临时替身”。

5. 男士邀请某位女士去参加舞会，应在邀请其他女士前先照顾和关照特地邀请的那位女士

按照参加舞会的规则要求，如果一位男士特地邀请某位女士参加舞会，那么，音乐开始后的第一支曲子或至少最后一支曲子，这位男士应和特地邀请的这位女士跳舞。在其他音乐曲子开始的时候，只有当特地被邀请的女士被人邀请去跳舞后，这位男士才可以邀请别的女士跳舞，否则，冷落了特地邀请的女士而只顾自己痴舞于众多女士之间，是极不礼貌，有失教养的。

三、拒绝邀舞的礼节

参加舞会，不仅要求男士应该彬彬有礼，也要求女士应该落落大方。参加舞会的人都应该表现出良好的思想品质修养和高雅的文化素

质。如果某位女士决定拒绝某位男士的真诚邀请，那么必须遵循下面的基本礼节：

1. 女士如已答应和别的男士跳舞时，应当向前来邀舞的男士表示歉意

在西方社会交际舞会上，有些男士和女士，会事先彼此约定在某些舞曲的演奏下跳舞，在这种情况下，邀请该女士跳舞的男士，一般得不到该位女士的响应。作为被邀请、而又无法与之跳舞的女士，应该向邀舞的男士表示歉意："对不起，已经有人邀请我跳舞了，等下一次好吗?"

2. 女士如不愿与前来邀请的男士跳舞，应当婉言谢绝

女士应当对前来邀舞的男士这样说："对不起，我累了，我想休息一下。"或者说："我不太会跳，真对不起。"以此取得前来邀舞的男士的谅解，而不能使用其他不礼貌的语言。如果一位女士已经婉言谢绝了一位男士的邀请，那么在一曲未终时，这位女士不应再同其他的男士共舞。否则，会被认为是对前一位邀请男士的蔑视，这是很不礼貌的表现。

3. 女士一般不宜拒绝被自己拒绝过的男士的再次邀请，而应与其共舞

当女士拒绝一位男士的邀请后，如果这位男士再次前来邀请，并无其他不礼貌的举止和表现，那么在确无特殊的情况下，这位女士应当与再次前来邀请的这位男士跳舞，这是舞会礼仪所要求的。一概地拒绝某位男士的再三邀请，是有失教养和极不文明的。

4. 女士同时拒绝两位男士的邀请，是符合舞会礼仪的

如果同时有两位男士共同邀请一位女士跳舞，那么，最符合舞会礼仪规则且同时照顾两位男士的自尊心的方法是有礼貌地拒绝一起前来邀请的两位男士。如果女士只同意与其中的一位男士跳舞，那么对

另一位男士应当表示歉意，应当有礼貌地说：“对不起，下一曲与您跳舞好吗?”

5. 女士不应该只与特地邀请自己来参加舞会的男士跳舞

女士与特地邀请自己来参加舞会的某位男士多跳几次舞是无可非议的。但是，如果在舞会上有其他的男士前来邀请该女士跳舞，那么，这位女士若没有特殊情况不应该拒绝别人的邀请，而应当落落大方地接受其他男士的邀请。能够被别的或者其他更多的男士邀请，对于任何一位女士来讲，都是体面的和令人兴奋的。如果一位女士在社交舞会上坐在那里，没有男士或者很少有男士邀请，那是令人难堪的。因为，参加舞会的女士总是希望得到许多男士的真诚邀请。

礼仪小浪花5－4 **女士如何邀舞**——现代女性可以追求心仪的男性，这一点已无庸置疑。不过舞会是社交活动，自然要遵循国际上约定俗成的规矩。按照礼仪，女士不应该主动邀请男宾共舞，除非他是你的至亲好友。

有些女性或许会问：“不能主动邀舞，那怎么办呢?”在此建议：既然不宜“明邀”，那何不“暗示”呢？舞会充满了热闹、欢愉的气氛，脸上有笑容是再自然不过的，你不妨想办法出现在他的附近，趁他注意到你时，向他颔首微笑，进而与他攀谈。接下来，你就准备接受他邀舞吧！

（资料来源：沈驯．错误的礼仪．第1版，上海：复旦大学出版社，1999）

四、跳舞的姿势与礼仪

在跳舞的过程中，男女双方都要注意表情和姿势，注意礼貌，使自己风度翩翩，彬彬有礼。

（1）姿势。舞姿要端正、大方、活泼，身体要始终保持平、正、直、稳，无论是向前、后、左、右哪个方向移动，都要掌握好重心，男女双方的动作要协调舒展、和谐默契，双方的身体应保持一定的距离。男士用右手扶着女士的腰肢时，应手掌心向下或向外，用右手大拇指的背面轻轻将女士挽住，左手应让左臂以弧形向上与肩部成水平线举起，掌心向上，拇指平展，只将女伴的手掌轻轻托住。女士的左手应轻轻放在男方的右肩上，右手轻轻地被男士托住。男女双方都要跳得轻盈、自如、文雅、明快。

（2）表情。跳舞时，男女双方都要面带微笑，表情自然，目光可以注视对方，但必须坦诚、谦和，双方也可以小声交谈，但声音要轻而细，以两人能听见为宜。

（3）规则。跳舞过程中，始终是由男带女跳，一般是舞曲终结时，男方才可以送女方回座位，然后鞠躬，说声“谢谢”或“再会”。没有特殊的原因，不能中途更换舞伴。

五、舞会的禁忌

舞会是一种比较正式的交际场合，言行举止必须讲究一定的礼仪规范，否则会给人以无礼鲁莽的印象。

舞会的禁忌如下：

衣冠不整，满口葱蒜气味或烟味、酒味。

举止轻浮、粗鲁，高谈阔论，大声喧哗。

穿牛仔衣服、背心、健美裤、运动鞋跳舞。

戴帽子跳舞。

争抢舞伴。

跳舞时左右摇摆，强拉硬拽。

两位男性跳舞。

搂着脖子跳舞或跳贴面舞。

一边吃零食，一边跳舞。

带病或酗酒后跳舞。

奇装异服，浓妆艳抹，香气刺人。

傲慢无礼，盛气凌人。

本章小结

本章主要介绍了会务礼仪、仪式礼仪和舞会礼仪的概念及其在日常工作中或人际交往中所体现的意义。在会务礼仪中主要介绍了参加会议礼仪、工作会议礼仪和新闻发布会礼仪的基本要求和礼仪规范；在仪式礼仪方面主要介绍了开业仪式礼仪、剪彩仪式礼仪和签约仪式礼仪的基本要求和礼仪规范；在舞会礼仪方面介绍了舞会的着装礼仪、邀舞的礼仪、拒绝邀舞的礼节、跳舞的姿势及礼仪、舞会的禁忌等礼仪规范。了解和掌握会务礼仪、仪式礼仪和舞会礼仪对营造良好的人际氛围，促进相关工作的顺利开展，塑造良好的企业形象等方面有着重要的意义。

实训内容

1. 以班级为单位组织学生进行会务礼仪活动的实训。
2. 组织学生参观本地区的开业仪式、剪彩仪式。
3. 组织学生举行一次班级舞会，要求符合舞会礼仪规范。

本章练习

讨论题

1. 结合实际谈谈会务礼仪的重要性。
2. 如何体会参加会议人员的礼仪规范代表着本组织的形象。
3. 从自己感受来谈一谈着装在舞会中的重要性。

问答题

1. 什么是会务礼仪？
2. 会务的程序和礼仪要求有哪些？
3. 剪彩仪式对礼仪小姐有哪些礼仪要求？
4. 男士在邀请女士共舞时有哪些礼仪要求？

自测题

1. 工作性会议的通知，一般（　　）使用通用格式的请柬或请帖。

A. 可以　　B. 不宜　　C. 视情况而定　　D. 必须

2. 男士邀请女士共舞时，应庄重地走到女士面前，弯腰鞠躬，弯腰以（　）度为宜。

A. 15　　B. 25　　C. 35　　D. 45

3. 签约仪式中的礼仪规范为客方席位在（　），主方席位在（　）。

A. 左，右　　B. 右，左　　C. 前，后　　D. 后，前

第六章

涉外活动礼仪

本章导学

学习目标

知识目标

(1) 懂得涉外工作的基本准则；

(2) 掌握涉外活动的基本礼仪；

(3) 熟悉涉外工作礼仪常识；

(4) 掌握涉外接待的相关礼仪。

能力目标

(1) 能正确遵守涉外工作的基本准则；

(2) 能够正确称呼外宾，学会国旗悬挂和处理礼宾排序；

(3) 懂得涉外工作的基本礼仪，了解相关国家基本习俗；

(4) 懂得涉外迎送、会见、参观、通联等礼仪；

(5) 能掌握正式宴会的礼仪要求，懂得中餐、西餐各自特点。

素质目标

(1) 明确在涉外工作中讲究礼仪的重要性；

(2) 树立在涉外活动中自尊自重、互利互惠和友好国家平等往来的认识；

(3) 具有良好的道德素质和礼仪水准，展示我中华礼仪之邦的风范。

学习环境

多媒体教室，多功能演示厅。

第一节　涉外活动礼仪基础

随着我国改革开放的不断深化以及在我国加入 WTO 后，我们与世界各国人民的交往和接触日益增多，外商对华投资及我国对外投资都有了较大幅度的增长。由于世界各国文化背景、生活环境和风俗习惯有很大差异，因此，大多还有各自特殊的礼仪要求，有些礼貌、礼节、仪式的要求，甚至是关系一个到国家主权和民族尊严的大事。本章就涉外活动礼仪规范进行一些专门介绍。

无论是在国与国之间的外交工作中，还是在中外企业间的业务工作中，涉外礼仪都受到人们的普遍重视，被广泛运用，发挥着十分重要的作用。我们首先要了解和掌握涉外工作的一般知识和礼仪基础，以适应形势发展的需要，搞好各类涉外活动。

一、涉外工作的基本准则

涉外工作的政治性、政策性和原则性都很强。涉外活动，应该根据我国的政治经济特点、改革开放的基本方针和对外贸易政策来进行。这就要求我们不仅要注意学习涉外礼仪，而且要有严格的组织纪律性，自觉遵守涉外工作的基本准则，在接触国际事务和外国宾客时，必须遵守国家政策和符合国家利益的指导性原则。

1．遵章守法，目标统一

涉外工作必须严格按照党的路线方针、国家的政策法规办事，体现我国独立自主的和平外交政策，坚持和平共处五项原则，贯彻对外开放精神，积极参与国际大市场竞争。在涉外业务活动中，应目标统一、方向一致，不得违反国家的外交政策、产业政策、金融政策、海关政策以及进出口管理政策和各项涉外法规。

2. 平等互利，热情周到

我们的涉外业务活动，要在外交关系及和平共处五项原则的指导下进行。对于业务伙伴和竞争对手，无论他来自先进发达国家，还是来自发展中国家，我们都应本着国家不分大小、强弱、贫富的精神，予以同等重视、平等相待。接待上热情、周到、友好；业务上在不损害国家和民族利益的前提下，互通有无、互相支持、取长补短、平等互利。

3. 恪守纪律，注意保密

从事涉外工作的人员，必须时刻牢记国家关于外事工作的相关纪律规定，维护国家主权和民族尊严。在涉外活动中，不得损害国家利益。对于业务交往中可能涉及到的国家政治、经济、军事、科技等方面的保密内容，要注意保守秘密。不得利用工作之便，营私舞弊，泄露或出卖情报。要警惕国外某些组织利用对外商贸之机，对我国进行别有用心的活动。

4. 自尊自重，不卑不亢

我们接待国外宾客，从礼仪角度讲，不论他们来访的性质和目的如何，也不分其民族习惯、文化传统、宗教信仰，都应以礼相待，不可厚此薄彼。在涉外活动中，与外国友人交往洽谈，要合情合理，自尊自重。不能为了任何“原因”，而对他们低声下气、奉承迎合、卑躬屈膝，做出有辱国格、人格的荒唐事来。

礼仪小浪花6－1 *Double Star!* ————双星集团的总经理汪海赴美国考察期间，在新闻发布会上遭遇一位美国记者的提问：“先生，您自己脚上

穿的是什么鞋?”用意非常明了，万一汪海没穿双星鞋，那还谈什么潇洒走向世界。对此，汪海十分沉着自信地说：“在贵国这种场合脱鞋是不礼貌的，但这位先生既然问起，我就破例了。”说完他脱下鞋并高高举起，大声读着鞋上的商标“Double Star!”现场响起了热烈的掌声。《纽约时报》一位记者后来述评道：“在美国脱鞋的共产党国家的人有两个：一个是前苏联领导人赫鲁晓夫，他脱鞋并用其敲击表现出一个大国的傲慢无礼；一个是中国内地双星集团的总经理，他脱鞋表明了中国商品要征服美国市场的雄心。”汪海维护自身尊严，不卑不亢的言行，表现了中国人可贵的民族气节和礼仪修养，赢得了美国人对“双星”、对他本人的极高赞誉。

（资料来源：张岩松．现代交际礼仪．第2版．北京：经济管理出版社，2004）

5．形式多样，讲求实效

具体接待工作中，要注意内容和形式的统一，充分体现我们真诚的合作意愿和良好的礼仪风范；要与我国对外开放政策相适应，有针对性地安排特定的接待形式。既严格执行政策，又不机械刻板；既提高警惕、保守机密，又不神经过敏、谨小慎微；礼仪周到而不繁琐，接待热情而不铺张。

二、涉外工作的基本礼仪

走出去，引进来，与世界经济进一步融合，是我国经济发展的既定方针。涉外工作，范围涵盖到全球各国，内容涉及到各行各业。不同国家、不同行业几乎都有自己传统的规范和礼节。这就决定了涉外活动礼仪的丰富多彩和复杂多样，但概括起来，还是有其共同的基本要求：

1．正确使用外语

不同的语言反映不同国家、地区的社会文化。中外语言在表达同类思想感情或具体事务时，存在一定的差异。我们在与来自不同国家、不同文化背景的客人交谈时，如不注意这些差异，就会使客人产生误会，甚至影响涉外活动的顺利开展。

正确使用外语的礼节主要表现为：

第一，正确地称呼客人。比如，“女士”和“小姐”不能随意使用；不同国家对于姓和名的前后排列也不同，如韩国的 Kim Chung Sung，应称其 Kim 先生，而英国的 David Brown 却不称 David 先生，应称 Brown 先生。

第二，常用“谢谢”。这在许多场合都是通用的礼貌语言。诸如托人代送礼品、邀请函或得到了帮助或支持时，如果你不讲“Thank you”，往往使人觉得没礼貌、无教养，似乎认为别人帮助你是理应如此的。客人可以用“Thank you”感谢主人周到的服务，而主人也可以对客人用“Thank you”表示欢迎光临。

第三，实话实说。出于礼貌，我们在同事朋友中少不了讲一些客套话。但对外国人来说，他们不习惯。比如我们常说的“有空请来我家坐坐”，他们会认为这是实实在在的邀请。接待外宾时，如果我们说“没什么好吃的，请别在意”的客气话，他们会真的以为菜都不怎么样。

第四，注意语言方式的区别。西方人习惯于开门见山、直截了当。而我们的语言表达方式却往往习惯于先说明原因，再提出正题，先寒暄一番，再讲出真实意图，这在西方人看来实在是过于啰嗦。而日本人则与我们的习惯非常相似。

第五，理解外语的委婉和幽默。西方人在谈话的内容方面虽然乐于开门见山，但在表达形式上他们却又不失委婉和幽默，例如说话时他们多用祈使句，如“Tell me your address”和“Might I have your address”效果就大不相同。又如对上厕所、大小便之类的话都有别称。如在友人家中想方便一下，应说：“May I use your bathroom, please?”在餐馆或百货公司里，则可问：“Where is the rest room, please?”西方在介绍其家庭成员时，往往带上“and my dog”。因为狗在西方不但不含贬义，甚至还带有轻松的亲切感。如“Gay dog”（快乐的人）、“Lucky dog”（幸运儿）、“Old dog”（老手）、“Top dog”（胜利者）等均为褒义词，这大概就是西方人的习惯与幽默吧！我们不必为被称为“Old dog”而动怒不悦。

2. 尊重外宾个人意愿

西方的文化传统是尊重个人权利，体现在交往礼俗上就是他们往往以自己的立场、意愿为中心，一般不因别人的影响或环境的压力而勉强改变自己的主张。他们待人接物，很少考虑别人的情绪和面子。如果你给某一人家的某个人帮了忙，除当事者本人外，其他家人不必向你道谢。一家人哪怕是同住在一幢房子里，每个人的房间仍然是自己的天地，不经允许，贸然闯入是不受欢迎的，即使是孩子的房间亦是如此。

由于中外文化和传统的不同，在不自觉中我们有些问候、闲谈以及关照都有可能违背外宾的个人意愿，这是需要我们注意的。比如在楼道上遇到外商，客气地打招呼：“您好，哪儿去呀？”在我国这是很正常的。可外商会认为你干涉了他的隐私，因而是失礼的。闲谈中也应注意不要询问对方的年龄、婚姻、收入、履历、财产、宗教等外宾忌讳的话题。洽谈业务中穿插的闲谈，在美国应尽量短些，而在墨西哥却不可缺少，甚至谈完业务告别时，还得陪主人再闲聊一会儿。我们还要意识到，尊重外宾个人意愿，就是尊重他的独立性，所以在涉外工作中，不能好心地要求客人“应当”做什么。比如宴请时，不宜劝酒（这在我国很普遍），不宜强迫别人吃菜。外宾感冒了，不需劝其“多喝点开水”或“多穿些衣服，别着凉了”之类的话——西方人不欢迎这种带有长者口吻和教导性的“关照”。

3. 拜访外宾住所

因工作之故，我们需要经常进入外宾的办公地点、住所或宾馆客房去拜访他们，虽说这些处所可能就在我国（如包租大饭店客房、

驻华代表机构等），但我们仍应按照涉外礼仪的要求去做。这里要注意的几点是：

第一，事先要预约。事先有预约，是为了便于外宾做好时间、材料、内容等方面的准备，尽可能促使拜访目的的实现。这既是工作的需要，又符合拜访礼节。一旦约定，则应准时赴约，提前和迟到都不好。如果事情突然，无法预约，则在见面时应先主动道歉，讲明临时打搅的缘由，取得对方的谅解后，方可进入话题。

第二，注意修饰穿着。一般以整洁、干净、大方为宜。西服要保持挺括，系好领带；中山服要扣上风纪扣，皮鞋要擦亮。女士服装应端庄得体，不要过于花哨，可稍作淡妆。

第三，举止文明，客随主便。进入外宾处所前，一定要先按门铃（若无门铃，可轻敲房门），按或敲的节奏不要过快，给主人时间以收拾手头事物或更衣。进入室内，分宾主落座。不要随意触动或翻看室内的陈设、书籍、文件或花草，更不要自作主张，开门开窗或打开电视、音响等，对主人家的小动物（猫、狗等）可稍加赞扬。

第四，接受款待，控制吸烟。若外宾有意留你小坐，按外国习惯用小吃或饮料招待你，则不必客气，应欣然领命。品尝之余，可致谢意。在外宾处所，最好不吸烟，也无需向外宾客气地敬烟，确实想吸烟时，应先礼貌地征求主人的意见："我可以吸烟吗?"，有女士在场，还应再征得她的同意，才能吸烟，而且也不应一支接一支地抽，要有节制。

第五，注意掌握拜访时间。与外宾预约拜访时，应尽量避开节假日（包括外宾本国的节日）和休息日。如果是安排上午拜访，时间则不宜过早，外宾有过夜生活的习惯，一般不早起办事。拜访进行的时间不宜过长。办完事后，为珍惜双方时间，应适时告别。

4. 国旗悬挂和礼宾排序

涉外工作中，既有双边关系，又有多边关系。在接待两个或两个以上国家的客人时，还应慎重对待国旗悬挂和礼宾排序问题，因为这涉及到的是一个国家或民族地位和尊严的问题，有时还隐含国与国之间关系的远近和亲疏，在政治和外交上极为敏感，涉外交往时应予以高度重视。

（1）国旗悬挂

国旗是由国家法律规定的、具有特定形式和格式的、代表国家的旗帜，是一个国家的象征和标志。悬挂国旗无论在哪个国家都是件很严肃的事，并制定有专门的法律加以规范。国际上也逐步形成了大家公认的国际惯例，主要内容包括“挂在哪里”和“如何挂”这两个方面。

首先，在一个主权国家范围内，只有以下场合可以挂外国国旗：外国的国家元首、政府首脑来访，其住所及交通工具上，可以悬挂他自己国家的国旗；东道国有迎送来访宾客的场地、宾客下榻的宾馆；所乘车辆上可以悬挂来宾所在国家国旗，也可同时悬挂宾主双方的国旗；外交使团的驻地、官邸，应挂该使团本国的国旗。其他如国际活动的场所或国际性会议地点，可悬挂各参与国的国旗。

其次，悬挂国旗的方法是多种多样的。基本要求是：高度适当、旗面平整、色泽鲜艳。在具体悬挂时，如果挂双方国旗，位置应当是客左主右。若两国国旗大小尺寸有异，可以适当缩放其中一方，使两旗大小相当，和谐对称。如果是悬挂多国国旗，应按图际惯例依次悬挂，东道国的国旗挂在最后。在挂旗前，应按照各国国旗的法定式样、图案、色彩、尺寸和比例对国旗进行审验，并弄清旗帜的正面、背面和上方、下方，不可挂错。国旗的悬挂方法，如图 6－1 至图 6－6 所示。

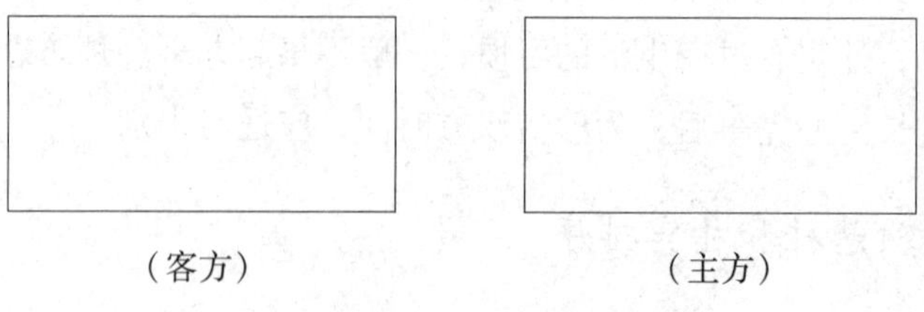

图 6－1　两面国旗并挂

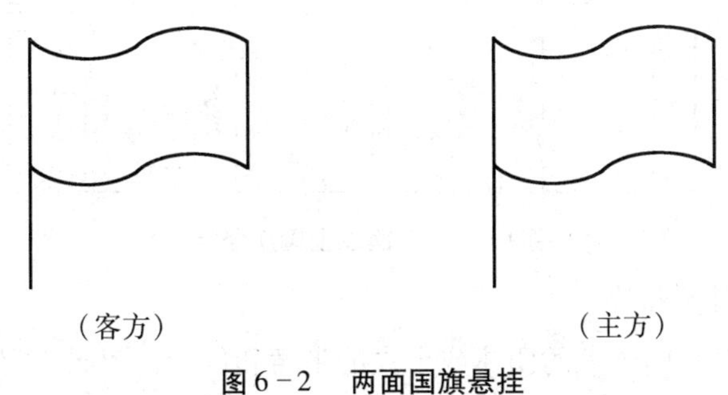

图 6－2　两面国旗悬挂

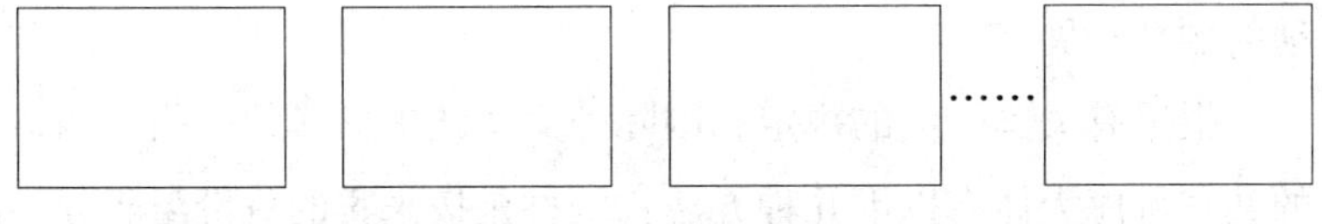

图 6－3　三面以上国旗并挂

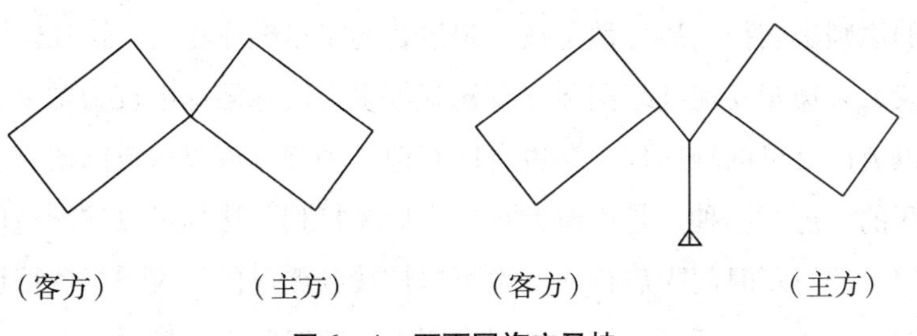

图 6－4　两面国旗交叉挂

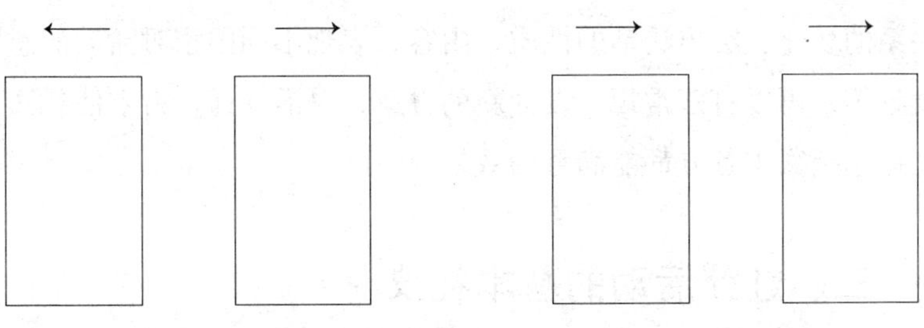

图 6－5　两面国旗竖挂

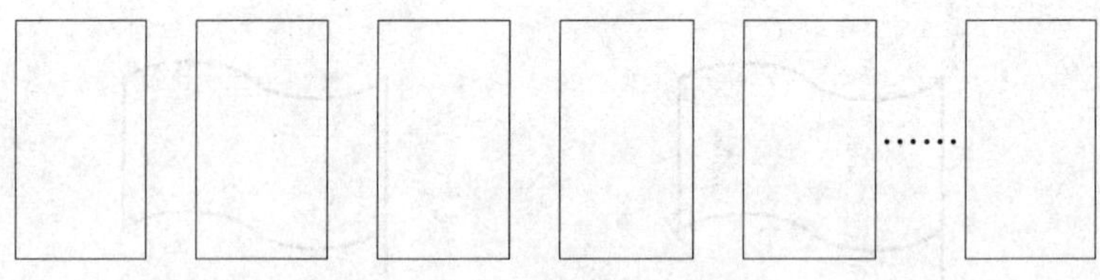

图6-6　三面以上国旗竖挂

（2）礼宾排序

对来自不同国家的团体或个人的坐席和位置，依照一定原则或惯例进行安排，叫做礼宾排序。涉外活动中，如果礼宾排序不当，有违国际惯例或本国的外交原则，必然会影响到国家之间的关系和涉外活动的顺利开展。

根据有关国际法的规定和国际外交实践中形成的一些惯例，我国的礼宾排序大体有以下几种方法：一种是按来宾的身份与职务的高低排列。在排列过程中，如果因各国体制不同，导致所设部门与部门职务的级别有差异，东道主国家应与来宾国家相互协商，比照对等、相当的原则来安排。另一种是按一定语言的字母顺序排列。这在国际性会议、多边贸易谈判、国际体育比赛等多边国际活动中较为常见。一般以英语字母的顺序排序，也有以其他语种字母或以东道国语言字母为序的。还有一种，是以应邀日期先后来排列。比如可以按派遣国决定应邀的答复时间先后排序，也可以按接到派遣国代表团组成回函的日期先后排序，还可以按各国代表团抵达的时间先后排序。

需要注意的是，礼宾排序主要是应兼顾各方面考虑，灵活组合，并没有固定模式。在复杂多样的国际关系交往中，有时为了突出国家关系的变化，突出活动的性质、内容，表现不同国家对活动的意义和贡献等，可以打破常规，设计新的方案，灵活变通，力求使礼宾排序工作达到宾主各方都能满意的效果。

三、赴外活动的基本礼仪

尽管我们都乐意在自己的国家和地区接待外宾，进行涉外活动，但工作中却又不可避免地会需要我们前往对方国家或第三国进行外事活动。因此了解被访国（地区）的基本情况，尊重对方国家（地区）的风俗习惯、礼俗礼节、贸易惯例等就显得十分重要。

1. 出国（出境）前的准备

首先，要学习国家对出国（出境）人员的有关规定。这主要包括忠于祖国、忠于人民、坚持原则、坚持党和国家的方针政策、忠于职守、增强组织纪律观念、勤俭廉洁、不卑不亢、顾全大局、协调配合等方面的内容。还要严格执行保密制度。要特别注意做到，出国时不携带内部机密文件、机密技术资料以及记有内部情况的笔记本等物品；因公务必须携带时，应严格履行报批手续，并由专人随身携带保管，以防丢失或泄密；携带文件参加社交活动或出入公共场所，至少应两人以上同行，且文件不得离身；交谈中，不得涉及国家和企业的内部机密，也不要把文件资料信手摆放或翻阅；与国内人员进行通讯、联络时也要注意保密。再就是不与国外机构和个人私自交往；严格执行接受礼品的规定，不索贿受贿；注意防谍反奸；不到不应去的娱乐场所，警惕腐朽思想意识的侵蚀；遵守公开的活动日程，不擅自改变出国路线、增加出访地点或绕道行进。

其次，要了解所去国家的风土习俗和生活习惯。这主要是为了做好必要的思想准备以利于尽快地适应所去国的生活，尽早地投入涉外活动，做到胸有成竹，争取主动。由于被访问的国家不尽相同，所以每次出访前，都应有针对性地重新学习和了解。既要了解国外具有共性的一般习俗和礼仪，又要了解各国的特殊做法和要求。比如就共性而言，在国外凡是接受了服务，一般都要给服务者小费，但在不同国家应怎么给、给多少又互有区别。因为有的餐厅开列的账单中已含有小费，有的却不含，而是交给服务人员本人；比例上，有的国家为5%～10%，有的国家为10%～15%。还有些人是不能或不需给的，例如公职人员、交警、售货员、服务台工作人员、公共汽车司机等。对此，在出国（出境）前都应做认真充分的了解、作细致周密的准备。

最后，要办理必要的出国手续。出访国外，护照是必备的证件。护照由政府签发，证明公民在国外（境外）的合法身份及国籍。持有护照者受发证国家的外交保护。赴外人员在领到护照后要仔细核对护照上的内容是否正确，并用汉字或持照人自己民族的文字，在持护照人栏内签名，不得由他人代签，也不得用拼音或英文签名。办妥护照后，还必须办理所赴国家（地区）的签证。签证表明一个主权国家同意外国人出入或过境，和护照同时使用，是一个国家维护自己的主权、尊严和利益的措施。具体做法是在护照上加盖印章并签署内容。一般有入境、入出境、出入境、过境等不同签证，另外还有居留签证。赴外人员取得签证后，要认真检验签证种类和停留时间，看是否与自己申请的情况相符合，使领馆是否已盖章、签署，等等，以免因有误而在使用时出现麻烦。现在随着国际交往的增多和国家关系的改善，有些国家（如我国和韩国、秘鲁、土耳其、巴基斯坦、尼泊尔等国家之间）对签证规定趋于简化，相约凭护照便可通过，双方互免签证。这必须事前就要打听清楚的。除护照和签证外，再办理一份“黄皮书”即预防接种证书（主要是防霍乱和黄热病）。至此便可以订购机票（车票、船票）了。购票时，仍然应进行核对，诸如机票上姓名处的外文拼写与护照、签证上的是否一致；整个行程所需的各段机票是否齐全；票上所注明的航班、日期、途径地点及到达地点与原订计划是否一致；机上座位是否得到确认（有 OK 字样即可）；开票的航空公司印章及开票人的签字是否齐全等。在出入境时需接受相关的边防检查、安全检查和查验黄皮书等，在临行前都应备好相关材料，不可忽略。

2. 赴一些国家（地区）须知

（1）美国

迄今为止，美国对我赴美人员一直严格控制。出访美国时，要填报许多的表格，其中包括商务部的、移民局的和海关的等。手续繁杂，关卡很多。填写表格时需细心，避免涂改，否则会带来麻烦。赴美后一般在两三天内便可消除时差导致的生理节奏失调，但文化不适将一时难以消除，应当入乡随俗，尽快适应。美国商业的营业时间，多为上午9：30到下午5：00~6：00，休息日可延长到晚上9：00。在法定假日里，银行、学校等都放假，邮件也不递送。因此，涉外交往要避开诸如元旦、独立日、劳动节（每年九月的第一周）、哥伦布日、华盛顿日、退位军人节以及感恩节、圣诞节等国家法定假日。美国人对电话的利用率高，几乎凡事都需电话预约。商业机构、公司、组织和服务单位的电话号码在电话簿的黄页上，分别按字母顺序排列着。住旅馆、去商店、坐电梯要看好自己的东西。离开房间时要把所有的门窗关严。上街时最好有当地熟人陪同，并随身携带复印的护照。

（2）埃及

埃及素有“金字塔之国”的美称。在生活、文化等方面既与非洲国家相似，又受伊斯兰教的影响，是个很重礼仪的文明之邦。1956年5月30日埃及与我国正式建立了大使级外交关系。埃及人与客人行见面礼后，往往要互相问候。除个人隐私外，他们会以长时间一一逐个问候的方式来表示亲密，仅此便可长达十几分钟，这需要我们出访时加以理解。受传统的影响，埃及人时间观念不强，他们的“请等五分钟”往往可能要等三十分钟。在称呼上，年轻人被老年人叫做儿女，穆斯林之间互称“兄弟”，这都并不说明彼此之间有血缘关系，只表示亲切而已。尊称主要有“赛义德”（先生）、“乌斯塔祖”（教授）、“答喀突拉”（博士）等，他们喜欢别人称呼自己的头衔。埃及人非常好客，但拜访时要先预约。晚上六点后以及斋月期间不宜拜访。拜访过程中不宜打听女主人，也不必主动问候；不宜讨论中东局势和家庭教育问题。埃及人喜欢“吉祥之色”的绿色和“快乐之色”的白色，不喜欢黑色和蓝色。他们的国花为莲花；国兽为猫，但不喜欢大熊猫。国石为橄榄石。受伊斯兰教的影响，进入清真寺，必须脱鞋。每周五是伊斯兰人的休息日，斋月期间基本上不办公，所

以这些日子不宜进行双边活动。

(3) 日本

日本是我国的近邻，被称为“樱花之国”。贸易发达，造船工业和钢铁工业、电子技术在世界上颇具影响。日本人奉行“礼多人不怪”的原则，在交往中十分重视礼仪。如对待鞠躬就非常讲究，除了态度必须恭恭敬敬之外，鞠躬的角度、时间和次数等方面都因人而异。鞠躬时不得携物，不得戴帽，不得将手插在衣服口袋里。日本人与别人初次见面时，要求互换名片，他们身上往往会带上各种印有自己不同头衔的名片，以便区别不同对象而使用。不交换名片，可能被理解为不愿意与对方交往，是很不礼貌的。穿着方面，日本人也十分介意。贸易洽谈、政治活动以及其他正式场合，他们通常西装革履，而在民间私人交往中及非正式场合，他们大多喜欢穿自己的民族服装——和服。他们把衣冠不整、过分随便视为失礼。交往中，日本人喜欢给人送点小礼物，以沟通友谊，但梳子、圆珠笔、T恤衫、火柴、广告帽等物不可送人。包装好的礼品，不要扎蝴蝶结加以美化。他们普遍爱好饮茶，有以“和”、“敬”、“清”、“寂”为标志的茶道。在饮食上，所谓的日本料理即“和食”，自成一体，讲究色味，多用清淡，以生食鱼片最为有名。喜欢喝酒，且不节制，但喝的多为日产清酒。日本人认为双目正视对方不好，通常交往中只看对方的双肩和脖子处，涉外活动时应予以注意。

(4) 港澳

香港、澳门已先后回归祖国。但前往港澳地区仍需办理相关的特殊证件方可成行。比如，据有关规定，从1997年7月1日起，内地人员因公前往香港，须持有《往来香港特别行政区通行证》并签注后，方可赴港。同样去澳门亦应办理相关手续。广东省四市在逐步试点的基础上于2003年9月1日全面开放个人赴港旅游，北京、上海也同时放开。

礼仪小浪花6-2 香港旅游的“禁忌”

1. 会见亲朋忌伸“香蕉手”。香港民间对空手上门的客人称为“香蕉手”，意为两手空空，让人看不起。不过，香港几乎全世界各国的产品都有，礼品亦不好挑选。一般说来，内地居民去香港，带一些当地的土特产品就行了。“礼轻情义重”，此举颇受对方欢迎。

2. 忌多带衣物。香港一年四季基本上无冻日，气候温和，而且香港是世界著名成衣出口地，大量时装充盈市场，无论男女老幼，也无论高矮胖瘦，都能挑选到合适的服装。所以去时轻装就行了。

3. 娱乐忌无心。香港是个大千世界，娱乐活动极多，形式无奇不有。内地游客去香港本来就是去玩的，大部分娱乐活动可不妨试一试。但是，一定要有清醒的头脑，使娱乐真正有益于身心健康，有利于增长知识。那些不该去的地方，如“红灯区”和其他一些色情场所，是绝对不该去的。曾有一位青年人怀着好奇心想见识见识“红灯区”，结果在一家有陪酒女郎的酒吧间里，仅仅坐了45分钟，就被索要3800港币。经济上受了损失，回到内地后还受了处分。

4. 到夜市商摊购物时，千万不要到商摊后面去讨价还价。夜市商摊的后面往往是住家，常常有妓女接客，去了就必须付钱。

5. 忌带大量外币出境。按规定，每个获准去香港旅游的内地居民，在旅游签证批准之后，可用人民币在各地中国旅行社兑换少量港币以作零用。千万不要私自大量兑换外币出关，海关一旦查获，将悉数没收。

（资料来源：《皖江晚报》（2003年8月4日））

港澳地区都通行两种语言，分别为中英文、中葡文。称呼人时，一般称先生，又可称Mr.，还有并用的，如称警察为阿sir。但澳门人会讲英文或中文的人不多，如乘的士，最好自带地图，以便指示要去的地方。香港的主要交通工具为地铁，当然公共汽车、出租车也很方便。乘坐地铁时，不可吸烟或吃东西，否则会受到处罚。澳门的出租车有黑色和黄色两种，黄色的出租车是供电话叫车服务的专用车。在香港外出办事，要随身带上护照、通行证之类的证明身份的证件，以防警察随时随地的检查时，被误认为“非法移民”送交警察局。澳

门的赌博被赋予合法地位，并成为当地税收和教育经费的主要来源。澳门全年天天可赌博，被称为“东方的拉斯维加斯”，但规定未成年人、政府官员以及醉汉与窃贼不得进赌场。在港澳地区也如国外一样，在服务领域一般是收小费的。因此，要常备零用钱，当然坐巴士和打电话也都需要它。

3. 境外交往中的礼仪

从人们日常生活的礼仪中可以看出一个人修养程度的高低，正所谓“见微知著”。外国人正是从我们出访人员的一言一行中，来观察分析自己的交往伙伴的。每一位赴外洽谈营销、考察项目、观光旅游的中国人，都要牢记自己肩负的任务，既要开拓进取，又要入乡随俗，入境问禁，以优雅的风度和良好的礼仪，使双方建立起友好融洽的相互关系。

准备名片，无论从礼节的角度还是从业务的角度都是极为有用的。赴外时所带名片应当一面印有中文，一面印有所去国家（地区）人们常用语言的文字。名片可以印得精美些，还可以附印上持有人的个人照片。使用名片既可在会谈开始时，也可以在会谈结束临别时进行，另外，还可顺便在名片上写上所住的宾馆房间号及电话号码等内容，然后双手递给对方。

谈生意时，如果条件允许，要力求选择星级饭店，因为这样的地方不但条件优越、环境优美，便于谈话，而且对乐意应邀前来的客商也是一种尊敬。饭店的名气和排场，足可以映射出己方的实力，也有助于增添对方合作的信心。此外，也可以安排在商人俱乐部、高尔夫球场等地，边玩边聊地谈生意，效果也会不错。谈生意时，如面对的是发达国家的著名企业或大商贾，应坦荡大方、不卑不亢。因为这是利益平等和责权平等的营销活动，不是乞求施舍。当然，自信还来自于你事前的充分准备和业务技巧的应用。无论结果如何，都应尊重对手的人格、国格，以诚相待。这样你就能抓住商机，控制全程，在会谈中赢得对手的敬仰和尊重。

熟悉和尊重对方的礼仪习俗，这在涉外交往中不可大意。要特别注意已经熟悉的礼仪在即将新去的国家（地区）又有变化。不同国家的礼仪，有相似部分，也有不同部分，应区别开来，不得张冠李戴。因此，要不断地学习、不断地适应。前面提到的名片问题，在印度尼西亚显得特别重要，商人在相见之时，首先要互换名片，否则对方就会轻视你；在阿拉伯国家，别人可以大大咧咧地插入正在进行的洽谈活动，你别以为这是极不礼貌的干预；澳大利亚人很在意谁该为吃饭付钱；西班牙人喜欢黑颜色，你就应多穿黑色皮鞋；芬兰商人生意做成后，按北欧的礼仪请你洗桑拿，你可别推辞，诸如此类，赴国外者如果懂得这些，涉外活动就能顺利开展。

第二节　涉外接待礼仪

有朋自远方来，理应热情接待。这里的热情接待既有对外宾应有的尊重的意思，也包含有用外宾习惯和能接受的方式表示友好的内容。外宾来自不同的国家，其文化背景和民族传统均与我国不同，所以我们在涉外接待的表现方式上应有所区别，多加注意。这里介绍的是接待活动中的一些国际惯例以及我国的通常做法。

一、迎送礼仪

迎送是指对外国客人的迎来送往，是涉外活动中贯穿全过程的礼仪形式。在整个接待礼仪里占有十分重要的位置。通常根据来访外宾的身份、地位、访问性质等因素来组织相应的迎送仪式。

1. 迎送前的准备

接受迎送任务的人员，在外宾到达前，务必进行周密的准备，以使迎送工作自然有序地开展。主要应考虑的方面有：根据来宾的身份、地位（含被授权身份），安排与其身份地位对等的我方人员组成迎送队伍。不是特殊情况，接待个别或少量外宾时，迎送队伍不必过大。有些经常旅行、往返于世界各地的欧美客人，“自理”能力很强，也是我们的老朋友，不去接站也不为失礼。迎送前要事先了解来访人员的人数、姓名、全称、职务等，掌握来宾所乘的交通工具及到达时间，如果需要，还应预备译员、摄影摄像人员以及花环、花束、车辆等用品。

2. 迎送的过程

无论是迎送外国国家元首，还是一般友好团体，也不管他来自发达国家还是发展中国家，迎送人员在礼仪规范和欢迎态度上都应是一致的。迎客时应提前到达迎接地点，为来宾准备好机场（或车船）的休息处所。来宾到达时，主要迎接人员应热情走上前去，与客人亲切握手、拥抱，互致问候。由年轻的女性或少年儿童献上鲜花，再逐一介绍双方随员。然后，安排陪同人员送其去宾馆下榻。必要时，可在宾馆门前或在本单位的内外进行适当的布置，以显示欢迎气氛。送客时，基本环节与迎客时相仿，告别时，应待客人乘坐的飞机、车、船离开后，送客人员方可离去。

3. 迎送接待的意义

迎送工作事关重大，如若不能很好的安排，会影响本单位和国家的形象，严重时还会影响双边政治关系、国家关系。而热情友好的迎客，则可使异域来客下车伊始，就产生良好的第一印象，坚定了实现来访目的的信心，为今后的友好关系深入发展，打下良好的基础。同样，周到细致地送客，能巩固来宾此行的整体印象，并留下久久难忘的美好回忆。因此，迎送接待人员要具备高度负责的精神和强烈的公关意识，在接待全过程中要始终如一，坚持礼貌服务，不能因迎送工作繁琐辛苦，而流露倦意、粗心怠慢，更不能以涉外活动的最后成败来选择工作态度。

礼仪小浪花6－3 **小布什访欧举止失当**——美国总统小布什在竞选期间和入主白宫后，在外交场合频频出错。他首次访欧期间，又把洋相搬上了国际舞台。在瑞典，当军乐队奏响两国国歌时，按规矩，布什本应将右手五指并拢放在左胸前，可当美国国歌奏响时，他的手指却随便地搭在胸口；更糟的是，接着后面演奏东道国国歌时，他的手就迫不及待地放下来，完全不把东道国放在眼里。在西班牙，皇帝和皇后前来迎接布什时，根据欧洲传统，与皇室的人见面时，一般只能握手，不能触及身体的其他部分，而布什一见面就抱住皇后，给她亲吻，其牛仔式的热情，令在场的人都惊愕不已。

（资料来源：刘小清．现代营销礼仪．第1版．东北财经大学出版社，2002）

二、会见礼仪

无论是正式访问、礼节性拜访，还是贸易往来，都离不开会见。会见是指与外宾之间的接见或拜见。这里的接见又叫召见，是主方代表约定时间，与客方职务对应（或略低）的代表人士见面；拜见则是客方对主方较高一级（或平级）职务人士的约见。在我国，接见与拜见通称会见，回访通称回拜。

1．会见的分类

按不同内容，会见可以分为三类：礼节性会见、政治性会见、事务性会见。第一类是礼节性会见。礼节性会见一般表现为时间持续较短，双方相见致礼，话题比较随意，气氛比较活跃，形式不拘一格。第二类是政治性会见。政治性会见一般涉及的是双边或多边的国家关系，讨论或表达对国际局势的见解或立场，这在企业活动中很少涉及。第三类是事务性会见。事务性会见所涉及的多为经贸、科技、教育、文化的交流和业务往来等方面内容。一般表现为目的明确、内容具体、特色鲜明。会见分类在实践中往往是相对的，具体的会见很难断定其准确的类型。比如，事务性会见总是结合着礼节性会见、政治性会见，常与经济、社会、文化等问题交织在一起，不易截然分开。

2. 会见的程序

无论是哪种类型的会见，其进行的程序大体都是一致的。即第一要提出会见的要求，同时向对方告知参加会见的自己一方人员的基本情况。接受会见的一方应及时给予答复，如果应允，要回报会见的时间、地点及出席人员等基本情况；如有困难也应及时婉言解释，明确谢绝。在双方确定会见后，主方应负责安排场地、设备和现场服务事宜，如检查灯光照明、声讯传输等设备，还有双方国旗及现场布置。到了会见的日子，主方应先于客方到达会见场所，以便在门口迎接客人。见面握手要按双方列好的次序进行，不能因与对方的某人熟悉，便抢步近前先握手。作为客方，应准时到达会见地点，不能让主方等候时间过久。会见的程序中，一般都有合影留念的内容，因此主方可事先安排好椅凳（人数不多时可站立拍照）。位次的安排，按礼宾常规，宾主双方的领导居中间位置，主人右方为上，主客双方穿插排列。如果是多边会见，应注意各方代表的人员比例和其代表性。代表人数众多时，要分成多排，注意每排人数应大体相等，主方人员一般尽量压边站立（具体座位的安排参见图 6－7）。会见的时间如果不长，客方应注意主方的安排和提示，及时告退。会见结束，如不安排宴请或其他活动，主方应恭送客人出门，对乘车离去的宾客，应送到车门边，并挥手告别，目送客人的车远去。

主方人员…… 来宾…… 来宾…… 来宾…… 主方人员

主方人员 来宾 副主宾 副主人 主宾 主人 副主宾 副主人 来宾 主方人员

图6-7 合影留念的排座示意图

3. 座位的安排

会见是涉外的正式社交活动，务必认真、慎重从事。会见时的座位安排，参照前面讲过的礼宾排序原则，要符合国际惯例和礼仪要求。会见座位的安排有多种形式，有主宾和主人同坐一方，其他人员分排两边落座的方式（如图6-8所示），也有宾主穿插，分别作陪的方式（如图6-9所示）。会见大型团体时，如果人数过多，则在大型会客室或会见大厅，安排多层的扇型座位（如图6-10所示）。无论是什么情况下的排座，主宾、主人的座位应面对厅门，右侧安排客方人员，左侧安排主方人员。译员和记录人员通常安排在主宾和主人的座位后排。

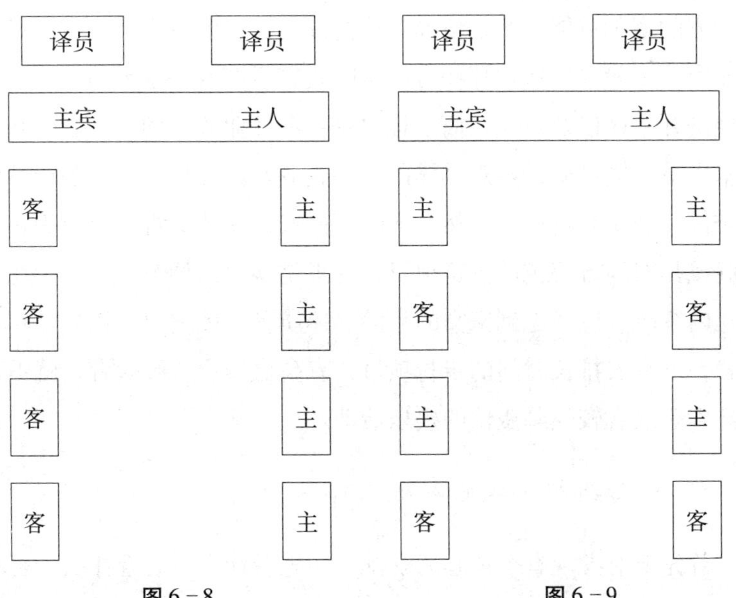

图6-8 **图6-9**

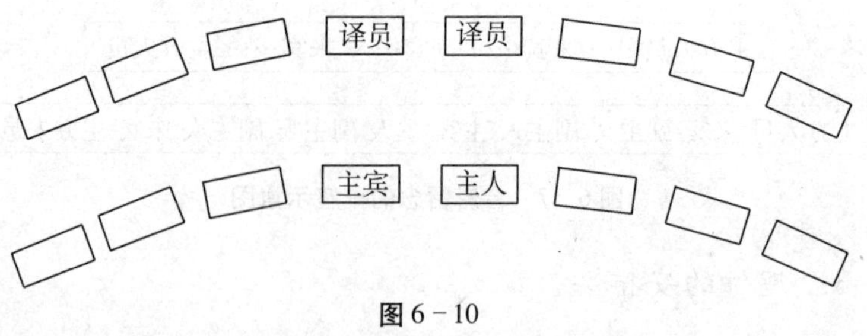

图 6-10

三、参观礼仪

接待外宾，往往要根据项目谈判的进程和需要，安排一些参观活动（含游览）。有时外宾根据自己的爱好和时间，也会主动提出参观要求。对此，主方在条件许可的情况下，应当尽可能为客人的参观提供方便，做好安排。

1. 区别情况，选定参观内容

选定外宾参观内容，应结合他们此行来访的目的、性质、兴趣以及我方的实际可能，区别情况，协商确定。对政府官员、财团代表和企业家，一般安排参观那些可以反映我方经济发展水平的部门、单位和经济开发区以及重点招商工程项目；涉外业务中的外国客商和专业技术人员，则应安排参观具体的生产企业及分支机构，了解产品生产的条件、技术和过程。当然，同时穿插安排一些参观市容市貌、风景名胜或具有地方特色的游览项目，这也是必要的调节和休整。在选定参观内容时，应考虑到来宾的年龄、体质等具体情况。比如，年事已高者，不宜安排长时间的步行项目；有高血压、心脏病者，就不适合安排攀登或有较强刺激性的娱乐活动。

2. 精心组织，搞好参观工作

首先要对参观有个精心的安排，如先看什么，后看什么，要不要专人介绍，要不要与被参观单位人员座谈，要不要安排中途休息和用餐等。还有，要安排和设计好各参观点之间的路线、在各参观点来宾逗留时间和集合时间及来宾乘坐的交通工具，通知有关部门配合，做好准备和接待工作等。陪同来宾参观的人员，身份应与来宾的身份相当或稍低一点。参观时应有负责管理和专业公关人员伴随左右，以便及时回答外宾的提问。

其次，被参观的单位应与主方密切配合，提前通知本单位员工，引起大家的重视，从而在思想上有所准备，在环境方面也要做相应的美化布置。通常中外企业间的业务参观，不搞隆重的迎送仪式。如有介绍企业产品的宣传资料，应事先准备好足够的份数，发给来访的中外双方客人；如只做口头介绍，应实事求是，准确可靠，突出特点，简明扼要。参观过程中，要有张有弛，留心宾主双方的疲劳程度和身体安全。

最后是把握分寸，注意内外有别。整个参观过程的接待工作，既要做到热情友好，尽量满足外宾的合理要求，又要做到不卑不亢、把握分寸。尤其是回答外宾问题时，对自己没有把握的事、国际关系中敏感的事和可能影响洽谈进程的事，不要轻易表态或随意抢答。对企业产品的技术信息和商业秘密要恰到好处地严格把关，冷静机智地处理种种可能出现的意外情况。

3. 参观接待中的礼仪

从礼仪角度讲，如来宾提出了参观具体企业或投资合作地区等合理要求，主方即使有困难，也应尽量予以尊重和满足，并尽力成全来宾的愿望；同样，如果不是活动必需的，客人对参观（游览）也不是很感兴趣，主方也不可一厢情愿，强人所难。

参观活动不同于会见，对着装的要求不是很严格，可以穿休闲的便装，即使穿西服也不强调打领带。根据参观时的不同季节和气候，以舒适、便利、大方为好，但要注意着装干净，清洁整齐。参观开始时，一般先要举行一个简短的欢迎仪式，仪式不必追求豪华和隆重。参观途中，应由专人引导外宾。引导人员应在外宾的左前方，遇到上

下楼梯，引导人员应靠扶手一边走，让来参观的队伍走在靠墙的一边。引导人员在参观中应主动和外宾交谈，介绍企业、产品、政策等方面的概况，不可只顾引导路径，冷落外宾。说话既要让译员听清听懂，又要交叉面对外商和译员，流露出友好、自信、坦诚的目光。参观如果是整天进行，应考虑招待客人用餐，但不必特别照顾，去高级饭店或招待过于奢侈，反而会使外宾产生不好的印象。其实，在被参观单位的餐厅用餐就很好，既可以免去奔波之苦，又可收到接近基层之效，有利于外宾对参观的地方进一步了解。

参观结束后，或是互赠纪念品，或是双方留影。被参观单位要有始有终地搞好服务，直至彼此挥手告别，登车离去。切不可在此之前，对外宾评头品足，聚集围观，或不停地握手，再三自谦。这都容易引起来宾的反感，冲淡整个参观的良好印象。

四、宴请礼仪

设宴待客是结交朋友、联系情感的一种交往形式，也是涉外活动中常见的应酬之一。了解和运用宴请方面的知识，有针对性地招待好来自四方的宾朋，是涉外工作人员必备的礼仪素养。

1. 宴请的种类

宴请的种类很多，大到国宴，小到家宴，有许多形式。从涉外活动的需要出发，这里先介绍招待会、家宴和工作餐，然后介绍正式宴会。

(1) 招待会

招待会是一种不备正餐的宴请方式，如国庆招待会、记者招待会、演出招待会、业务招待会等。招待会只备酒类、饮料、水果及糕点之类的方便食品，通常不排座位，参加人员可以来回自由走动，规模可大可小，经济实惠，形式多样，是涉外宴请中的常见形式之一。招待会有两种类型。

一是冷餐会，又叫自助餐。其特点是以冷菜、酒类、点心、水果为主来招待宾客，也可配少量热菜，常以保温托盘维持温度。冷餐会上，各种菜肴和酒水，连同餐具、酒具都放置餐桌上，由客人自选自用。冷餐会形式活泼，并不固定座位，客人间可以自由走动、相互攀谈，既有利于客人们广泛接触，多交朋友，又使主人能更多地接纳宾客。

二是酒会，又叫鸡尾酒会，是一种轻松、活泼、形式尤为简便的接待来宾的招待方式。鸡尾酒是一种由多种酒再加上果汁、香料等配制而成的混合饮料。较为流行的鸡尾酒有马丁尼、亚历山大、酸威士忌、欧非醒、汤姆卡伦士、香槟鸡尾等。视来宾人数的多少，一般每20人需添加一名专职调酒师。酒会上的点心食品多为蟹肉、龙虾片、小河虾、小腊肠、三明治、橄榄等。酒会通常在下午或傍晚举行，习惯上进行一两个小时。客人多站着进餐，互相敬酒，彼此走动，洽谈商议，气氛和谐轻松，往往使人兴致勃勃，流连忘返。

（2）家宴

家宴是以私人名义，在自己家中设宴招待客人的一种接待形式。许多外国人把家宴招待视为很高礼节，特别是为能到中国朋友家中做客而感到荣幸。因此，家宴可以起到良好的沟通作用，使彼此建立起亲密情感，能促进涉外活动的成功。家宴一般人数较少，常由家庭主妇亲自下厨烹饪，以表示对来客的友好和欢迎。外国客人习惯于大家共同进餐，女主人未来就座前，往往无法开宴，因此，设家宴请外宾吃饭时，要适应这一外国习惯。在外宾到来之前，应把宴请的饭菜基本准备好，客人到来后稍事操作，即可共同进餐，一旦就座，男女主人就不宜再频频离席。席间，主宾可以随意侃侃而谈，气氛活泼，轻松自在，不讲究严格的礼仪，也不必追求饭菜的档次。客人领略的是家宴的别有风味和热情真诚。

（3）工作餐

工作餐是现代交往中常见的一种非正式宴请形式，对前来友好交往或洽谈业务项目的外宾而言，也是比较受欢迎、比较实用的。比如当年上海开发浦东新区时，曾对来沪洽谈投资、做生意的外国人，一

律实行快餐招待，赢得了一致的赞扬声。在许多外国人看来，谈生意就是谈生意，与生意无关的事并不那么重要，吃喝方面，只要注意实用和效率，其他都是可以接受的。工作餐应本着简单易行、实惠节俭、营养卫生的原则，不追求排场，一般在小餐厅或招待所甚至食堂进行都可以，无需排座、致词、祝酒、服务。用餐对象只限于与工作有关的人员，不请配偶和陪客参加。利用进餐时间，有关人员围绕工作中的问题可边吃边谈、讨论交流，显得无拘无束，拉近了宾主之间的距离。这种做法，往往起到了正式宴请所难以达到的效果。工作餐有工作早餐、工作午餐和工作晚餐之分，忙时可增加工作夜餐。若采用分餐，还可以直接送到会场或工地。

2. 中式宴请和西式宴请

涉外宴请，除了前述的招待会、家宴和工作餐外，还需要一些正式宴会。正式宴会的规格，要根据当时国际的政治、经济背景、来宾的身份及使命、其所在国的文化传统、民族习惯等诸多因素来确定。正式宴会主要分为中式宴请和西式宴请两类。

(1) 正式宴会

正式宴会相对于非正式宴会而言，是指按一定规格和要求，郑重其事地举办的宴会。正式宴会对赴宴者着装、桌次和席位的摆设均有较高的礼仪要求。第一，正式宴会的请柬上，应要求注意着装。一般来说，男士应穿深色西服、白色衬衫，系上领带，配黑色皮鞋；女士穿礼服，如是晚宴，年轻女宾着装的色彩可以艳丽些，并注意适当的化妆。第二，桌次的安排，以主桌位置为大，面对正门，位置居中，周围宽松，以显示以其为主的地位。其他桌次，可依宴会厅的地形依次排列。原则上是：离主宾近为高，远为低；在主桌右为高，左为低。数量较多时，应放桌子顺序号码牌，以便来宾对照请柬提示有序入座。第三，和桌次安排一样，正式宴会大都先将客人的席位也一一落实（也有的只排部分主要客人的席位，其余客人和陪客，则只排桌次，不排席位，自由入座），排座的依据可以根据客人的职务、年龄、性别以及与本次宴请的关系或其他特殊的因素来考虑。按国际上一些国家和我国公认的习惯，总是以面对门口的席位为上席，其余席位的地位，各国互有不同。这里介绍几种常见的排列方法（见图6－11至图6－16）：

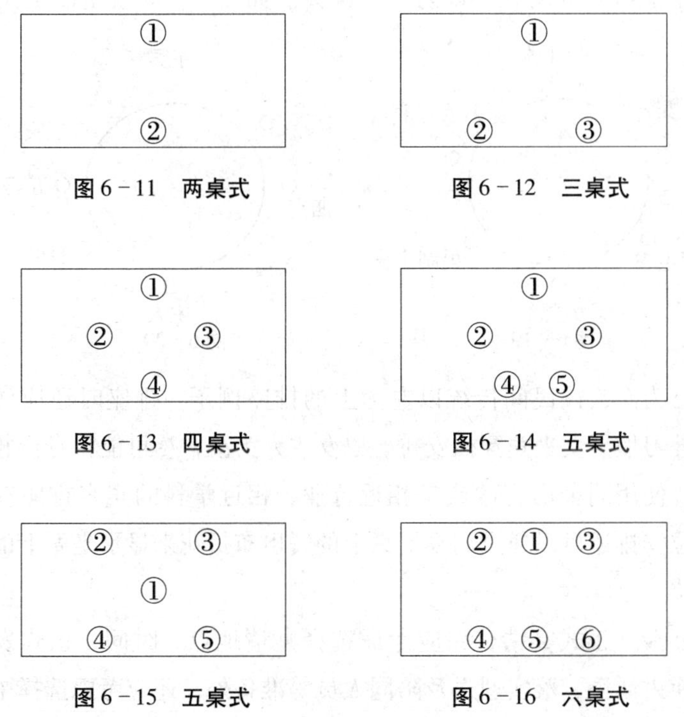

图6－11　两桌式　　图6－12　三桌式

图6－13　四桌式　　图6－14　五桌式

图6－15　五桌式　　图6－16　六桌式

图6－17是一种主副相对、以右为主的排列。主人坐上席，副主人位于主人的对面。宾客通常随主人至副主人，按右高左低顺序排列。图6－18是主副相对，宾客相伴的排列。这种排列，主副相对同

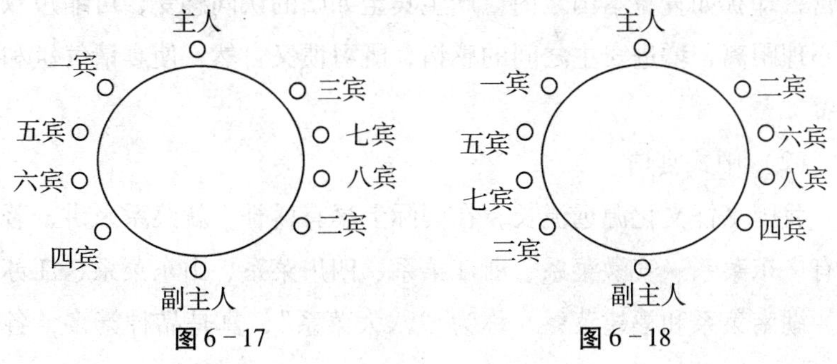

图6－17　　图6－18

第一种，但宾客却分别按关系轻重及远近，穿插入主人、副主人坐席之间。图6－19是夫妻请客。这种情况下，副主人多为女主人。最后要注意的是，我国地域辽阔，各地风俗习惯相差不少，因此排座方面也有差异。如果按宴请单位所在地的风俗排座，应通过适当方式，让外宾了解这些差异所在，以防产生误会。如图6－20就是以主宾为

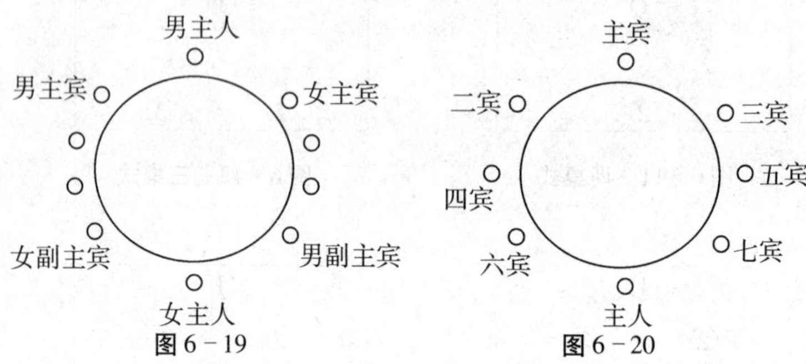

图6－19　图6－20

尊，自己为次，按民间传统以左为上的排座例子。排座时还应注意到，国外习惯男女来宾穿插安排，以女主人为准，尽可能将身份相同相近的、使用同种语言的或是相近行业、相近学科的宾客排座在一起。席位安排还可以通过用宴请桌上的餐巾布折花来显示坐席上的主位和次位。

举办涉外正式宴请，除应考虑选择宴请地点、时间、正式发请柬、交换讲话稿、落实迎送及陪同人员等准备外，还应考虑选择中式宴请还是西式宴请。中式宴请又称中餐，可以体现中华饮食文化的独特魅力，使外宾在了解我国历史悠久的各大菜系并享受鲜美佳肴的同时，留下终身难忘的印象；西式宴请又称西餐，能使外宾虽远离家乡经营，却犹如置身本国之内，产生宾至如归的认同感受，可缩短双方的心理距离，增进宾主之间的感情，既习惯又自然，使宴请气氛和谐温馨。

（2）中式宴请

我国烹饪文化源远流长，在国际上享有盛誉，就菜系来讲，著名的有广东菜系、安徽菜系、浙江菜系、四川菜系、山东菜系、江苏菜系、湖南菜系和福建菜系，称为“八大菜系”，真是品种繁多，各具

特色，赢得了许多国外友人赞叹称奇。

中式宴请一般采用圆桌，含团团圆圆之意；每桌坐 8 人至 10 人，上 10 道正菜，含十全十美之意。大家围坐一起，用筷子进餐，气氛融洽，轻松自由。这一特点明显优于西式宴请的拘谨，为宴会增添了亲密之感。中式宴请的过程，虽无成文的严格模式，但也有不少约定俗成、须共同遵守的礼仪。这些礼仪大体是在宴会开始前，主人对在座的宾主双方作一一介绍，使之彼此熟悉。到开宴时间，先双方致词祝酒，然后在主宾动筷（或由主人用公共筷子给主宾夹菜）之后，大家方开始动筷夹菜。较为正规的菜肴配置为四个热炒，六道主菜，还有冷盘点心、鲜汤及水果。酒通常选一种或两种，另有饮料若干。主宾一般选择在宴会接近尾声时，带领全体来宾，一道向主人敬酒致谢。至此，宴会基本结束。

与西餐相比，中餐用餐规矩相对简单一些，但注意礼仪的地方也不少。比如，虽说是圆桌，但朝正门的席位为尊；出于礼貌，上菜一般偏放在主宾的一侧；整鸡、整鸭、整鱼等菜肴，应请主宾先吃，然后再随意转盘，顺移至其他宾客面前。中餐桌上的菜肴，夹吃一次以后，还可以再夹再吃，但用筷子很有些讲究。宴席上，从某种意义上说，筷子是吃、停的信号。不宜先举筷子后，再慢慢选择夹菜；要防漏夹；有别人同时夹菜，应礼让，稍候再夹；不能用筷子推动碗、杯、碟、盘，或者用筷子指点客人、招呼服务人员等。

涉外的中式宴请，还应注意别对外宾说些中国式的客套话，如“没什么好菜，大家随意吃”“招待不周，请多原谅”“酒不算好，将就点”等，以免不了解情况的外宾产生误会；可以多给外宾介绍、推荐各类菜肴的来历或特色，但一般不要直接给他们夹菜，确需夹送菜肴时，应记住用公共筷子、公共汤匙。席间主人不要过多与自己一方人员交头接耳、商议事情，以免外宾由于不懂中文而顿生疑窦。

（3）西式宴请

涉外宴请时，若选用西餐方式，应对西餐礼仪应有足够的了解，以便正确安排、规范用餐，免出差错，因为吃西餐，外宾是专家。

西式宴请多采用长条餐桌，席位安排，类似中式的圆桌，要让陪同人员或主人、副主人坐在长桌的两端，尽量留心别让客人坐在长桌两端的席位上。排座时还应考虑来宾民族习惯、宗教信仰的差异性，不要因此出现不协调局面（具体座席如图 6－21 和图 6－22 所示）。

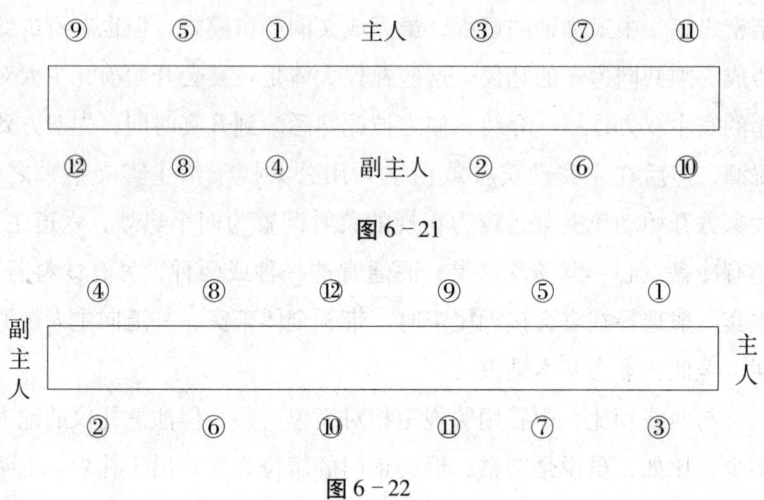

图 6－21

图 6－22

西餐以法式、英式、美式、意式、俄式为其代表菜式。虽然各种菜式在选料、制作、口味等方面互有区别，但其总的特色有四个方面：第一，在选料方面，肉食以牛肉为多，蔬菜以土豆为多，主食多为面包；第二，在加工方面，多采用大块的原料，如大块鱼、整块鸡、大块牛排等；第三，在烹制方面，喜欢偏生不熟，如牛排往往只烧成七八成熟，甚至三四成熟，有些菜干脆就吃生的；第四，在作料使用方面，烹制时受到食物块大且偏生的要求，调味品一般不易渗透菜内，所以食用时借刀叉切割，再加调料，以适合各人口味和习惯。

正规西式宴请时的就餐顺序依次是开胃菜、汤、海鲜、主菜、甜品、水果、咖啡（或红茶）等。通常缺一不可，而且顺序也不能颠倒。酒水是西式宴请中的主角，讲究时，每吃一道菜，就要换上一种酒水。宴会用酒一般分三类：一是餐前酒（鸡尾酒、香槟酒）；二是佐餐酒（白葡萄酒、红葡萄酒）；三是餐后酒（利口酒、白兰地）。西餐的餐具很多，且用法也有规则，主要是刀、叉、勺，但其品种却很丰富，比如餐刀就分为主菜刀、鱼刀、奶油刀、水果刀等。常常可以见到以下情况：一次餐宴结束，饭菜吃的并不算多，但每人使用的餐具却不下20种。

吃西餐时，主要特点是自己动手取食，在碟、盘中切开分食。刀叉应交错使用，也就是说必须切一块、吃一块，吃完一块，再切一块。不可以用餐刀连续性把能切开的食物，全部切开后，再用餐叉连续地一块块地进食。面包既不能整个拿起来咬，也不宜去用餐刀切片切丁，通常是用手撕成小块，再用餐刀涂上奶油或果酱吃。

吃西餐应注意举止得当，避免因不熟悉西餐的常规而导致失礼行为。比如用餐时，口中发出响声过大，就餐时又吸烟（一般没上咖啡前，不能吸烟），用中式礼节劝酒，用自己的餐具为别人夹菜、舀汤，直接用手取用菜肴，毫无遮掩的当众剔牙等。诸如此类，外宾是很不理解也不能原谅的，他们会认为与这些连用餐常识都不懂的伙伴难以做成生意。所以西式宴请比中式宴请复杂得多，应更精心准备，善于学习才对。

第三节　涉外通联礼仪

随着改革开放的深入发展，我国对外贸易和友好往来日益频繁。涉外通联礼仪也日益显示出其自身的重要作用。涉外通联礼仪在实践中运用正确与否，不但关系到涉外单位业务的成败，而且影响到我们民族的国际形象。在信息社会，信息就是财富，我们想要在世界市场的竞争中捕捉到良机，开拓、占领和巩固市场，就必须尽可能运用现代化的科技手段和信息资源，熟练地掌握各种快捷、准确的通联方法以及使用这些通联方法时应注意的礼貌礼仪。所以了解、熟悉和运用

好涉外通联礼仪知识，对于从事涉外工作的同志十分必要。

一、涉外信函礼仪

尽管现代科技手段已使涉外通联变得更加方便和及时，但出于费用、篇幅以及商业秘密等方面的考虑，用信函对外联系仍然是一种重要的手段。

涉外信函的写作格式要求都很严谨。通常由信头、称呼、正文、结尾礼语、签名和日期等主要部分构成（如图6-23和图6-24所示）。

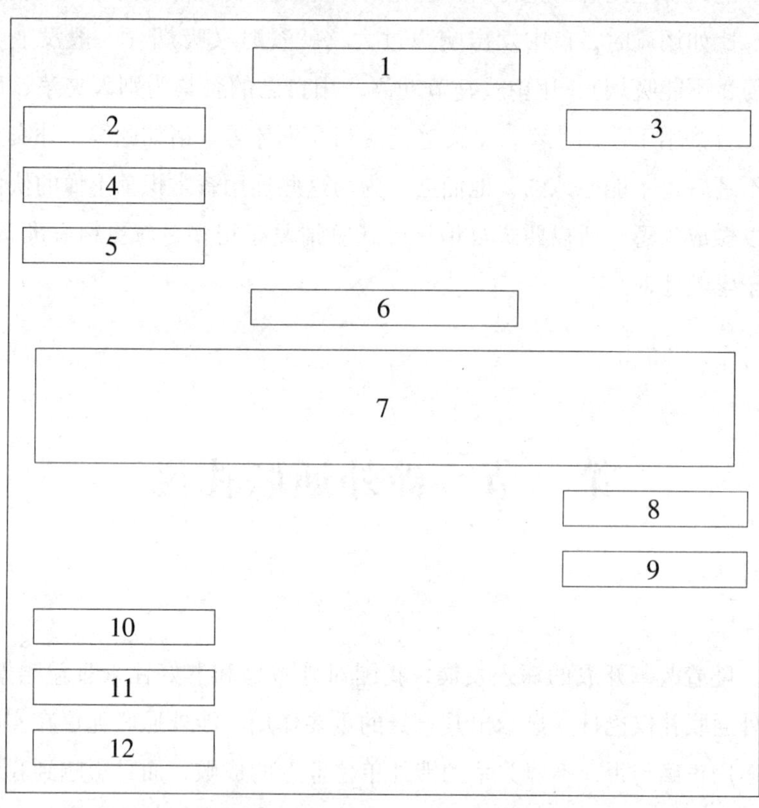

图6-23　涉外书信的构成格式

1. 信头　　2. 参考编码　　3. 日期　　4. 信内地址
5. 称呼　　6. 事由　　7. 函件正文　　8. 结尾礼语
9. 签名　　10. 识别记号　　11. 附件　　12. 抄送

Beijing Textiles Import & Export Corporation
43 Tung An Men Street
Tel：010－6683812
Telex：3358711 Cable：8898

Our Ref. No. ... January 30，2002
Your Ref. No. ...
The Pakistan Trading Company,
15，Broad Street,
Karachi，Pakistan
Gentlemen,

Catalog and Samples

We learn from a friend in San Francisco that you are exporting Nylon Bed-sheets and Pillow Cases. There is a steady demand here for the above-mentioned commodities of high quality at moderate prices.

Will you please send us a copy of your catalog，with details of your prices and terms of payment? We should find it most helpful if you could also supply samples of these goods.

Yours very truly,
BEIJING TEXTILES
IMPORT &. EXPORT CORP.
(Signature)
Zhang Daihua
General Manager

YCL/HT
Encl.：as stated
cc David Piper，Manager

图6－24 涉外书信举例

1. 信头。正式函件只在首页有信头。信头包括公司名称、地址、徽标、标识语句、电话号码、传真号、电报挂号、电子信箱等内容。

2. 参考编码。为了便于处理各类业务往来的信函，通常在信头下方标明参考编码。可以按部门、产品分类，也可以按地区或客户分类，如 Your Ref：MA－121，Our Ref：RS－246 等。

3. 日期。从实际需要来讲，涉外信函必须签署日期，绝不可遗漏。世界上不同地区签署日期的习惯也有不同，比如2004年8月20

日，美国人写成 8. 20. 2004，欧洲人写成 20. 8. 2004，亚洲人则写成 2004 年 8 月 20 日。国际标准化组织要求的正确模式为 2004. 08. 20。

4. 信内地址。信内地址是为了引起收信者注意。如只想让某一特定的人亲阅，可加上 Personal 或 confidential，还可以在信内地址处用大写字母和在字母下面划线的方式来突出，如ATTENTION：MR JOHN MOORE SALES MANAGER。信内地址应和信封上的地址完全一样。

5. 称呼。称呼的用法及略写应符合外语习惯。比如 Mr. 即 Mister（先生）、Esq. 即 Esquire（对男子的敬称）等。英国公司行号中含人名时用 Misses，比如 Messrs. Frank and Brothers。注意 Miss（复数为 Misses）指未婚女子，已婚女士多用 Mrs. 再加上其夫的姓。此外，冠于姓名前的称呼还有 Dr.（博士、医生），Pres.（总经理、会长）等。要注意称谓有礼貌。英国公司行号等商务书信多用 Dear sirs 后面加逗号（但有些女经理不喜欢这一用法），而美国人多用 Gentlemen，并只用于复数，且在其后用冒号。

6. 事由。又叫标题、主题，简略说明信件的内容，使收信人一眼就可看出来信的主旨，便于业务处理。

7. 函件正文。这是书信的主体，应表达准确，言辞简练，讲求效率，不宜过长，特别是开头和结尾应当简短。正文要顶格书写，不像中文书信要空两格书写。涉外信函不可以在一张纸上两面书写，如果一页不够写，则应另添加一页来写。正式信函的后页均无信头，应顺次编上页码。

8. 结尾礼语。依据交往的程度，从浅到深分别是“Yours”、“Your sincerely”、“Your ever”、“Yours as ever”、“Yours always”等。还有些用法如“Your affectionately”虽然显老式，但仍很有魅力。写商业信函以用“Yours faithfully”、“Your sincerely”较为得体，而“Best reagrds”则属最不正式的结尾礼语，较少使用。

9. 签名。涉外信函一般宜用打字机、打印机制作，但签名仍然必须用笔实签，即使有打好的印刷体姓名，最好也还要用手写体再签名一次。相互熟悉者之间可只签名字，但在商务上还是签全名，以便辨认。

10. 识别记号。又叫关系人姓名缩写，是写信执笔者和打字者姓名的缩写，以示负责或必要时查找。一般执笔者写左侧，打字者写右侧，如 YCL/HT。

11. 附件。附件要用 Encl.（一件）或 Encls.（多件）标明，如 Encl. Catalog 1 或 Price list 2，以便引起收件人注意。

12. 抄送。符号为 CC，表明要将这封信抄送给另外的人，写在附件的下方，如：cc Harold Jones，Accountant 或 cc David Piper，Managing Director。

涉外信函的信笺很重要，应当精心制作。要求信笺上的公司名称、地址、电话号码、E－mail 等内容，必须印制准确、清楚明晰，所选用的纸张也应是高质量的。否则，会给外宾留下不好的第一印象。给外宾致函或回信时，涉及法律、保密等方面的内容不可忽视。回函要注意，正式信函不能用有颜色的纸做信笺。收信人地址最好与对方来信所落款的地址一致，我国政府 1989 年 7 月 1 日规定采用国际标准化信函，信封最小为 140 毫米 ×90 毫米，最大为 235 毫米 ×120 毫米，最厚不超过 5 毫米，最重不超过 20 克。另外应注意贴正邮票，以免产生邮票语言方面的误会。

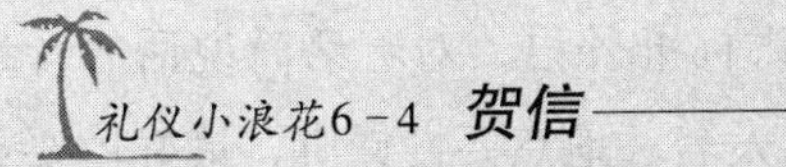

贺信

Dear Mr. Hill,

We have learned that you have opened a new branch office in Chicago.

We would like to congratulate you and wish you every success and good luck.

We hope that with the opening of your new branch office our business relationships will continue to develop in the same pleasant and trustful manner and that we will become better trade partners in the years to come.

Sincerely yours,

Moody

（资料来源：程润明．国际商务礼仪．第 1 版．上海：上海外语教育出版社，1996）

二、涉外电话礼仪

涉外活动中用电话通联，经济实惠，便利快捷，较少受时间、空间限制，是人们最常使用的主要通联方式。目前我国通讯设施建设突飞猛进。电话的种类已有程控电话、多类磁卡电话、投币电话、手提电话、拍照电话、可视电话等，通话费正在不断降低，这些都为我们使用电话对外联系提供了有利的物质条件。除第三章已介绍的接听电话的一般礼仪之外，这里就涉外电话礼仪进行简要介绍。

打电话时应先确定拨打正确，如："PIM company, please?" 等听到对方回答："Yes, it is." 再说："Hello, This is Cheng Hao of the Shanghai Import and Export Corporation. Could I speak to Mr. John Smith, please?" 对话中应特别注意汉语与英语在电话用语上的区别，比如："我是凌红。"电话里不能说："I am Lin Hong." 而应说成："This is Lin Hong." 同样，"请问您是谁?" 不应是："Who are you, please?" 而应为："Who is speaking, please?" 或 "May I know who is calling, please?" 用语上应注意措辞、讲究效果。比如，不要在电话里说："She didn't ought to have gone." 而应说成："She shouldn't have gone." 与外宾通话，应尽量讲标准外语，对着话筒说话的音量不可过大。凡重要的数据、日期、人名、地点要慢慢讲，最好还要重复一遍，使对方不致误听致错。结束电话前，要先行道别："It's been nice talking to you." 别刚讲完就挂断，否则，会导致外宾以为是线路故障，仍然一个劲地说："Hello……Hello, is anybody there?" 并可能因此产生反感。

接听国际长途电话时，先向对方问好，然后自报家门："Hello. Sales Department. Ling Hong. Who would you like to speak to, please?" 接听电话过程中，要不时地应答，以表明你在倾听，手边最好随时有笔和备忘本，以便记下通话内容以备查或汇报。如果你此时有急事要处理，可来电话的人通话时间过长，你可以在事情基本了解后，礼貌地说："It is nice talking to you，but I have to attend a meeting at 3：00."还应表示："Thank you for calling."或"I appreciate your calling."接听电话最好在铃响三遍左右去接，不要让对方等待太久，但拨打电话则应耐心地多等片刻，给对方一定时间来接电话。如果使用手机，应选择安静些的地方拨打，以减少嘈杂之音，避免影响通联效果，注意不能因为手机使用方便、随处可用，就不择地点，甚至在影响安全的地方（如在飞机里，医院里）打手机。

三、电报、电传、传真礼仪

涉外通联中，出于某种情况无法使用电话，或是出于留存书面凭据的考虑，也经常使用电报、电传、传真的方法。电报形成的通讯网称公众电报网（简称公众网）；电传又叫用户电报，它通过安装在用户电报网（简称用户网）上的电传机来接收或发送信息；传真，也叫传真电报，它通过安装在电话通讯网（简称电话网）上的传真机，向对方发送或接收形式和内容完全一样的信息。传真除了像电传一样可发送汉字、字母、符号等文字信息外，还可以传送复杂的图案和照片，只是清晰度尚不能做到非常理想，但随着科学技术的不断改进和提高，图像质量会日趋完善。

使用电报、电传、传真等方式与外国朋友联系时，应注意的礼仪是：

第一，要注意书写格式，应符合国际通用规范，而且比信函要求更严格。如国际电报必须使用拉丁文字母、阿拉伯数码和规定的标点符号，每十个字码为一个计费字数，每份电报至少按七个字收费。电报、电传、传真的称谓要得体，用语要文明、准确、简洁，但必须明了（否则不知所云），要符合接收方所在国家或地区的习俗。

第二，根据国际惯例，接收方应在第一时间阅读电报、电传、传真内容，并在收到后立即给对方回音。这不仅是业务上及时性的要求，也是对发送方的礼貌回应，让对方确认收讫，以免挂念。

第三，使用电报、电传、传真发送业务中的订单、报价单或合同文本等文字资料及货物图样等图片资料时，作为接收一方需要立即做出反应，最好不要拖得太久，因为市场行情变化、式样更新都是非常快的。

第四，发电报、电传、传真也应注意避开外宾的休息时间，目的是既不影响对方的正常生活，又能使所发内容顺利被接收而不致贻误机会。

涉外通联中，礼仪电报也是很有效的沟通方式。礼仪电报一般有庆贺类、请柬类、吊唁类和祝愿类等。给外宾拍发礼仪电报时更应懂得礼仪。第一，要及时。错过了特定时间的礼仪电报，价值将大打折扣。第二，要准确。填写要准确，否则收不到；内容要准确，不可将生日礼仪电报误发成结婚礼仪电报；语言要准确，特别是有多种单词可以表达相似含义的，更应精心措辞。

四、网络通联礼仪

近年来，互联网飞速发展，网络通讯正日益进入人们的生活和工作中，成为有史以来最方便、最廉价的将各种信息传达到世界各地的通联方式。我们可以利用互联网触及遍布全球的大量商机，为客户提供传统方式所无法比拟的服务，收集市场信息，研究竞争对手，联络贸易伙伴。在运用网络与外宾彼此通联时，也要注意有礼有节。

首先，网络联系应学会相互尊重。无论对方来自哪个国家、什么民族、接受过什么样的文化教育，在讨论问题、谈判磋商中，都应做到彼此充分理解，冷静、理智又平等地交换看法，不可因不同文化背景的差异而相互攻击、诋毁。至于使用邮件炸弹、传输病毒等则更不允许，否则将导致信誉丧尽，给自己造成的损失更大。

其次，交往要讲诚信。网上相逢，建立友谊，洽谈买卖，虽互不相识，但和其他场合一样，应以诚信为本，信守签单，及时履约。尽管网上信息良莠不齐，自己也有上当受骗的可能，但我们首先应不骗别人，这样才能借助网络工具，获得朋友和收益。

第三，幽默要讲对象，要适度。网络交流中适当地和外宾说两句笑话，活跃一下谈判的气氛不但是可以的，而且是需要的。但由于不是面对面的沟通，所以你要在比较多地了解对方的基础上，恰如其分地幽他一默，否则若被对方理解为讽刺或挖苦，则会引起不快，甚至引起误会。当然幽默中别涉及他们的隐私问题，这是外国人最不能原谅的失礼行为。另外，运用网络语言的“表情符号”“数字符号”等也应注意到中外文化的区别。

最后，在网上联络仍然要注意礼貌用语问题。如结束再见时，别忘了添些致谢之类的话语。如果使用 E－mail 发送信息，在发送容量过大的邮件前要先告知对方，在得到接收者允许的情况下，再行发送。总之，只有像平常那样注意礼仪，同时注意网上礼仪的人才可能赢得外国朋友的认可，把涉外工作做好。

本章小结

本章主要介绍的是涉外活动礼仪。这里的涉外，既是指外国友人来我国时的接待，也是指我们走出国门赴外国交往时的活动。为此，我们应当了解和熟悉我国涉外工作的基本准则，懂得涉外活动的基本礼仪，学习和掌握包括涉外迎送、会见、参观、宴请和涉外出访等方面的礼仪，同时对涉外的通讯联系礼仪也应能自如运用。

实训内容

1. 组织学生在多功能厅情境模拟涉外迎送、会见、宴请、出访等场面。

2. 由学生运用所学涉外知识，布置国旗悬挂和礼宾排序。

3. 观看涉外活动礼仪的光盘或相关电视节目。

4. 组织学生参观本地的涉外接待单位，观察他们的涉外信函、电话、电报、电传、传真及网络通讯的处理。

5. 给你的外国朋友写一封问候圣诞节的礼仪信函。

本章练习

讨论题

1. 接待外宾，怎样才能做到自尊自重、不卑不亢？
2. 出国（出境）前，出访人员要做哪些方面的准备工作？
3. 在黑板上画出涉外中式宴请的五桌的桌次安排示意图。

复习题

1. 什么叫涉外工作的基本准则？其内容有哪些？
2. 涉外迎送活动中，应注意哪些礼仪？
3. 中餐宴请和西餐宴请有哪些区别？
4. 怎样安排国旗悬挂和礼宾排序？
5. 涉外通联有哪些形式？各应注意哪些礼节？

自测题

1. 认为左手不洁净的国家是（　　）。

   A. 加勒比国家　　B. 巴尔干国家

   C. 阿拉伯国家　　D. 地中海国家

2. 国际标准化组织要求日期的正确表达方式为（　　）。

   A. 2004. 03. 16　　B. 3. 16. 2004

   C. 16. 3. 2004　　D. 2004. 3. 16

3. 按一定规格和要求，郑重其事举办的宴会是（　　）。

   A. 招待会　　B. 家宴

   C. 工作餐　　D. 正式宴会

第七章

中外习俗礼仪

本章导学

学习目标

知识目标

(1) 熟悉我国部分少数民族的习俗礼仪；

(2) 熟悉我国港澳台地区的习俗礼仪；

(3) 熟悉世界部分国家的习俗礼仪；

(4) 了解中外主要节日礼仪和宗教礼仪。

能力目标

(1) 具有灵活运用中外礼仪知识，解决涉外工作中问题的能力；

(2) 具有区分东西方习俗礼仪的差异的能力；

(3) 具有根据各地区习俗礼仪特点，灵活开展相关活动的能力。

素质目标

(1) 热爱祖国，热爱我国各少数民族；

(2) 具有理解和尊重世界各国习俗礼仪的良好品质；

(3) 理解和尊重不同宗教信仰的人们并能以平等友好的态度与之交往。

学习环境

多媒体教室，礼仪实训室，并备有餐桌椅、茶具、餐巾等教学用品。

第一节　我国部分少数民族和地区的习俗礼仪

我国是一个多民族的国家，由于历史和地理等各方面因素的影响，各民族都有其不同的习俗礼仪。我国香港、澳门和台湾地区由于历史方面的原因也形成了各具特色的习俗礼仪。

一、我国部分少数民族的习俗礼仪

在中华民族的发展进程中，少数民族在礼俗、饮食、节日、禁忌等方面都有着不同的特点。了解这些特点，对于我们的社会交往和日常工作是很有益处的。以下介绍我国部分少数民族的习俗礼仪。

1. 礼俗

满族主要分布在东北三省，尤以辽宁省最多。清代以来，由于满汉长期杂居，满族与汉族之间的各种差异逐渐缩小。满族信奉萨满教，还信奉佛教。满族有自己的语言、文字，满语属阿尔泰语系。17世纪40年代后满族普遍使用汉语和汉文，现在只有黑龙江省的少数老人会说满语。

我国的蒙古族主要聚居在内蒙古自治区。蒙古族有自己的语言文字。蒙古语属阿尔泰语系。他们信奉藏传佛教。以能歌善舞、喜摔跤、爱赛马著称，表现了游牧民族的特色。

维吾尔族人，是新疆维吾尔自治区的主要居民。他们有自己的语言文字。语言属阿尔泰语系突厥语族，文字原用阿拉伯文字，后创制了拉丁化新文字，现在是新旧文字并用。维吾尔族全民信奉伊斯兰教，是一个能歌善舞的民族。“十二木卡姆”（十二部大曲）是古代维吾尔族人民创作的大型民族音乐舞蹈史诗。

回族是我国少数民族中散居全国、分布最广的民族，全国绝大多数县市都有分布。回族是全民信仰伊斯兰教的民族。回族的清真寺和民居建筑基本摆脱了阿拉伯和中亚的建筑风格，采纳了中国传统的殿宇式四合院为主的建筑式样，但布局和装修独具民族特色。

壮族是我国少数民族中人口最多的民族。壮族有本民族的语言文字，壮语属汉藏语系。壮族崇拜祖先，信仰多神。唐宋以后，佛教、道教传入壮乡，对壮族农村影响较深。壮族具有悠久灿烂的民族文化，素有“铜鼓之乡”的誉称。壮歌久负盛名，壮族定期举办对歌比赛的“歌圩”盛会。壮族住房多与当地汉族相同。

藏族是主要聚居在我国西藏自治区的少数民族。藏族语言属汉藏语系。藏族文字是参照梵文某些字母创制的。藏族普遍信仰藏传佛教，也有少数人信仰原始宗教苯教。藏族的医药、天文、历法、戏曲、歌舞、“唐卡”和“热贡艺术”等都有较高水平。《格萨尔王传》是世界上最长的史诗之一。藏族农区多垒石建房，房屋平顶多窗，一般以石块或夯土筑墙，形如碉房；楼房的屋顶上有经房，楼房上层住人，下层多做仓库或牲畜圈；建有院落；屋里铺木板或坐垫。牧区则住帐篷。

苗族语言属汉藏语系。苗族创造了丰富多彩的文化艺术，苗族人常用歌舞表达自我情感，苗族所独有的银饰工艺品、蜡染、织锦、刺绣等享誉国内外。苗族人信仰万物有灵或多神鬼，崇拜自然。苗族一般都在依山傍水处建寨，聚族而居。住房一般为木制平房或楼房。

傣族语言属汉藏语系，普遍信奉佛教，傣族以种植水稻为主。有自己的历法和文献，民间文艺活动丰富多彩，孔雀舞和“赞哈”演唱民间叙事长诗以及民歌是傣族人民所喜闻乐见的主要艺术形式。干栏式建筑是傣族住房的特点。西双版纳的住宅建筑最具特色，每户一座竹楼，竹篱环绕，自成院落。

黎族语言属汉藏语系，不同地区有不同方言。1957 年曾创制拉丁字母形式的黎文方案。黎族宗教信仰多种多样，主要崇拜祖先，其次崇拜自然。黎族多同姓聚居。

土家族有自己的语言，属汉藏语系，但是绝大多数人使用汉语，仅在少数聚居区还保留着土家语。土家族无文字，通用汉文。摆手舞和土家锦并称为“土家族人民的艺术之花”。

2. 饮食

长期以来，满族从事农业，兼有狩猎、采集等多种经营，由于种植五谷杂粮，所以主食虽是小米，但喜黏食。善于养猪，喜食白肉、血肠和猪肉酸菜炖粉条，喜庆宴会设满洲席。逢年过节吃饺子，农历除夕必须吃手扒肉。满族的点心最为人们所喜爱的是“沙琪玛”。满族人喜烟、酒。

蒙古族饮食大致分三类：粮食、奶食和肉食。农区与汉族大体相似。牧区主要是奶食和肉食。奶食俗语称“白食”，有白油、黄油，奶皮子、奶豆腐、奶酪、奶果子等食品和奶茶、酸奶、奶酒等饮料；肉食俗语称“红食”，以羊肉、牛肉为主。蒙古族人热情好客，常用手抓羊肉和清水煮全羊款待客人。忌讳吃虾、蟹、鱼、海味等食物。

维吾尔族以面粉、玉米、大米为主食，很少吃蔬菜，夏季多拌食瓜果。有的地区喜喝奶茶，佐以玉米面或面粉制成的馕。“抓饭”是节日和待客不可缺少的食品。

回民对肉食的选择比较严格，只吃反刍类偶蹄食草动物，如牛肉、羊肉、驼肉和食谷物类的禽肉及带鳞的鱼类。回民拥有的民族风味小吃，有清汤羊肉、羊羔肉、肉夹馍、羊杂碎汤、酿皮、白水鸡、切糕等，爱吃各种油煎食品，如油香和馓子。爱喝盖碗茶。

壮族在饮食方面，主食是大米和玉米。逢年过节时，用大米制成各种糕点。喜吃腌制的酸食，以生鱼片为佳肴。妇女有嚼槟榔的习惯。

藏族以酥油茶和糌粑为日常的主食，但牧区与农区又有区别：牧民主要以乳类和肉类为主，如奶酪、酸奶、肉干等食品；农业和城市居民则以糌粑和酥油茶为主食。

苗族大多以大米为主食，以玉米、红薯、小麦为副食，也有以玉米、荞麦和土豆为主食。喜食酸辣味，爱好饮酒，喜食糯米类食品。每逢节日或重大活动，都要舂糯米粑粑、蒸糯米饭。

傣族的饮食以大米为主，有些地方吃粳米，西双版纳等地爱食糯米，喜酸味及烘烤水产食品，喜嚼槟榔。

黎族饮食比较简单，以稻米、玉米、番薯为主食，多以狩猎、采集所得为副食，只种少量蔬菜，并习惯腌制生鱼、生肉。竹筒烧饭是黎族日常生活中独特的野炊方法。黎族妇女爱嚼槟榔。

土家族多食包谷、稻米，爱好喝酒，善食辣椒、花椒、山胡椒，习惯做腊肉、甜酒和糍粑等。

3. 节日

蒙古族主要节日有“那达慕”大会。“那达慕”是蒙古语音译，意为“游戏”或“娱乐”，流行于内蒙古、甘肃、青海、新疆等蒙古族地区。一年一次，每次一至数日，多在夏秋（农历七八月）牲畜肥壮季节择日举行。那达慕大会早期只有赛马、摔跤、射箭，俗称“男子三项那达慕”，后渐有说书、歌舞、下棋等内容。除举行摔跤、赛马、射箭、投布鲁、套马、下蒙古象棋等民族传统项目外，有的地区还有田径、拔河及球类比赛，并有电影放映、文艺表演等。此外还举办各项展览、开设贸易市场等。

维吾尔族的节日跟伊斯兰教的信仰有关，一年一度的“肉孜节”“古尔邦节”最为隆重。

“歌圩节”是壮族的民间传统歌节，流行于广西、云南等地。多在春秋两季举行，为期数天。每逢圩日，方圆数十里的男女青年齐聚传统的歌场，有数千甚至上万人之多。各村寨分为男队、女队，以歌传情，通宵达旦。圩日期间还举行抛绣球、碰红蛋、踢毽子、抢花炮等活动。未婚青年常以此寻找意中人，交换信物，再经父母请媒

说亲。

藏族“雪顿节”又名“藏戏节”，“雪”藏语为酸奶子，“顿”藏语为宴的意思，就是吃酸奶子的节日。每年藏历七月初一举行，连续四五天。雪顿节期间，人们身穿节日盛装，会集罗布林卡，看戏饮酒，唱歌跳舞，摆摊设棚，一直到傍晚才回家。“望果节”又称“旺果节”。“望”藏语指田地，“果”指转圈，即转地头。望果节是藏族人一年一度预祝丰收的传统节日。在每年秋收前夕择吉日举行，为期1天至3天。此节以村落为单位，全体村民绕本村土地转圈游行。队伍最前面，由捧香炉和高举幡竿的人引路，接着由苯教主举着绕有哈达的木棒领队，意为收“地气”、求丰收，后面跟随着手拿青稞穗和麦穗的村民。

芦笙节是苗族民间的传统节日，每年农历正月十六日至二十日和九月二十七日至二十九日分别在凯里县舟溪和黄平县谷陇两个地方举行规模最大、影响最深的芦笙节。节日里苗族人民聚集在广场跳芦笙舞。节日期间还进行斗牛、赛马、文艺表演、球类比赛。青年男女在一起对歌，增进互相了解，建立友谊和爱情。

傣族的节日主要是泼水节。泼水节是傣族的年节，又称“浴佛节”，是傣、布朗、德昂、阿昌等民族的传统节日，泼水节在农历清明前后举行，为期一般是3天至5天。节日清晨，青年男女上山采摘山花和树枝制成花房连同供品抬到佛寺，并在佛寺院中堆沙造塔三五座，塔尖插几根缠有彩色纸条的竹枝，然后围塔而坐，听佛爷念经，有预祝风调雨顺、五谷丰登之意。中午时，担清水浴佛。礼毕后，青年男女到寺外互相泼水，以示祝福。人们常因被泼得全身湿透而兴高采烈，以为吉祥如意。此外还举行赛龙舟、放高升、点孔明灯及歌舞等活动。

黎族的主要节日有“三月三”，黎语称“浮内浮”，因在每年农历三月三日举行，故得名，是预祝丰收的节日，也是男女青年自由交往的日子。

土家族的传统节日主要是“赶年”。赶年就是土家族比汉族提前一天或几天过春节。相传这与土家族祖先为了抗击外来侵略、提前吃年饭以出发迎战有关系。

4. 禁忌

满族最突出的忌讳是杀狗、吃狗肉、戴狗皮帽子、穿用狗皮做的衣服；在满族人家里做客，不要当着主人的面赶狗，否则主人会认为你是当面侮辱他。满族人以西边为上，特别忌讳一般人尤其是青年人坐西炕，更忌讳妇女在西炕上生孩子。忌在索罗杆（神杆）上拴牲口。

蒙古族忌讳坐在蒙古包的西北面，睡和坐时脚忌伸向西北方；不能在火盆上烤脚；赠送礼品忌单数；有产妇或病人，忌接待客人来访；蒙古族的守门狗和猎犬，禁止外人打骂。

维吾尔族禁忌在麻扎和清真寺以及河坝、伙房等地携带、遗弃不洁物品。接受物品时忌用一只手，尤忌左手。

回族的饮食禁忌比较严格，严禁食猪肉，忌养猪，忌别人提着猪肉进回族的商店和住处；不吃马肉、驴肉、骡肉、狗肉；也不食已死亡的禽畜及其畜血；一切凶猛禽兽的肉和没有鳞的鱼也都在禁食之列；就是非经阿訇念经宰杀的牲畜，回族也禁食；盛过上述那些禁食的炊具、碗筷、器皿也都禁用；忌在用餐时开玩笑；回族所用的水井和水塘，非信伊斯兰教的人不能取水，取水容器中若有剩水忌倒回井中或水塘里；忌到回族人的住房里洗澡；忌说杀字，只说宰鸡宰牛。

壮族忌食牛肉和蛙肉；忌讳用脚踩踏锅灶；禁止在灶上煮狗肉；夜间禁止吹口哨；家有产妇时，门上悬挂草帽一顶，暗示外人不得入内。

藏族忌吃狗肉、驴肉、马肉；忌吃尖嘴动物、有爪动物的肉及鱼虾等水生动物的肉；忌讳用脚蹬踩灶台或坐在灶台上；忌讳用有裂缝或豁口的碗、碟等器皿待客；互不熟悉的男女忌讳在一个碗内揉糌粑和吃糌粑；忌将饮食用的碗和茶具倒扣着放置；忌讳当着当事人的面谈及婚事；忌男女混坐，男女入室后男坐左女坐右；忌讳在家中吹口哨、拍巴掌；扫地时忌讳直接从对方手中接过扫帚，亲人出门后忌讳马上扫地；家有病人或妇女生育时，忌生人来访；忌讳别人对自己的孩子过分夸奖。

苗族忌吃羊肉，忌狗肉上灶，忌在屋里煮蛇肉；险恶环境中忌嬉笑；忌用凶器指人；父母或同村人去世，一个月内忌食辣椒；忌在家里或夜里吹口哨。

傣族寨门附近的“寨神庙”平时忌进去；忌坐、忌脚踏寨心，忌在寨心拴马；忌砍伐“神树”，忌在“神树”上拴马；忌在室内吹口哨；忌从妇女脚上跨过或触摸妇女头上的发髻；忌女招待男客、男招待女客。

黎族忌头朝门口睡觉，如过路客人无意犯忌，主人以为将有祸临头；妇女文身忌男人参与或偷看。

土家族禁食狗肉；忌随意移动火炕中三角架，忌用脚踩灶或坐在灶上，忌将衣裤、鞋袜和其他脏物放在灶上；客人不能与少妇坐在一起；忌在家里吹口哨或随意敲锣打鼓。

二、我国港澳台地区习俗礼仪

我国香港、澳门、台湾地区在长期的历史发展过程中，形成了独具特色的习俗礼仪。

1. 香港

香港由香港岛、九龙半岛、新界以及周围许多小岛组成，土地总面积1095平方公里。居民中98%是中国血统的华人，过去英语是官方和商界通用语言，现在大部分的官方文件中，中英文同时使用。最通用的汉语为广东话、客家话和潮州话。香港回归祖国后，普通话正逐渐成为当地的主要语言。

香港人见面与分手时，一般的礼节是握手。香港人一般都很守时。如果被邀请到别人家去吃饭时，要带些诸如水果、糖果或小甜饼之类的礼物，并要用双手将礼品递给女主人。新年期间要互赠礼物。

香港、澳门地区民间流行一种叫“指致谢”的礼节。当别人为他们献茶、敬烟、斟酒、夹菜或端饭时，他们立即将手弯曲，用几个指头轻叩桌面，以示谢意，也叫做叩指礼。据说，此礼是从古时中国的叩头礼演化而来的。

香港人有一些禁忌。蓝色与白色是举哀的颜色，要少用。在内地，逢年过节时，互相说声“新年快乐”或“节日快乐”乃是人之常情，但在香港，人们习惯讲“恭喜发财”，而不愿说“新年快乐”和“节日快乐”，因为“快乐”与“快落”谐音，尤其是做买卖和上年纪的人，更是不愿听到“快落”之类的话。另外，在香港还有喜“8”厌“4”的习惯。这是因为香港人大都讲广东话，而广东话中“8”与“发”谐音，人们为了讨吉利，故特别喜欢“8”这个数字；同样，“4”与“死”在广东话中同音，因此人们都避免用“4”这个数字。在其他场合，也尽量少用“4”字，在遇到非说不可的场合，就用“两双”或“两个二”来代替。

2. 澳门

澳门由澳门岛、凼仔岛和路环岛三部分组成，总面积 27.3 平方公里，人口 42 万多。在澳门，葡萄牙语为官方和商界通用语言，但民间通用汉语。澳门回归祖国后，普通话逐渐成为当地的主要语言。澳门旅游业相当发达，是世界著名的传统旅游城市；还有“东方赌城”之称，赌博业在澳门旅游业中占有非常重要的地位。

3. 台湾

台湾省由台湾岛、澎湖列岛等岛组成，面积 3.6 万平方公里，人口近 2600 万。台湾是我国面积较小、人口密度较大的一个省，省内生活着汉族、高山族等民族。

台湾民间有“送巾断根”“送巾离根”的说法。按照民俗，办完丧事送手巾给吊丧者作留念，其含义是让吊丧者与死者断绝往来。因此，平时切勿将手巾赠人；忌以扇子赠人，有“送扇勿相见”的说法，因扇子一到深秋即被抛弃不再用；忌以剪刀赠人，因其意为“一刀两断”，含“永别”之意；忌以伞赠人，因台湾话“伞”与“散”谐音、“雨”与“与”同音，因此“雨伞”与“与散”谐音。

台湾有丧家既不蒸甜果，也不包粽子之忌。倘以甜果或粽子送人，即把对方视作丧家，为不祥之兆。此外，台湾人吃饭时忌把筷子插在饭碗中央，忌用筷子敲碗，忌夜晚洗烫头发，认为洗了会中风等。

第二节　世界部分国家和地区的习俗礼仪

一、欧洲

这里的欧洲包括西欧、北欧和东欧，东欧包括前苏联（现在的俄罗斯、乌克兰、白俄罗斯以及波罗的海沿岸的一些国家）。欧洲人对礼节非常注重。以下是部分欧洲国家的习俗礼仪。

1. 英国

英国是岛国。居民多数信奉基督教，北爱尔兰地区多信奉天主教。英语为国语。英国人十分注重礼节，英国男子总是把“女士第一”“女士优先”的礼俗当作生活的重要内容。英国人在第一次结交时的见面礼节很简单，通常只握手问好，一般不行拥抱礼。他们从不愿意别人干扰他们的个人生活，而对于自己的家庭，则一向眷顾有加。他们迁居后的首要之事，往往就是修缮围墙或篱笆，以与外隔绝。

英国人喜好饮茶。在英国，请客人饮茶能表示主人的敬意。英国人恐怕是世界上最爱读报的人，报纸是他们每天不可缺少之物。

英国的苏格兰人在举行婚礼时，新娘被迎入男方家的大门之后，首先要把一块大蛋糕用力抛向空中。人们认为，蛋糕抛得越高，就意味着新人们婚后的生活就越幸福；如果抛得不高，则预示着新人们的爱情将会破裂。英国北爱尔兰法律禁止离婚，这就导致了人们因慎于择偶而形成的晚婚现象。

礼仪小浪花7-1 **“蜜月”的来源**——现在许多国家常用的“蜜月”一词来源于英国的婚俗。据说，古时候英国人从新婚之日起要喝一种用蜜制成的饮料，且要连续喝30天以象征爱情的甜蜜和幸福。因此，人们把新婚后第一个月称为“蜜月”。以后这种习俗逐渐演变，人们在结婚时不一定再喝蜜制饮料，但大都采取了外出旅行的方式，这称之为“蜜月”旅行。现在这一习俗已遍布全球。

（资料来源：田光占．旅游礼仪．第1版．成都：西南财经大学出版社，2001）

英国人讲究口味清淡，要求菜肴量少质精，花样多变。在英国，一般富裕人家往往每日四餐，即早餐、午餐、午茶和晚餐。早餐力求好，时间多在早上7：00～9：00；午餐时间约为中午1点左右，通常是烧肉、土豆、沙拉和面包，午餐时喝茶，一般不饮酒；午后茶点在下午4：00～5：00，以喝茶为主，同时吃一些面包、点心等；晚餐是正餐，同时也是一天中最丰盛、最讲究的一餐，时间多在晚上7点左右，用餐时对服饰、座次、用餐方式都有严格的规定，主要食品为汤、鱼、肉类、蔬菜、布丁、黄油、甜食、水果以及各种酒和咖啡。

英国人比欧洲的任何一个民族都更喜欢喝茶。自从中国茶叶于17世纪由东印度公司第一次带到英国后，他们便与茶结下了不解之缘，他们一改过去只喝咖啡、啤酒等饮料的习惯，把喝茶当作每天必不可少的享受。

英国同所有信奉基督教的国家一样，要过圣诞节、复活节。此外，英国还有万愚节、圣乔治节等。

和许多其他西方国家一样，英国人也认为“13”这个数字是不吉利的，所以请客时总是避免宾主共13人，重要的活动也不安排在13日，饭店一律没有第13号房间。此外，“星期五”也被认为是个不吉祥的日子，如果星期五又碰巧是13日，英国人称之为“黑色星期五”。在英国，如果有人把食盐碰翻了，他们会认为将有口角发生或与朋友绝交。英国人在吃饭时忌讳说“厕所”一词，他们常常用其他词语予以代替，如将女厕所称为“女士室”，将男厕所称为“男士室”。

2. 德国

德国人待人接物严肃拘谨，即使是对亲朋好友、熟人，见面时一般也只行握手礼，只有夫妻和情侣见面时才行拥抱、亲吻礼。德国人很重感情，也非常好客。德国人素以勤劳著称。德国人每年只有两个假期，但假期较长。

在德国，从各级政府到普通平民都非常重视教育，特别是重视基础教育。

德国人一向喜欢结社，有各式各样的会社。德国人非常爱清洁，注重仪表。上班必须穿工作服，而下班后是绝不能穿着工作服上街的。

在德国，女孩订婚被视为一件十分慎重的大事。在女孩子订婚前，其父母总要像做广告似的把订婚启事写在华丽的帖子上分寄给亲朋好友。帖子的左面写有女方订婚所要求的条件，右面为空白，留着给未来的女婿填写订婚条件。如若哪位男子同意接受女方的条件，便身穿礼服，手捧鲜花，带上帖子赴女方家里做客。双方谈妥后，男女方相互交换戒指，订婚遂成。

德国人喜欢口味清淡、微酸甜的菜肴，不喜欢过于肥腻、辛辣的食品。德国人不喜欢吃羊肉，很多人也不喜欢吃鱼。他们最爱吃的是各类猪肉食品，如猪排等，其次是各类牛肉。

德国的传统节日有啤酒节、狂欢节、基尔周节等。啤酒节是被誉为“啤酒城”的德国巴伐利亚州首府慕尼黑的民间传统节日，它持续的时间很长，每年从5月揭序幕，在9月的最后一个星期进入高潮，一直持续到10月的第一个星期结束，所以啤酒节又叫“十月节”。狂欢节是德国的传统节日，从每年11月11日11时起，一直到第二年复活节前40天为止，历时两个多月，最后一周是狂欢节的高潮。基尔位于德国北部，濒临波罗的海。基尔周节从每年6月第二周的星期六开始，为期8天。基尔周节初为帆船节，始于一百多年前，后来又陆续增加了各种文艺活动，现已成为国际性的活动周。

德国人以干扰、妨碍别人的工作和生活秩序为耻。除宗教禁忌外，德国人对颜色禁忌较多，对茶色、黑色、红色、深蓝色他们都有忌讳。德国人还忌吃核桃，忌送玫瑰花。

3. 法国

法国人大多信奉天主教。法国人一般性格开朗，喜欢与人交往。他们衣着讲究，尤其是女士。法国人初次见面，一般不需要送礼。第二次见面时，则应考虑送些礼物，否则，就有可能被认为是失礼。法国人行接吻礼时，规矩很严格，只有夫妇和情侣才真正接吻，而朋友、亲戚和同事之间只能贴面，长辈对小辈则亲额头。

法国青年的婚礼多在天主教堂举行。婚礼之前要举行订婚仪式，小伙子要亲手给未婚妻戴上戒指。近年来，法国时兴在给新婚夫妇送礼物前先跟他们本人或家人取得联系，了解需求后有目的的送礼。礼品一般在出席婚宴时亲手交给新婚夫妇。

法国人一般不吝惜在饮食上花钱。在口味上要求脆嫩、鲜美、浓郁，但不喜欢吃辣。他们吃的菜肴较生，选用的原料力求鲜活，如牛扒、烤牛排等都以带血丝为好。此外，他们对葱、蒜、丁香、香草等异味调料也很感兴趣。

法国同许多其他西方国家一样过圣诞节和复活节，此外还有圣蜡节、狂跳暴饮节等。每年2月2日是法国的圣蜡节，这是一个宗教节日，节日里最受欢迎的食品是鸡蛋饼。法国每年都要庆祝狂跳暴饮节，有的城市要持续三四天。节日期间，每个人都身着节日的盛装，有些人还想方设法把自己打扮得古怪离奇，以引起人们的注意。

法国人很忌讳初次见面时询问对方尤其是女子的年龄；忌讳黄色的花，认为黄色的花象征不忠诚；忌黑桃图案，认为其不吉利；忌仙鹤图案，认为仙鹤是蠢汉和淫妇的象征。

4. 俄罗斯

俄罗斯人很讲礼貌，有修养，见面时总是先问好再握手致意，而且见面时要称呼对方的名字，因为他们认为光称呼姓是不礼貌的。朋友间行拥抱礼，并亲面颊。

俄罗斯人的婚礼颇具古典特色。举行婚礼时，新人的亲朋好友要赠以礼物。在礼物中必须有一个大而圆的面包和一些食盐，意为祝新人幸福欢乐。

俄罗斯人喜食味大、油腻的食物，还喜欢酸、甜、咸和微辣等口味。在午餐和晚餐时一定要喝汤，而且要求汤汁很浓。俄罗斯男子好饮酒，尤其喜欢烈性白酒伏特加，而且多数人酒量很大。

在俄罗斯，新年的概念要比其他国家宽泛得多，特别是在近几年来，他们在辞旧迎新的十几天时间里要过三个节：一是 12 月 25 日多数基督教会规定的圣诞节；二是 1 月 1 日俄罗斯全民的新年；三是 1 月 7 日俄历中的圣诞节。2 月末 3 月初是俄罗斯人传统的送冬节，届时，许多城乡都要举办狂欢活动，家家户户都将住宅装饰起来，呈现出浓烈的喜庆气氛。

与俄罗斯人交往时，忌问女子的年龄。如果某女子自己说出了年龄，可以说些诸如“您仍显得很年轻”这样的赞扬话。初次见面时，不要总是主动向对方问这问那，也不要主动向对方谈自己的情况。

5. 意大利

意大利人在路上见面时一般是握手或简单打个招呼。称呼大学毕业生要加上通用的头衔。进行商业会晤要提前安排，但不一定准时，因为在社会活动中，准时并不被认为是意大利人的美德。意大利人热情好客，如果你被人邀请，则不能拒绝，那样做是不礼貌的。

午餐在一天中是最丰盛的一餐，时间一般要持续两三个小时，去意大利人家中做客，不要忘了带一些花和巧克力作为礼物。

意大利人忌送菊花，因它只在葬礼上使用。另外，所带花的数目必须是奇数，偶数在意大利被认为不太吉利。在意大利，互相赠送商务性礼物也是很普遍的。他们交谈的话题一般有足球、家庭事物、公司事务以及当地新闻等，但不喜欢谈美式足球和政治。

二、亚洲

亚洲有着古老的历史和灿烂的文化，亚洲人民在长期的生活实践中形成了富有地域特色的习俗礼仪。

1. 日本

日本和中国是一衣带水的邻邦。日本人注重礼仪，在待人接物上谦恭有礼，在语言和举止方面讲究礼貌。日本妇女对男子极为尊重。在日本，自古以来家家都有父系尊长的传统，俗称“家长制”。日本的工作年度和学业年度的计算，都是从每年的4月1日开始，至次年的3月31日止。各级公署、企业、公司和学校，都把4月1日当作新年度的首日。

日本人喜欢柔道，柔道是日本传统的以健身养性为目的的攻防武术。日本女子喜爱“花道”，花道是一种传统的室内插花造型艺术。日本人还喜好书法，称其传统的书法为“书道”，并视之为修身养性的艺术。

日本人的宗教信仰比较复杂。按日本的传统，多数人信奉本国固有的神道和外来的佛教。神道是日本民族的宗教，神道信仰多神，特别崇拜作为太阳神的皇祖神“天照大神”，并以之作为日本民族的祖神。天皇是“天照大神”的后裔并且是其在人间的代表，皇统就是神统，地方称神社或神宫，称神职人员为词官、词掌等。

在日常生活中，日本人相见时极重礼节，他们通常要脱帽鞠躬，互致问候。若首次相见，双方相互鞠躬致意之后，还要自我简介或互赠名片，一般不相互握手。如果是老友相见，则可握手或拥抱。见面时常用的礼节话有“您好”“您早”“晚安”“再见”“拜托了”“初次见面，请多关照”等。

在婚姻上日本实行一夫一妻制。大多数日本人把结婚看作是人生最重要的大事之一。当代日本青年对待婚恋大多注重独立自主的个性，他们通过自由恋爱并相处一定时间后，便郑重其事地举行订婚和结婚仪式。结婚后，女方要把姓氏改为丈夫的姓氏；男方到女方家中入赘者，男方要把姓氏改为女方的姓氏。

礼仪小浪花7－2 **日本人的婚礼**——日本的婚礼仪式较多，常见的有“人前结婚式”和“祈神结婚式”。“人前结婚式”比较简便，其程序是：双方亲朋好友入场→媒人引导新人入场→司仪或媒人简介新人恋爱经过→新人宣读盟誓→全场干杯庆贺。“祈神结婚式”是一种传统的结婚仪式。当新娘来到男家时，要喝下一杯新郎送的由男女两家共制的混合水，以祈求水神保佑；然后在众人的“恭喜”声中，新娘必须跨过院内的火堆，继而到厨房绕火炉三圈，并将锅盖顶在头上，以祈求火神赐福。

（资料来源：田光占．旅游礼仪．第1版．成都：西南财经大学出版社，2001）

日本是四面环海的岛国，特殊的地理环境决定了日本民众独特的饮食习惯。日本的饮食有本国固有的“日本料理”，有从中国传去的“中华料理”，也有从欧洲传去的“西洋料理”。“日本料理”的主食是米饭，吃菜采取分食制。日本人在口味上喜欢味鲜带咸和清淡素雅，有时稍带甜酸和辣味。日本人酷爱吃鱼，有吃生鱼片的习惯，但吃生鱼片时要求生鱼片非常新鲜，并且吃时一定要蘸加了辣椒末的酱油。“便当”和“寿司”在日本是最受欢迎的两种传统方便食品。“便当”就是盒饭，“寿司”就是人们在逢年过节时才吃的“四喜饭”。

日本民族最隆重的节日是春节，时间是公历的元旦。按照日本的一般风俗，除夕前要大扫除，并在门口挂草绳、放橘子，门前摆放松、竹、梅，取其吉利之意。日本青年进入20岁时，就要举行“成人节”。“成人节”在1月5日举行，是固定假日。5月5日是日本的“男孩节”，又称“子供日”。过节之际，无论城乡，只要有男孩的家庭，各家在屋顶上都树起竹竿、挂起用尼龙布、纸或塑料制成的各色空心鲤鱼标帜，其数量与家中男孩之数相等。日本人认为，鲤鱼喜欢逆水而上，这正好体现了男孩的勇敢与上进精神。

日本人忌送玻璃、陶瓷之类的易碎易破品，也不会将上面装饰有狐狸或獾图案的物品以及将菊花和装饰有菊花图案的物品作为礼物送人，因为日本人认为，狐狸象征狡猾，獾象征奸诈，而菊花是皇室家庭的标志，一般人不敢也不能接受。在日常的友好馈赠中，切忌用“4”“6”“9”“42”这些数字或数量的礼品。另外，梳子在日本受到冷遇，切忌以梳子为礼品赠人。这是因为在日文中“梳子”的发音与“苦死”同音，意为极其辛苦，所以，送梳子意味着给别人送去辛苦。日本人就餐时，忌讳用一双筷子给每个人夹菜，筷子也不能插在米饭中，因为一碗垂直插着筷子的米饭，是用来祭祀死者的。除此之外，在使用筷子时还要注意忌舔筷（用嘴吸舔筷子上的卤汁），忌迷筷（执筷在餐桌上四处游寻食物），忌移筷（动了一个菜之后却不吃，紧接着又去动另一个菜），忌扭筷（扭转着筷子舔食它上面所粘的饭粒等），忌跨筷（将筷子跨置于器皿上），忌用签筷（以筷当牙签用，挑剔牙齿）。日本人忌绿色，他们认为绿色是不祥的颜色。

2. 韩国

韩国人好客，且能歌善舞，妇女对男子很尊重。韩国人的生活习惯在许多方面与中国东北地区相近，如早起床、爱清洁、讲卫生等。

近年来受西方生活方式影响，某些方面有欧化的趋势。

韩国人的主食是米饭，大酱汤和泡菜是副食中不可缺少的两道菜。酱是韩国各种菜汤的基本佐料；泡菜的主料是白菜、萝卜，佐料是辣椒、大葱和大蒜，有时还要加入鱼虾酱一并腌制。韩国人喜欢吃牛肉、猪瘦肉、鸡肉和海味，烹制方法上多采用烧烤。素菜中他们喜欢吃黄豆芽、卷心菜、萝卜、菠菜和洋葱。

韩国目前婚礼仪式已大大改良和简化了，但仍然十分郑重，要进行西式和韩式两种婚礼。礼堂的布置与其他国家大致相同，因韩国人多数信奉佛教，所以没有十字架和基督像。教堂两旁有两个白色蜡烛组成的心形花牌，婚礼开始时由新郎、新娘的母亲共同点燃。婚礼的仪式与其他国家也大致相同，新郎着黑色礼服先进礼堂，然后在乐曲声中，身着白色长裙、头披婚纱的新娘由其父挽手步入。不过证婚人不是神父或牧师，而是由德高望重的社会贤达担任。大多韩国人请新郎的恩师或上司做证婚人。证婚人一般说一些祝福告诫的话。

韩国人对“4”字非常反感。如楼房的编号忌讳出现“4 楼”“4 栋”“4 室”“4 号”之类；军队、医院等也绝不用“4”字编号。韩国人饮茶或饮酒时，不但忌饮“4 壶”“4 杯”“4 碗”等，还忌饮双壶、双杯、双碗。待客时，主人总是以 1、3、5、7 这些数字单位来敬酒或献菜，并力避以双数停杯罢盏。

3. 泰国

泰国是信奉佛教的国家，佛教为其国教。泰国人很讲礼貌，晚辈对长辈处处表示尊重，泰语中敬语用得很多。

在泰国的日常生活中，晚辈在向长者行礼时，必须躬身且双手合十。佛在泰国处于至高无上的地位，无论是上层人物还是平民百姓，遇见僧人时都必须行礼，僧人却概不答礼，即使对国王也不例外。

由于泰国是佛教国家，因此男女必须经过“剃度”才能进行婚恋。泰国人举行婚礼时，新人先向双方父母行礼，然后父母用一壶清水浇在新人相合的手上，亲友则赠送竹琴、香蕉、甘蔗等礼物，以祝婚姻美满幸福。

泰国人以稻米为主食，他们最喜欢具有民族风味的“咖喱饭”，剁生牛肉是泰国人喜爱的美味，鱼露和辣椒被当作最好的调味品，槟榔和榴莲是泰国人最爱吃的水果。

每年的4月13日到16日是泰国的传统节日宋干节，“宋干”是求雨的意思。节日期间，全国放假两天。4月13日，举行“浴佛”庆典，人们提着食品、捧鲜花或托香烛赶到寺庙去祈祷。

在泰国记住不要踩门槛，根据泰国风俗，那是灵魂居住的地方。不要随便用你的脚指点任何东西，不管是站着还是坐着，都不要让你的脚引人注目。不要碰任何人哪怕是小孩子的头，脑袋被认为是灵魂的所在地。

4. 新加坡

新加坡人多信奉佛教，也有信奉伊斯兰教、印度教和基督教的。新加坡人极重视法纪，同时也很重视“礼貌之道重于行”的准则。

由于受英国人的影响，新加坡人相当西化。然而，各民族的风俗习惯在那里并存，因此问候方式也各种各样，握手是最为普遍的问候形式，对东方人来说，还要稍稍鞠个躬。

在新加坡最好是提前安排会晤时间，准时到达。

新加坡人常用午餐或晚宴来款待客人。如与新加坡人中马来人或印度人一起吃饭时，不要用左手。如果你被邀请到新加坡人家里吃饭，可带一盒巧克力或花作为礼物。

在与新加坡人谈话中，要避免涉及宗教与政治，易被接受的话题有旅游经历、所访问国家的新闻以及新加坡的经济成就等。

三、美洲

美洲各地历史和经济发展的进程不同，导致宗教文化、生活习俗等方面存在明显差异。

1. 美国

美国是一个移民国家，美国人幽默诙谐，浪漫奔放，为人随和，自由平等观念较强，注重实利，进取心很强。

美国人在与人接触时十分讲究文明礼貌，见面时一般施点头礼、举手注目礼、握手礼、接吻礼。但与英国人比较，美国人显得有些不拘小节。初次见面时，人们往往不行握手礼，而是直呼对方名字，但有时也会极其随便地握一下，并笑着说声“嘿”或“哈罗”。

美国人在婚姻问题上，讲求感情第一，爱情自由。美国的传统婚礼在仪式方面可谓无奇不有。一般来说，在婚礼上着重突出“新、旧、借、蓝”的特点。所谓“新”是指新娘须穿着崭新的雪白长裙，以示新娘从此开始新的生活；“旧”是指新娘头上的白纱必须是旧的，白纱一般是其母亲结婚时用过的，以示新娘不忘父母的恩情；“借”是指新娘的手帕是向自己的女友借来的，以示新娘不忘友情；“蓝”是指新娘身披的缎带必须是蓝色的，以示新娘已获得了赤诚的爱情。

美国人喜欢咸中带甜的菜肴，口味清淡。目前美国人越来越重视食品营养。吃肉的人渐渐少了或是食入量小了，而海味和蔬菜对人们越来越有吸引力。美国人无论男女老幼对冷饮都颇感兴趣，尤其对冰淇淋有着特殊的嗜好。美国人用餐一般不在精美细致上下功夫，而讲求效率和方便。所以，快餐便成为美国式饮食的最典型特征。受欢迎的快餐是汉堡包、热狗、三明治以及各种饮料。麦当劳、肯德基等快餐店也已在世界各地落户。

美国人的主要节日除了圣诞节、复活节外，还有感恩节、玫瑰游行节。感恩节在每年11月的最后一个星期四；玫瑰游行节在每年的1月2日，届时，在乐队优美的吹奏曲中，长达四五英里的玫瑰游行队伍，沿路缓缓而行。

同许多西方国家一样，美国人对于“13”这个数字最为忌讳。美国人忌讳养黑猫，认为只有纯白色的猫才能给人带来好运，而黑色的猫只会给人带来厄运。美国人忌讳以蝙蝠作图案的商品和包装，认为蝙蝠这种动物吸人血，是凶神的象征。

2. 加拿大

加拿大人大部分信仰天主教、基督教。他们热情好客，讲究礼貌，遵守时间，喜欢现代艺术，酷爱体育运动。

加拿大人比美国人要保守些。他们见面与分手时的适当举止是握手。在加拿大的大部分地区都要准时赴约。大多数的款待都在饭店或俱乐部举行。

加拿大人的饮食习惯近似美国人。他们口味清淡，喜欢吃烤、煎、炸以及酥脆的食品，一般不用带有蒜味、酸辣味的调味品。

加拿大人多为欧洲血统，所以节日主要都是西方国家共有的圣诞节、感恩节等。另外，每年的严冬之际，还有加拿大自己的冰雕节。

如果在私人家里受到款待，要给女主人送花，但不要送百合花，那会使人想起葬礼。加拿大人一般不喜欢黑色和紫色。在宴席上，习惯常用双数安排座次。

第三节　中外主要节日礼仪

世界不同国家和民族由于历史和国情等方面的不同，都有着各自不同的节日习俗和礼仪，认识和了解它们有着重要的意义。

一、中国传统节日

我国是一个有着悠久历史的文明古国，五千年的历史长河形成了

中国特色的传统节日。主要的节日有：春节、清明节、端午节、七夕节、中秋节、重阳节等。

1. 春节

春节是中华民族的传统节日，是中国最盛大的节日，也就是农历的新年。亚洲许多国家也有这一节日。在这个节日里人们欢庆时间最长，礼俗也最受人重视。春节从农历大年三十开始，一直到元宵节前结束，举国上下，普天同庆。中国人民一般以此为新一年的开始。儿童们在这期间受大人的约束减少，有好吃的，好玩的，当然是最快活的，不懂事的他们总是在盼着过年。

中国人过年的礼仪是很复杂的，一进入腊月，过年气氛便一天浓似一天。有民谚云："腊鼓鸣，春草生。"乡民们为祈求福寿吉祥，避灾免祸，在开阔的空地上敲起细腰鼓，戴上假面具，扮成力士金刚的模样跳起家乡舞蹈，以祈求平安。从宋代起，腊月初八吃"腊八粥"就成了百姓们的习俗。据传说释迦牟尼在得道成佛之前，游历各地，有一天因饥饿昏倒在地，一个牧羊女用五谷杂粮煮粥将其救活，并从此精神倍增，得道成仙。因这一天是腊月初八，"腊八粥"由此得名并相沿成习。"腊八粥"是用红米、玉米、小米、菱角米、栗子、红小豆、去皮枣泥等和水煮熟，再加入核桃仁、杏仁、瓜子、花生、松子及白糖、红糖和葡萄干以作点缀形成的。至今这一习俗仍流传民间，只是粥中原料有些变化而已。

吃了"腊八粥"就开始安排时间打扫尘埃，这项工作一般是在送灶前举行。家家户户把房子内外清扫得干干净净，把家具衣物洗涤一新，以示除旧迎新。送灶，是在腊月二十三日，旧时这一天的晚上，民间有送灶神的习俗。在黄河流域诸省送灶用些糖果之类，还要备些清水草豆。据说糖果是给灶神吃的，清水草豆是为灶神的马匹准备的。祭毕，将灶神请下，到除夕日再接入灶神供奉。送灶，在一些地方也称过小年，要燃放鞭炮。除夕，又称大年夜，时值农历十二月的最后一天，这一天家家户户都要摆天地桌，供奉家祖和神灵。在室内（多是卧室内）贴年画，且多是四美图和一些忠孝节义的故事画，以山东潍坊杨家埠、江苏桃花坞和天津杨柳青的年画为最好。在大门上要贴春联，并在门楣上挂门钱。除夕夜，家家户户的人们都守岁不睡觉。到了晚上零点时分，家长将新灶神像贴好，在像前放些贡品，意思是把灶神从天上接下来，直到现在许多地方仍有这一习俗。

守岁和年夜饭，是春节的重要内容。零点时分辞旧迎新的鞭炮声响彻云霄，热腾腾的饺子或汤圆端上桌来，全家人围坐在一起，边吃边谈，辞旧迎新，共庆新一年的开始。现在我国的家家户户除夕坐在电视机前看电视春节联欢晚会，已形成了新的春节习俗。

春节前后，社会团体一般要举办迎春会、团拜会、招待会，同时要去探望高龄的老同志。民间在外地生活的人们，也纷纷放下工作，奔回父母身边，共享天伦之乐。除夕过后，人们相见互致问候，俗语称拜年。

过春节放爆竹已有千年的历史。旧时放爆竹有两个意思，一是为了驱鬼迎神、祈求五谷丰登；二是为了增加节日欢乐气氛。在中国农村，人们仍然按传统习惯燃放烟花爆竹，而城市中则开始流行用磁带来代替那种热闹的声响。

2. 元宵节

农历正月十五为元宵节，又称“上元节”，俗语称“灯节”。现在的元宵节一般都是正月十三试灯，到正月十八落灯，前后共计五六夜，除了灯会之外，元宵节还有舞龙、舞狮，热闹非凡。

舞狮子是我国遍及城乡的文娱杂技活动，每当新春和元宵佳节之际，“狮子”在手持“拂子”的演员的引逗下，做出各种优美、风趣、刚健勇武的动作，深受人们喜爱。“舞龙”是元宵佳节传统的游戏舞蹈项目之一。早在2000多年前的汉代，我国就已经有了舞龙活动了。观看舞龙不仅可以使人欣赏到精美的舞技，愉悦节日气氛，而且更以龙的雄健气魄，壮人情怀，催人奋进，给人以巨大的鼓舞和力量。

正月十五吃元宵是我国各地普遍盛行的风俗习惯。通常一过初十，枣泥元宵、糖馅元宵、什锦元宵、花生元宵、桃仁元宵等便应时上市，叫卖声不绝。现在元宵种类更加丰富，味道更加可口，人们也不必非在元宵节时才吃元宵不可了。

3. 清明节

清明节在每年的四月初。旧时清明节前一天为寒食节，由于这两个节日只差一天时间，而且寒食节的活动在古代往往要延续到清明，渐渐地两个节日就合并在一起了。清明节有踏青、扫墓、植树等礼仪活动。

4. 端午节

农历五月初五为端午节，又称端阳节、粽子节等。端午一到，家家户户便挂上钟馗像和艾叶，赛龙舟，吃粽子，饮雄黄酒，佩香囊。其起源众说纷纭，但民间多以纪念伟大的爱国诗人屈原的说法为多。

5. 七夕节

人们把七夕节叫做乞巧节，无疑是与牛郎织女的故事相联系着的。因为所谓乞巧，就是向织女乞取智巧。牛郎织女的故事传至近代，已是家喻户晓了。七月恰逢荷叶生长正盛之时，故点荷叶灯以示过节。由此可知，家家门前点灯庆祝，这是七夕节的一个重要特征，它与除夕点天灯具有类似之处。

6. 中秋节

中秋节是汉族的传统节日，流行于全国各地。汉代就有了中秋节的雏形；到了唐代，中秋赏月已经十分盛行；到了宋朝定为节令，并以月饼为节日食品。中秋节，也是团圆节，人们习惯一家老幼围桌而坐，赏月品酒，兴致浓时，分食大月饼，俗称吃团圆月饼。

7. 重阳节

重阳节在农历的九月九日，《易经》以阳爻为九，九为阳数，两九相重，故名重九；日月并阳，两阳相重，又称重阳。重阳节民间有登高旅游、赏菊、放风筝等礼俗。现代重阳节许多地方又增加了尊老的内容，因此重阳节又含有敬老节的内涵。

以上节日是汉民族地区广泛流行的重大节日。在我国少数民族地区，各民族人民都有自己的节日。如藏族的藏历年、沐浴节，苗族的苗年、姊妹节，壮族、黎族、侗族的三月三节、社节，拉祜族的拉祜节，傣族的泼水节，黎族的迎春节，维吾尔族、哈萨克族的努鲁斯节，高山族的五年节，等等。各民族传统节日到来之日，人们载歌载舞，欢度节日，且世代相沿，遂成民族礼俗风情。

二、国外主要节日

相对于在中华本土诞生、成长起来的节日，国外节日习俗和礼仪也有其自身的特点。

1. 圣诞节

圣诞节是天主教教徒和基督教教徒的盛大节日，从12月25日算起，连续一个星期。圣诞节前夕，教徒们组成歌咏队，到各个教区去唱圣诞歌曲，称之“报挂普”。天主教会午夜12时，即25日零点举行“子夜弥撒”，此系盛大宗教仪式。

在西方各国，圣诞节的宗教气氛已经大大地减弱了。到这一天，圣诞老人最受欢迎，他身穿红皮袄，头戴大皮帽，银须白发，红光满面，和蔼可亲，在五彩缤纷的圣诞树下给孩子们赠送礼物，孩子们个个拍手欢笑，家家欢颜，户户开怀。人们互道圣诞快乐，其喜庆气氛与中国的春节并无多大区别。

圣诞节，近年来在我国沿海城市也开始流传，尤其在青年人中影响较大。

2. 复活节

每年在教堂庆祝的复活节指的是春分月圆后的第一个星期日，如果月圆那天刚好是星期日，复活节则推迟一星期。因而复活节可能在从3月21日到4月25日之间的任何一天。复活节是最古老最有意义的基督教节日。因为它庆祝的是基督的复活，世界各地的基督教教徒都要庆祝这一节日。蛋、小鸡、小兔子、黄花，特别是百合花是这一节日的象征。复活节也是向你所关怀的人送鲜花、盆景、胸花等物品的节日。复活节那天早上，孩子们会发现床前的复活节篮子里装满了礼物。按照传统，人们在复活节一般给孩子们送去小鸡、小鸭、小兔子等小动物，但孩子们却年龄太小往往不能正确地喂这些小动物，所以究竟送什么礼物给孩子们，你得认真考虑一番。

3. 感恩节

感恩节是美国法定假日中最地道、最美国式的节日，而且它和美国历史最为密切相关。1620年，一些朝圣者（或称为清教徒）乘坐“五月花”号船去美国寻找宗教自由。他们在海上颠簸折腾了两个月之后，终于在酷寒的11月里，在现在的马萨诸塞州的普里茅斯登陆。在第一个冬天，半数以上的移民都死于饥饿和传染病，活下来的人们在第一个春季开始播种。整个夏天他们都热切地盼望着丰收的到来，他们深知自己的生存以及殖民地的存在与否都将取决于即将到来的收成。后来，庄稼获得了意外的丰收，所以大家决定要选一个日子来感谢上帝的恩典。多年以后，美国总统宣布每年11月的第四个星期四为感恩节。感恩节庆祝活动便定在这一天，直到如今。

感恩节庆祝模式许多年来从未改变。丰盛的家宴早在几个月之前就开始着手准备。人们在餐桌上可以吃到苹果、橘子、栗子、胡桃和葡萄，还有葡萄干布丁、碎肉馅饼、各种其他食物以及红莓苔汁和鲜果汁，其中最妙和最吸引人的大菜是烤火鸡和南瓜馅饼，这些菜一直是感恩节中最富于传统意义和最受人喜爱的食品。人人都赞成感恩节大餐应以烤火鸡为主菜。火鸡在烘烤时要以面包作填料以吸收从中流出来的美味汁液，但烹饪技艺常因家庭和地方的不同而各异，应用什么填料也就很难求得一致。今天的感恩节是一个不折不扣的法定假日。在这一天，人们共同为他们一年来受到上苍的恩典对上苍表示感谢，虔诚地祈求上帝继续赐福。

4. 父亲节

每年6月的第三个星期天为父亲节。这个节日是由美国一位妇女率先倡导的，她就是达德夫人。达德夫人幼年丧母，兄妹六人全靠父亲一人抚养长大。为此，她十分感谢父亲的养育之恩，1910年向教会建议每年6月的第三个星期天为父亲节。

1972年，美国国会正式确定了这个节日。每逢节日，凡是父亲健在的子女都要佩带一朵红玫瑰，父亲去世的要佩带一朵白玫瑰。同时，子女们要带上给父亲的礼物，去庆贺节日；不能去看望父亲的子女，也应寄上礼物或贺卡给父亲，以表示对父亲的尊敬。这一节日在我国南部沿海地区已有流传。

5. 母亲节

每年5月的第二个星期天为母亲节。这个节日源于美国，它是在著名的妇女活动家贾维斯的建议下由美国国会规定的。目前该节日已流传于欧亚大陆的许多国家，成为一个世界性的节日。在一些国家，每逢母亲节，家家户户都挂起国旗或彩旗以表示对母亲的尊敬。儿女们只要有可能，都要尽量回到母亲身边欢度节日；在外地不能回家的儿女，也要寄上礼物或打电话向母亲祝贺节日，以此来表达对哺育他们长大的慈母的爱。母亲们也十分喜欢这个幸福团圆的日子，高高兴兴地和儿女们共享节日的快乐。这一节日在我国的城市中已有流传。

6. 情人节

情人节也称“瓦伦丁节”。此节日可以追溯到公元3世纪。那时，好战的罗马克拉底斯大帝，为了扩军备战，不许青年人谈情说爱，禁止已到婚配年龄的青年男女结婚成家。这一暴政当然受到人民的反对，牧师瓦伦丁不仅劝阻大帝收回成命，而且勇敢地向这一禁令挑战，毅然为青年男女主持婚礼仪式。这极大地触怒了统治者，瓦伦丁遂被捕入狱，后死在狱中。瓦伦丁是为了青年人的爱情而死的，人们为了纪念他，就把他逝世的2月14日定为情人节。每到这一天，世界各地的青年男女都要选一件精美的礼物送给自己的心上人，青年女子则把月桂树叶贴在枕头上期盼着能与自己的白马王子在梦中相会。其他不同年龄阶段的男女，也用不同的方式来表达对自己配偶或恋人的情怀。目前，情人节已在我国城市年轻人中间开始盛行起来。

第四节　中外主要宗教礼仪

宗教是一种社会意识形态，是对客观世界的一种虚幻的反映。目前，世界上信奉各种宗教的信徒人数约占全世界总人口的60%以上，其中，影响最大的是基督教、伊斯兰教、佛教和道教。

一、基督教礼仪

被称为世界三大宗教之一的基督教，分布在150多个国家和地区，目前在全球有信徒10亿左右。基督教实际上是个统称，它包括三大派系：罗马公教、东正教和新教。三大派系是在16世纪欧洲宗教改革后，由基督教中各教派分化而成的。在我国，罗马公教被称为天主教；新教往往被称为基督教，又叫耶稣教；正教又叫东正教，较集中于东北和新疆一带，人数不多。

1. 基督教的创立与发展

基督为“基利斯督”的简称，意指上帝所差遣的救世主，是基督教对耶稣的专称。所谓基督教，即信奉耶稣基督为救世主之各教派的统称，公元1世纪由地中海西岸巴勒斯坦小城拿撒勒人耶稣创立。相传耶稣是上帝的独生子，为圣灵感孕童贞女玛丽亚并由玛丽亚养大成人。传说耶稣掌握许多神出鬼没之术，能使瞎子复明、跛子行走、死人复活，因其所传福音而得罪犹太教和当权者而被钉死在十字架上。据传死后第三天复活，显现于诸门徒，复活后第四十日升天。据称，将来会再度下降人间，审判世界，在地球上按上帝的意志拯救人类。基督教的经典是《圣经》。

2. 主要称谓

基督教各宗派由于对《圣经》的理解不同以及各自历史背景的不同，因而各宗派的教会制度也不尽相同，教会人员的设置、职责和称谓也有差别，但都设有主教、牧师、长老、执事、传道等职位。对这些神职人员，信徒一般都以他们所任的职位相称呼，前面冠之以姓；对男传道则称他们为弟兄，对女传道称姊妹。

3. 常用礼仪

礼拜是基督教最主要的宗教活动形式，一般在教堂举行，并且每星期举行一次，由牧师主持。基督教徒认为，耶稣基督是在星期日复活，所以在这一天进行礼拜，称为主日礼拜；星期六是安息日，在这一天进行的礼拜称为安息日礼拜。礼拜的程序通常有唱诗、读经、祈祷、讲道、祝福等内容。为纪念耶稣受难而举行的圣餐礼拜，一般每月举行一次，届时，礼拜程序中要增加祝圣、分饼等项。个别教派还

仿效耶稣在最后的晚餐前为门徒洗脚，在圣餐礼拜前也互相洗脚，以示谦卑，称为谦卑礼。

4. 饮食礼仪

基督徒饭前往往要祷告，斋期只食素菜和鱼类，忌食一切肉食和酒类。在饮食方面，各教派不一样。有的饮食习惯如常人，有的食素，有的则忌猪肉、兔肉和爬行动物的肉；在饮酒方面，有的不忌酒，有的只忌烈性酒。

5. 主要节日

基督教的主要节日有复活节和圣诞节。

二、佛教礼仪

佛教是世界上最古老的宗教之一。广泛流传于亚洲许多国家和地区，特别集中流传于东南亚，近代才传到欧美大陆。

1. 佛教的创立与发展

佛教产生于公元前 6 世纪至公元前 5 世纪的古印度，至今已有 2500 多年的历史。创始人名悉达多，姓乔答摩，信徒尊称其为“释迦牟尼”。佛教是以超脱轮回，投身净土，达到涅槃为最高目标的宗教。目前，世界上的佛教徒共有 3 亿多人。

佛教在其发祥地印度的发展，从公元前 6 世纪至公元 12 世纪大约 1800 年的历史中，大致可分为 3 个时期：初 600 年为原始佛教时期及部派佛教时期；中 600 年为大乘佛教时期；后 600 年为密乘佛教时期。佛教的基本教义是逐步形成的，核心是宣扬“人生充满痛苦，只有信佛才能摆脱痛苦”的思想。其主要教理有“四谛说”“八正道说”“十二因缘说”“因果报应”“生死轮回说”等。佛教的经典是《大藏经》，它是一部百科全书式的佛教全书或佛教经典总集，又称

《三藏》。

2. 主要称谓

一般有“四众弟子”“出家四众”“出家五众”“七众”之称。出家人中，受了十戒的男子称比丘，女子称比丘尼。寺庙的主僧称住持，在我国俗称方丈。

3. 常用礼仪

佛教的日常礼节主要有“合掌”“顶礼”和“摩顶”三种。“合掌”也称“合十”，是佛教徒的普通礼节，即双手当胸，十指相合，专注一心，不得散漫。一般教徒在见面时，多以合掌为礼，以表敬意。“顶礼”，就是双膝跪下，额头叩地，两手掌上翻，即俗话所说的“五体投地”。在家或出家的教徒向佛、菩萨跪拜时，必须行顶礼。“摩顶”又称“摸顶”，是指佛教中的法师手摸众信徒的头顶，赐福于信徒。

4. 饮食礼仪

按照佛制比丘每日仅进一餐，后来也有进两餐的，但必须在午前用毕，过午就不能进食，称“过午不合戒”。僧侣不食荤。在佛门中荤专指大蒜和葱等那些气味浓烈、刺激性强的东西，因吃荤不利于修行，所以为佛制所禁。

5. 主要节日

佛教的节日很多，重要的有“浴佛节”“涅槃节”“成道节”“盂兰盆会”等。

三、伊斯兰教礼仪

伊斯兰教是一种最“年轻”的世界宗教。大约在公元 7 世纪初

产生于阿拉伯半岛上的麦加城。在我国又称清真教、天主教，俗称回教。世界上约有8亿伊斯兰教教徒。在近40个国家中，伊斯兰教教徒，分别占其本国人口总数的半数以上。

1. 伊斯兰教的创立和发展

伊斯兰为阿拉伯语的音译，本意为“顺服”，即顺服惟一的真主安拉。其教徒被称为“穆斯林”。穆斯林是阿拉伯语的音译，本意为“顺服者”，即顺服安拉意志的人。伊斯兰教创立于公元7世纪初，距今已有1300多年的历史，它虽然创立较晚，但发展很快，世界上许多国家和地区都有其教徒。伊斯兰教的经典是《古兰经》和《圣训》。

2. 主要称谓

伊玛目，即教长，逊尼派用以称呼穆斯林的领袖，什叶派用以称呼所拥戴的政教领袖。一般用于称呼清真寺的教长。“穆斯林”是对信仰伊斯兰教的教民的统称，也有称穆斯林为“穆民”的。穆斯林之间，无论在什么地方、无论职位高低，都互称兄弟。伊斯兰教对宗教从业者和具有伊斯兰专业知识者，统称为“阿訇”。

3. 常用礼仪

穆斯林见面时要互致“色兰”，意为“平安”。如致意者说：“祈求安拉赐你们平安。”答谢者则道：“祈求安拉也赐你们平安。”致答时既可以握手、拥抱，也可以将右手置于胸前，表白发自内心的祝愿。

礼拜是穆斯林敬拜安拉的一种形式，一般在清真寺中集体举行，也可以在家中、郊外及坐骑上随时举行，只要是干净无污的地方就可以举行礼拜。礼拜有多种形式：

（1）五时礼拜。即每日不同的五个时刻所作的礼拜，包括晨礼、晌礼、晡礼、昏礼和宵礼。

（2）主麻礼拜。即每周五午后举行的集体礼拜。

（3）节日礼拜。即开斋节和宰牲节的礼拜。届时，要到清真寺或大的广场进行集体礼拜，故又称会礼，举行时间在日出后至午间。

（4）殡礼。即为亡人举行的集体礼拜。

4. 饮食礼仪

穆斯林的饮食习惯，给人印象最深的是禁食猪肉，其实他们在饮食上还有很多方面的讲究。在饮食方面，总的原则是提倡“清净的为相宜，污浊的受禁止”。《古兰经》对饮食方面的禁忌规定：穆斯林禁止食用自死之物及其血液，禁食猪肉以及未诵安拉之名而宰的牛、羊、驼、鸡、飞禽等。虔诚的穆斯林是不喝酒、不沾酒、也不卖酒的。因此，在请穆斯林做客时，不要摆酒，也不要敬酒。穆斯林特别喜欢饮茶，这主要是因为穆斯林喜欢吃牛肉、羊肉，喝茶可以帮助消化从而健胃强身的缘故。由于生活环境、宗教派别等原因，穆斯林在饮食方面的习惯也不尽相同。对于这些习惯，穆斯林一般抱着互相尊重的态度，只要不违背《古兰经》《圣训》的规定，都相互认可，不做干涉。

5. 主要节日

伊斯兰教的主要节日有开斋节、古尔邦节和圣纪节。

四、道教礼仪

自道教建立，延续至今，屡经变化，单说教派就有数十种之多。即使同一宗派，经过几代相传后，可能又衍生出一个新的派别。而原有的教派，或数派融合，或逐趋衰亡，或影响日隆，令人眼花缭乱、扑朔迷离。

1. 道教创立与发展

道教源于中国，主要流传在汉族地区，但在白、羌、苗等少数民族地区也有流传，并已传到东南亚、北美和欧洲的华人社会中。道教大约创立于东汉顺帝年间（126 年～144 年），至今已有 1800 多年的历史。它崇奉老子为教祖，以《道德经》为主要经典。其根本信仰是“道”，认为“道”乃是天地万物之根源，又是万物演化的规律。“道”既有自然的力量，又具有人格，因而尊老子为太上老君。认为人立善功，修道德，长生久视，能修炼成仙。

道教信奉的神仙众多，每逢神仙诞辰之日都是道教的节日。各地方道观还有将地方神的诞辰日定为节日的。每逢节日，各道观都要举行比较隆重的仪式，设坛诵经礼忏，祝颂仙道。道观周围也自然成为经济文化的庙会集市，并且相沿成习，成为代代相传的民俗。道教有所谓的“三官”，即天官、地官和水官，三官生辰分别为正月十五、七月十五、十一月十五，所以称为三元节。

2. 主要称谓

道教中，对信奉道教教义、修习道术的专职道教教徒称道士，对女道士称道姑，对非专职的道徒称居士、门徒或弟子。

3. 常用礼仪

道士在道观上殿，必须穿戴整洁，值殿的道士不准嬉笑言谈、左顾右盼，要保证大殿气氛庄严，殿宇整洁。道士不论是与同道还是与外客相见时，习惯双手抱拳放于胸前，以拱手为揖礼，向对方问好致敬，这是道教的传统礼仪。后辈教徒见到前辈时，可行鞠躬礼或跪拜礼。各派的跪拜礼略有不同，一般以师承为训。

非宗教人士遇到道士，既可行拱手礼，也可以行握手礼，对道士可冠以姓，称其“王道长”“李道长”，或称“王法师”“李法师”。进入道观参观时，要缓步低声，不要高声谈笑。如遇宗教仪式，不要在场内走动，也不要打听道士的年龄、身份和家庭等情况，更不要拍照。

道教主要的宗教仪式有：

（1）净坛。这是大型斋醮仪式的先行仪式，其意为祈请天将，会集诸司，以镇邪避恶，翊卫灵坛。

（2）进表。这是重要的斋醮仪式，即信众通过进表上达仙界，请众神降临斋坛。

（3）炼度。这也是重要的斋醮仪式，意为祈告真灵，炼化枯骸，超度冤魂，永脱沉沦。

（4）三课。这是指道士修持每天须行道三次，诵读功课，早晨曰清旦行道，午间曰中分行道，傍晚曰落景行道，总称为三课。现在也有简化为早晚两次行道的，称早晚课。

本章小结

本章介绍了中外习俗礼仪。在“我国部分少数民族和地区习俗礼仪”一节中，介绍了我国部分少数民族礼俗、饮食、节日、禁忌等方面内容以及我国港澳台地区的习俗礼仪；在“世界部分国家习俗礼仪”一节中，介绍了英国、法国、德国、俄罗斯、日本、韩国等国家礼俗、饮食、节日、禁忌等方面内容；在“中外主要节日礼仪”一节中，介绍了我国传统节日及国外的一些主要节日；在“中外主要宗教礼仪”一节中，主要介绍了佛教、基督教、伊斯兰教、道教的礼仪。

实训内容

1. 观看“我国少数民族风情”纪录片，帮助同学们直观形象地了解我国少数民族的习俗与礼仪。

2. 结合第三章学到的日常交往礼仪知识，比较国外主要国家的日常交往礼仪的特点，请同学们演示日本、英国、韩国、德国这四个国家见面礼仪。

3. 参照书本上介绍国外各主要国家习俗与礼仪的方法，请同学们自己收集资料，来讲述或表演一些其他国家的习俗与礼仪。

4. 根据书本介绍，选出其中某一节日作背景，演示在该节日应该举行的活动。

本章练习

讨论题

1. 你觉得掌握中外习俗礼仪对你的工作和生活有什么意义？

2. 某饭店，接待一大型旅游团，该旅游团内有信仰佛教、基督教、伊斯兰教和道教的人，请同学们谈一谈接待时在住宿和饮食方面应该注意些什么。

自测题

1. 比较满族、壮族、苗族、蒙古族这四个少数民族在饮食禁忌方面的特点。

2. 与英国人交往时，应注意哪些习俗礼仪？

3. 世界上主要有哪三大宗教？它们各自有哪些礼节仪式？

复习题

1. 我国少数民族几乎都有各自的传统节日，其中蒙古族、壮族、苗族、傣族等少数民族的传统节日分别是（　　）。

   A. 那达慕、三月街、赶年、三月三

   B. 那达慕、歌圩节、芦笙节、泼水节

   C. 芦笙节、歌圩节、三月三、泼水节

   D. 歌圩节、那达慕、三月街、三月三

2. 下列不属于日本禁忌的是（　　）。

   A. 送菊花图的手提包

   B. 有客人拜访用香烟待客

   C. 动了一个菜之后不去吃它，紧接着去动另一个菜

   D. 赠送雨伞给别人

3. 佛教的宗教礼节有（　　）。

   A. 合掌　　　　B. 顶礼

   C. 摩顶　　　　D. 谦卑礼

参 考 文 献

（1）刘小清．现代营销礼仪．第1版．大连：东北财经大学出版社，2002

（2）何浩然．实用礼仪教程．第2版．北京：中国商业出版社，1998

（3）杨眉．现代商务礼仪．第1版．大连：东北财经大学出版社，2000

（4）李斌．国际礼仪与交际礼节．第1版．北京：世界知识出版社，1982

（5）丁振宁．现代礼仪全书．第1版．北京：光明日报出报社，2002

（6）赵景卓．现代礼仪．第1版．北京：中国物资出版社，1998

（7）杜培．现代礼仪学．第1版．北京：中国工人出版社，1997

（8）袁庆南．公关礼仪百事通．第1版．北京：中国社会出版社，1997

（9）秦启文．现代公关礼仪．第1版．重庆：西南师范大学出版社，1996

（10）刘林．说话高手．第1版．北京：华艺出版社，2001

（11）李惠中．跟我学礼仪．第1版．北京：中国商业出版社，2002

（12）卡耐基．卡耐基经典口才．第1版．海拉尔：内蒙古文化出版社，2001

（13）谢伦灿．说话艺术．第1版．北京：石油工业出版社，2002

（14）林晓娴．规范礼仪必读．第1版．北京：中国商业出版社，2001

（15）田光占．旅游礼仪．第1版．成都：西南财经大学出版社，2001

（16）安徽省旅游局．全国导游基础知识．第1版．合肥：安徽人民出版社，2000

（17）宋全成．现代社交礼仪教程．第1版．济南：山东大学出版社，1997

（18）何浩然．中外礼仪．第1版．大连：东北财经大学出版社，2002

（19）刘毅政．实用礼仪大全．第1版．呼和浩特：内蒙古人民出版社，1998

（20）张岩松．现代交际礼仪．第2版．北京：经济管理出版社，2004